卓越法律人才培养特色课程实录

主 编 王艳梅 鲍旭炜 崔 炜

中国水利水电出版社
www.waterpub.com.cn
·北京·

内容提要

吉林大学法学院卓越法律人才教育培养基地自 2013 年设立以来,按照教育部、中央政法委培养应用型、复合型法律人才的总体要求,深化高等法学教育培养模式改革,逐步探索出了卓越法律人才培养的"吉大方案"。本书由吉林大学法学院 2016 级应用型、复合型卓越法律人才实验班成员在课程材料和课堂记录的基础上自主编写而成,系吉林大学法学院卓越法律人才培养计划实施的阶段性成果。

本书内容翔实、材料丰富,以课程实录的方式最大限度地还原了卓越法律人才实验班的培养模式,充分展现了"原典精读""生活中的法理"等特色课程内容,详细记录了卓越法律人才的成长印迹,可供高等院校法学专业教学使用。

图书在版编目(CIP)数据

卓越法律人才培养特色课程实录 / 王艳梅,鲍旭炜,崔炜主编. -- 北京:中国水利水电出版社,2021.6
ISBN 978-7-5170-9684-9

Ⅰ. ①卓… Ⅱ. ①王… ②鲍… ③崔… Ⅲ. ①高等学校—人才培养—研究—中国 Ⅳ. ①D926.174

中国版本图书馆CIP数据核字(2021)第118853号

策划编辑:周益丹 责任编辑:石永峰 加工编辑:刘 瑜 封面设计:李 佳

书 名	卓越法律人才培养特色课程实录 ZHUOYUE FALÜ RENCAI PEIYANG TESE KECHENG SHILU
作 者	主 编 王艳梅 鲍旭炜 崔 炜
出版发行	中国水利水电出版社 (北京市海淀区玉渊潭南路1号D座 100038) 网址:www.waterpub.com.cn E-mail:mchannel@263.net(万水) 　　　　sales@waterpub.com.cn 电话:(010)68367658(营销中心)、82562819(万水)
经 售	全国各地新华书店和相关出版物销售网点
排 版	北京万水电子信息有限公司
印 刷	三河市华晨印务有限公司
规 格	184mm×240mm 16开本 13.5印张 276千字
版 次	2021年6月第1版 2021年6月第1次印刷
定 价	76.00元

凡购买我社图书,如有缺页、倒页、脱页的,本社营销中心负责调换
版权所有·侵权必究

编委会

主　编　王艳梅　鲍旭炜　崔　炜

编　委　苗新遥　路鹏宇　孙昊月　刘泓池
　　　　　程雪莹　王嘉汐　谭韶芸　张　婧

吉林大学法学院 2016 级应用型、复合型卓越法律人才实验班

班主任：王艳梅

班　长：崔　炜

第一组　　组长：谭韶芸
　　　　　组员：于　科　李　润　郑　乾　司耕旭　刘今金　袁晓燕

第二组　　组长：叶子萱
　　　　　组员：路鹏宇　江超男　薛榆淞　王　钦　郑成杰　徐子晴

第三组　　组长：王嘉汐
　　　　　组员：崔　炜　马　瑶　刘人哲　高　昕　高　阳　覃祥渝

第四组　　组长：程雪莹
　　　　　组员：白天宇　崔馨月　潘国瑞　曹星宇　李若磐

第五组　　组长：孙昊月
　　　　　组员：张　金　李姿莹　许楚楚　王　超　计书籴　李鑫鑫

第六组　　组长：刘泓池
　　　　　组员：汪　婷　徐直影　魏东雪　崔雅慧　陈　璇　王　玉

第七组　　组长：张　婧
　　　　　组员：张　影　陈晓妹　张孝成　王　芩　李永泽

序言一

屏蔽小我　跨越本我　铸成大我

亲爱的同学们，在这个特别的毕业季，新冠疫情让我们领略了世事的无常，促使我们思考如何应对无常，如何在无常中发现意义，如何在充满不确定性的时代，走稳自己的人生路。作为你们曾经的老师和将来的朋友，我将对"黄大年精神"的思考与你们分享，权作对上述问题的初步作答以及对各位的毕业寄语。

在习近平总书记对黄大年先进事迹作出批示三周年之际，我重温了总书记的批示，回顾了黄大年老师的人生历程，也研究了黄大年老师的立身之道，思考他的所思、所想、所为，梳理、总结、归纳、提炼他修身处事的哲学。总书记的批示将黄大年精神概括为八个字——"心有大我、至诚报国"。这一概括极具深意，值得认真体味。首先，黄大年老师心中有"我"。我们以往讲一个人多高尚，经常用"一颗螺丝钉"来形容，不讲"我"，更不强调"我"。但人心中无"我"，没有"我"的观念，只能是无视现实的假想。人完全无我无私，可能就不是鲜活的人了。人与"我"的巧妙结合成就了其主体性。人有别于其他生物，端在于人是观念性的存在，不仅如此，正是人关于"自我"的观念，使其成为区别于他人的具体的人，也由此成就了其唯一性。无"我"的人，只能是芸芸众生中毫无个性的一个，不会有自己的生活，不会有区别于他人的独特价值，也就不会为他人、为社会、为国家做出属于他自己的、独特的贡献。有"我"是个性的张扬、价值的彰显，绝不等于自私。领会总书记批示，首要的就是如何理解其中的"我"。无论是修身，还是处世，核心的问题都是形成对"我"的适切理解。其次，黄大年老师心中的"我"乃为"大我"。这个"大我"是相对于"小我""本我"而言的，"大我"并非无"我"，但一定是屏蔽"小我"、跨越"本我"才能达致的状态。从心中有"我"这个层面上来理解黄大年老师，"黄大年精神"离我们并不遥远。

毋庸讳言，无论是修身，还是处事，每个人都希望充分实现个人价值。无论心有"小我"还是"本我"，抑或是"大我"的人，均概莫能外。法律尊重人的利己本性，人考虑自己的利益并不减损他的道德站位，任何制度都不能要求人不考虑自己，"应当并且能够"是设定法定义务的基点。人对"我"的不同理解，往往决定着其高下之别，观察人怎么考虑自我利益，由此分出了"大我""本我"和"小我"。

马克思认为："人的本质在现实性上是一切社会关系的总和。"人在定义自己的时候，首先想到的是围绕自身而成立的一些社会关系。这意味着，人与谁建立了社会关系就决定了他是谁，与此适成对照的是，人是谁也决定了他能与谁建立社会关系。人与动物都是有机体，但与动物不同，除了前面提到的每个人都有"我"的观念，人还有其社会属性，能够在社会关系的维度加以定义和塑造。从这个视角看，"关系"是中性词，至少不是贬义词。生活中，人介绍自己时，首先想到的一定是，在社会关系的维度让他人形成对自己的认知。人不仅要形成自我认知，还要追求生命意义，对意义的追寻也要在社会关系的层面来达致。人对其社会属性的态度及基于此的实践，构成了区分"小我""本我""大我"的基本判准。

做人的最低层次是"小我"。"小我"的心中眼里只有自己，没有他人，特别是没有与自己平等的他人。这种人以自我为绝对的中心，他人只是实现自己利益的工具，为了实现自己的利益，可以不顾他人的主观感受，突破底线，不择手段，特别是不惜损害他人的正当利益达成自己的当期目的。"小我"不仅是对这种做人方式的道德评价，也是对这种做人方式的功利评估。如果人总是不顾他人的感受追求自我利益，以挤压他人成就自己，就会陷入一个人对所有人的厮杀之中。在相互厮杀的"小我"困境中，"我"挤压他人造成的反弹，将会构成对自己的反挤压，以一己之力对抗众人，注定陷入四面楚歌的败局。选择以这样的方式做人，虽然可以得一时之利，但终将被众人挤压成现实中的"小我"。

做人的中间层次是"本我"。"本我"具有界限意识，坚守"成为一个人，并尊重他人为人"的戒律，恪守正义的基本要求——得其应得。该得到的，就坦然接受，不该得到的，也不钻营觊觎。自己要有尊严，同时也尊重别人的尊严。"本我"并非无私，其与"小我"之别在于，如何对待他人。现代社会尊重每一个人的独立性，自己做人，也要给他人留有空间。从人的社会属性意义上讲，"本我"就是一个尊重他人的人。今天，国家和我们自己都摆脱了物质上的匮乏，不再需要全力应对生存问题，亦不必为了活命而野蛮争斗。当由生存跃升到生活的状态，意义已成为人生的主要追求，人获得成就的场域更加开阔，多数人可以有很好的界限意识，达到"本我"的境界。超越生存，只要想得开阔一些，就能够摆脱相互厮杀的"小我"困境。人生的选择宽阔无界，在意义的世界里，没有也不要指望通吃的赢家，尺有所短，寸有所长，每个人身上都有独特的闪光之处。做好"本我"，第一不能自私，第二不能自我，成就自我，也尊重他人的成就。你抚琴，我弹瑟，琴瑟相合才能奏出世界上最美的声音。人的灵魂是否高贵，道德是否高尚，主要取决于我们对修身处世方式的选择。

做人的至高层次就是"大我"。黄大年老师的观念里也有"我"，总书记说他"心有大我"。什么是"大我"？怎么样才能跨越"本我"铸成"大我"？黄大年老师不是没有自己的想法，也不是不想出人头地，他可能比普通人更想实现具有自身烙印的成就。黄大年老师也不是完全淡泊名利，但他的"名利观"以及他追求"名利"的方式，却与众不同。"只要祖国需要，我必全力以赴""振兴中华乃我辈之责""人的生命相对历史的长河不过是短暂的一现，随波逐流只能是枉自一生，若能做一朵小小的浪花奔腾，呼啸加入献身者的滚滚洪流中，推动人类历史向前发展，我觉得这才是一生中最值得骄傲和自豪的事情。"黄大年老师想"我"之时，把自己的个性旨趣、人生价值搭载于国家富强、民族复兴的伟业中。在这个层次上，思考如何成就自己，才能突破界限，跨越"本我"，铸成"大我"。"小我"损人利己，也会遭他人之损。"本我"界限意识明晰，不认同奉献的价值，也不会得到他人和社会的加持。只有"心有大我"，懂得通过奉献乃至牺牲放大自我价值，才能在服务国家和民族的过程中突破"本我"的天然限度，将本来有限的"我"，铸成无限的"大我"。

人孰能无"我"，"大我"想的是如何为国家和人民服务，通过服务国家和人民，"我"就最大限度地与更多的仁人志士建立起具有共识价值的社会关系。黄大年老师想学生的事，想同事的事，想学校的事，想民族的事，想国家的事，虽然他没有直接想自己的事，但事实上却在更高的层面成就了自己。黄大年老师高远的思想境界，让他时刻胸怀祖国，甘于为国奉献，并乐在其中，终至"大我"之境。高境界、大格局才能拥有目标的高度，眼界的广度，思维的深度，以及处世的大度。丘吉尔曾说过，一个人若能为别人的生命与人道的法则着想，纵使他正在为自己的生命挣扎，并处于极大的压力之下，也不会全无回报的。中华民族从不乏高境界、大格局的"大我"。屠呦呦发明青蒿素成功挽救了世界以百万计疟疾患者的生命，81岁被授予拉斯克奖时，她的答谢词朴实无华却饱含深情，"荣誉不是我个人的，还有我的团队，还有全国的同志们……"屠呦呦和她的团队在艰辛的科研历程中互相扶持、互相成就，积小流而成江海，集众志以兴人业，为了共同的目标，突破"本我"，锻就一个又一个"大我"。钱学森、袁隆平、黄旭华、孙家栋等也都如黄大年老师一样心系国家，站位高远，心怀开阔，德音孔昭，摒弃了"小我"，超越了"本我"，在追求"大我"的路上实现了国家与个人的相互成就。

当然，我理智地承认，现代社会有绝对错误的人生选择，但没有绝对正确的人生道路。我尊重每个同学的人生选择，希望并不指望每位同学都能"心有大我"。但走好未来的人生之路，却要认真思考如何成就自己。"小我"之路必然越走越窄、越走越暗；"本我"可能尽享蓝天白云、鲜花绿地，但也只能是波澜不惊地终老一生。确立"大我"格局，把自己置于国家富强的大平台，"呼啸着"把生命融入民族复兴的滚滚洪流，无限接近、领悟、享受人生价值的至高之境，方不负此生。

德为福寿之本，人是否有正确的生活观念，直接影响人的生活状态。目光锁定于当下即期的利弊，计较一时一事的得失，心绪随当下的情势浮动，人必然生活得非常纠结。如果置于更广阔的人生视阈思考自己的行为，确证自己正在为更远的理想、更高的目标、更大的价值奋斗，骄傲和自豪必然由心而生，就会提振自己的精神状态，对短期的不确定性产生免疫力。只要沿着自己选定的正确道路前行，再小的事，也会有非常的意义。不必纠结于当期的利弊得失，只要认认真真做事，都能有超越"本我"的收获。

即将开始独立应对社会的你们，躬逢盛世，生活空间无限开阔。你们更有资格、更有条件怀着开阔的心，迎接更美好的未来。首先，要做好自己选择的工作，每个人都有对自我选择承担责任的道德义务。既然选择了，请风雨兼程、全力以赴、砥砺前行。其次，要不断地发现、拓展生活的意义。任何现象的发生必有其因，任何行为的实施概有其果，你所走过的每一个脚印都不会留下空白。要在更开阔的视野和格局中，拥抱生活，理解现象发生的原因，赋予行为以意义，让自己的生活保持常新常鲜。再次，要学会享受奉献带来的幸福，不必过度纠结小得小失，爱出者爱返，福往者福来，以"人比山高，脚比路长"的豪情，在一次次的人生跨越中，不断突破"本我"，充盈自我，迎接更壮美的"大我"人生。

　　同学们，一个民族思想的高度来自其时代哲学的高度。如果说我刚才所讲的"小我""本我""大我"，对你们来讲还有一段思想和观念距离的话，也请你们在心中保留着"小我""本我""大我"的刻度。随着今后生活阅历的不断积淀，你们会慢慢确证什么是"我"，你们会学会给观念中的"小我""本我"和"大我"画一幅存于心、不必示于人的肖像。不管这幅画像的背景是什么具体情境，你们心中都不会抛弃那个"大我"，你们在吉大法学院的学习与历练，让我对此充满信心。如果说"小我""本我"和"大我"对你们来讲有些抽象的话，同学们，我想告诉你们，这可能正是一个民族精神与思想亟待提高之处。黑格尔讲过，中国人也曾注意到抽象的思想和纯粹的范畴，但他们的思想总是从纯粹的普遍性进入具体性世界。我真的希望你们能够抵御住外部的诱惑与打击，屏蔽"小我"，超越"本我"，走向"大我"。我知道，伦理上的超越对于每个人都是一个十分痛苦的蜕变过程，否则，亚当·斯密也不会积毕生之余力写就道德情操论告诉我们这样一个常识性道理。当年，康德在哥尼斯堡度过大半余生时，他只思考了人类精神世界的三个普遍性问题，什么是真，什么是善，什么是美，由此形成了三大批判，纯粹理性批判告诉我们什么是真，实践理性批判告诉我们什么是善，判断力批判告诉我们什么是美。同学们，人生为什么要仰望星空，康德告诉我们要遵循内心的道德律，这个道德律就是要追求"我"之真、善、美，摒弃假、丑、恶，从做一个有良知的普通人起步，锻造一个有正义感的法律职业者。但现实往往是骨感的，也许你们走向职场后，会发现生活的辛酸、不易，当期望与现实之间出现落差时，请葆有初心，经受住生活的考验，并汲取困境背后潜藏的力量，以"大我"之雄心抵御人生的偶来之寒、品咂人生的多维意味。否则，你们很可能成为如井底之蛙的"小我"，攘攘市井之下的"本我"，但不会成为大爱无疆的"大我"。

　　同学们，当和你们交流这些想法时，我自知青春不再，但看到你们豪情迸发、个性生动的面孔，已感可以安心交棒。我看到了历经吉大法学院的锻炼与提升，你们已经初步展示了可以让人信赖的学术能力、个人品性和开放视野。希望你们把在吉大法学院获得的这些品性、能力与素质在今后的法律实践生涯中坚持下去，无论世事如何变迁、境遇何其无常，当你们在未来的人生路上仰望星空时，永远要锚定心中那颗"大我"之星，在它的引领下，你们将获得无限向上的澎湃动力，铸就现实中的"大我"！

吉林大学副校长　蔡立东教授
2020 年 6 月 15 日

序言二

卓越法律人才的成长阶梯

希冀法律人才之卓越，非有智慧不难成。欲横法律生活之纷繁，须通彻规范、明辨法理、通晓世情、虚观今古。吉林大学之卓越法治人才培养，自国家教委之首创之日，即高扬精读深思之旗帜，期诸生得倏个绵长之涵养，领得高远望之要旨。设法学原典精读、法理与生活、案例研究及研究方法等课程，陆续李束、王效梅、朱振、侯学宾、曹险峰、陈劲阳教同事任育培育，课程已初俱而规，成法学高阶之门径。诸生既长读深学，得思想理念及实操技巧于课业之中，辅以模拟法庭、法律诊所之实验与实践训练補强操作能力及团队意识。法律人才卓越之格局，已渐成焉。一二级应用复合型卓越班，继往开来，于勤学慎思之暇，又以学习之实录汇编成册，记卓越人才培养之印迹，示诸师生成长之踪迹也。道逢新冠疫情之时，著此示时代之纪念耳。

余嘉其行，略赞数语，以为书序。

庚子初夏于吉林大学前卫校区

何志鹏

吉林大学法学院院长　何志鹏教授
2020年5月26日

序言三

谨慎签字　专业立身　兼济天下

2020届卓越实验班的同学们，转眼间就到了你们即将离开母校走向各自未来的时候，心情有点小复杂，总觉得还有很多话没有当面对你们说，还有很多事没有来得及为你们做。回首昨天，成长的路总是很短，仿佛转瞬间你们就长大了，要离开父母的羽翼了。虽然我平时一直秉持的理念是"世上没有救世主，成长奋斗靠自己"，我告诉自己这个时刻我只应该为你们的成长和进步开心，为你们的展翅高飞自豪，为你们大展宏图默默点赞支持。可作为一名老师，我还是不由自主地有点儿想啰唆，有点儿想告诫，有点儿想嘱咐。

谨慎签字。16年的学习生涯，你们习惯了在卷子上答题签名，从此以后你们就要走向社会了，你们会发现不仅要当答题者，更逐步走向出题者的位置，当你们用潇洒的姿势一遍又一遍地在各种文件、文书上写上自己的名字的时候，提醒你记得当年课堂上老师如何讲解签名的性质与功能。韩非子说"循名责实"，我今天借用这个成语新解一下：不仅要名实相符，更要明晰责的依据是名，在法律文书上签字不仅代表的是自己，往往更多的是职务行为；你签的名不仅意味着留下了自己行为的痕迹，更会影响到许多人的人生；签名不仅是权利，更是义务和责任；时刻警醒"签名负责原则"，这是身为法律人的基本底线。

专业立身。时代发展日新月异，科技潮流势不可挡。今后你们不仅要和身边的优秀者竞争，更要和人工智能机器人赛跑；也许还没有走出校门，你脑海中储存的法律知识就已经被淘汰掉六分之一了。不要怕，不要慌，吉大法学院70年的沉淀，在这里学到的概念、原则和方法就是流淌在你们血液里的营养，是你们生活、学习和工作的动力源泉。因此以法律专业作为基本技能立足于社会、闯出一番天地，不是很难做到的事情。这里强调的是专业立身，你们不仅要把法律当作职业，更要当作立身之本，终身学习法律，践行法治。

兼济天下。从古至今，做到了"穷则独善其身，达则兼济天下"的例子有很多，比如古代的范仲淹、现代的袁隆平等，他们堪称世人的典范。法律是生动的社会实践的反映，我们有幸成为法律人，就具备了济天下的基础和能力，因此我们不应该做钱理群教授所说的"精致的利己主义者"，要做对民族、国家和社会有情怀、有贡献的专业人。人生道路绝不可能是坦途一片，肯定免不了风风雨雨，成长过程中华丽绽放往往是瞬间，更多是默默无闻甚至是苦苦挣扎，这就需要我们不断认识、反思、调整，最重要的是坚持。真正的成长和成熟，最终必然体现为奉献，必然体现为你能为他人、为社会做点什么。让我们共同坚守，不忘初心，砥砺前行。

  吉大法学院为你们饯行，祝福你们，期待你们常回家看看，学校的春夏秋冬永远会是你们记忆中的模样。

2016级应用型、复合型卓越法律人才实验班结课合影

2020届卓越实验班班主任　王艳梅教授
2020年6月8日

目 录

序言一
序言二
序言三

第1章 法学经典阅读 1
1.1 课程简介 1
1.2 导师寄语 2
1.3 课程设计 4
1.4 课程实录 8
第一次法学经典阅读：PREFACE & PERSISTENT QUESTIONS 8
第二次法学经典阅读：LAWS, COMMAND AND ORDERS 11
第三次法学经典阅读：THE VARIETY OF LAWS 16
第四次法学经典阅读：THE VARIETY OF LAWS 19
第五次法学经典阅读：LAW AS THE UNION OF PRIMARY AND SECONDARY RULES 22
第六次法学经典阅读：LAW AS THE UNION OF PRIMARY AND SECONDARY RULES 25
第七次法学经典阅读：THE FOUNDATIONS OF A LEGAL SYSTEM 31

第2章 法理与生活 49
2.1 课程简介 49
2.2 导师寄语 50
2.3 课程设计 51
2.4 课程实录 52
第一次法理与生活：有恒产者有恒心 52
第二次法理与生活：冷冻胚胎的道德意涵与权利适用的难题 56
第三次法理与生活：安乐死背后的权利迷局 60
第四次法理与生活：隔离，但平等？ 64
第五次法理与生活：英烈特殊保护条款的理论审视 66
第六次法理与生活：人类基因编辑的伦理与法律界限 69
第七次法理与生活：碰撞伦理与法律治理 72

第3章 商事法集成研修与实训 76
3.1 课程简介 76
3.2 导师寄语 77

  3.3 课程实录 ··· 79
    专题一：《公司法》概览 ··· 79
    专题二：公司担保 ··· 83
    专题三：法人人格否认 ··· 88
    专题四：科技创新板 ··· 92

第 4 章 司法原理与应用技术 ·· 106

  4.1 课程简介 ··· 106
  4.2 导师寄语 ··· 107
  4.3 课程实录 ··· 108
    第一讲：司法、司法改革与中国的司法模式 ··································· 108
    第二讲：审判程序的结构与功能 ··· 110
    第三讲：事实认定与法律裁判的形成机制 ······································· 113
    第四讲：控诉策略与控诉技术 ··· 117
    第五讲：辩护策略与辩护技术 ··· 120
    第六讲：审判原理、审判策略与审判技术 ······································· 125

第 5 章 刑事法集成研修与实训 ·· 130

  5.1 课程简介 ··· 130
  5.2 导师寄语 ··· 131
  5.3 课程实录 ··· 132
    案例一：偷租他人房屋行为定性 ··· 132
    案例二：雇凶杀人转包案分析 ··· 134
    案例三：代人实名抢火车票牟利行为定性 ······································· 137
    案例四：组织逃票获利行为的定性 ··· 139
    案例五：虚拟货币平台合约交易定性 ··· 140
    案例六：盗刷顾客会员卡行为定性 ··· 143

第 6 章 法学研究与实务方法专题 ·· 148

  6.1 课程简介 ··· 148
  6.2 课程实录 ··· 150
    专题一：研究生生活的正确打开方式—读书与写作方法论 ········· 150
    专题二：请求权分析法实训 ··· 157
    专题三：合同审查方法实训 ··· 165

第 7 章 杂记：实验班二三事 ·· 170

  杂记一：那些年我们一起读过的哈特 ··· 170
  杂记二：公司法课堂上的十万个为什么 ··· 177
  杂记三：曹老师想去静静，孩子们在坑底躺平 ··· 180

杂记四：陈老师的安利小剧场···181
  图集：实验班的快乐日常···183
附录···186
  附录一　笃行致远，追求卓越···186
  附录二　实验班期末试题··188
  附录三　学有小成···192
  附录四　雁过留声···197
编后记：自有清风待后来···198

第 1 章 法学经典阅读

1.1 课程简介

1. 课程导论

本课程借鉴普通法系国家成熟的教育模式,经典阅读与小班研讨相结合,学术讨论与论文写作相同步,其目的在于培养英语专业阅读能力,训练解读文献、分析问题、精准表达、建构理论的方法。每次课讨论 Hart's The Concept of Law(CL)一章的内容(或其中的一部分),老师讲解与学生翻译、讨论并行,在每次课的最后由主讲老师对所阅读的内容进行总结。

2. 课程导师

朱 振

吉林大学法学院/理论法学研究中心教授、博士生导师

《法制与社会发展》副主编

美国明尼苏达大学法学院访问学者

张琪
吉林大学法学院讲师、法学博士
美国埃默里大学法学院访问学者

刘小平
吉林大学法学院/理论法学研究中心
教授、博士生导师
美国埃默里大学法学院访问学者

1.2 导师寄语

经典阅读是对深刻性的追求

吉林大学法学院教授 朱 振

中国法学教育的职业化取向似乎不可避免,尤其是司法考试对法学教育本身的压力。这就向我们提出了一个问题:和司法考试培训机构所提供的教学模式相比,法学院提供的教学模式有什么优势呢?单纯比通过率,似乎没有优势,甚至还不如。那么法学院在大学还有存在的必要吗?实际上这是世界范围内普遍存在的一个质疑,因为法律职业基本是学徒式的。这就涉及我们对作为高等教育之一部分的法学教育本身性质的理解。

担任过哈佛大学法学院院长,同时也是法律形式主义代表(著名的苏格拉底教学法发明者)的兰代尔(Langdell)认为,如果法律不是一门科学,那么就没有正当理由把法律作为大学教学的对象;如果法律只是一门手艺,那么它将会是通过学徒制而不是讲座与著作获得的一项技能。兰代尔进而认为,"大学将会因为顾及它自己的尊严而拒绝教授法律"(Christopher C. Langdell, "Teaching Law as a Science", *American Law Review*, 21, 1887, p.123.)(See Susan Haack, "On Logic in the Law: 'Something, but not All'", *Ratio Juris*, Vol. 20, No. 1, March 2007, p.6.)。法律要获得在大学中的尊严,就必须表明它不是一门手艺;不然的话,正如Thorstein Veblen 所评论的,"就法学院在现代大学中的实际价值而言,与击剑系或舞蹈系相差无几"(Thorstein

Veblen, *The Higher Learning in America: A Memorandum on the Conduct of Universities by Businessmen, Stanford, CA: Academic Reprints*, 1918, Reprinted 1954, p.211.)。从教学角度来说，法学教育不能只是传授一项技能，尽管技能也挺重要。

因此，对法学的经典阅读就显得很重要，这种重要性不仅是因为经典体现了法学知识积累的高度，代表了先贤关于法律理论思考的深度以及法学知识所体现的跨学科的广度，更是因为法学经典的阅读和传授满足了教育或高等教育的一个最直观的需求：对深刻性的追求。关于这种渴望与法学院教育功能之间的关系，霍姆斯（Holmes）做了富有诗意的阐发（O. W. Holmes, *The Use of Schools*, in his Collected Legal Papers, London: Constable and Company, Ltd., 1920, p.37.）：

"与自学不同，社会化教育的主要功能在于塑造受教者的新兴趣和新路向。如果你给予一个人一种更加深刻的不同的观照事物的方式，或者给予他对于早已熟知的事物一种不同形式且更微妙的欣喜——如果你确实让他感受到了此种欣喜，而这其实正是人的本质：追求更深刻的思想和更微妙的欣喜。因此我认为，仅仅把一所法学院的任务看作是教授法律、培养法律人，并没有充分地定义法学院。更恰切地讲，法学院以一种高贵的姿态教授法律，并且塑造高尚的法律人。"

这并不是说，只有阅读和传授经典才能使法学教育显得高贵；但毫无疑问，阅读和传授经典构成了"高贵"的重要内容，因为它满足了我们"追求更深刻的思想和更微妙的欣喜"的内在需要。抛开经典在知识供给上的显著优势，我想这也许是我们读经典的无功利的驱动力。

1.3 课程设计

Reading *The Concept of Law*
（经典阅读课程设计·2019）

蔡立东　张琪　刘小平　朱振

1. 概述

本课程借鉴普通法系国家成熟的教育模式，经典阅读与小班研讨相结合，学术讨论与论文写作相同步，其目的在于培养英语专业阅读能力，训练解读文献、分析问题、精准表达、建构理论的方法。

2. 课程内容

每周讨论 Hart's The Concept of Law（CL）一章的内容（或其中的一部分），老师讲解与学生翻译、讨论并行，在每次课的最后由主讲老师对所阅读的内容进行总结。课堂所需要的资料（电子版本）会提前发给选课的同学，作为阅读、讨论与教学的参考。

3. 对选课者的要求

（1）本课程不要求同学具有法律哲学的基础知识，但需要有阅读英文文献的基本能力，以及独立思考、积极参与讨论的准备。

（2）选课的同学共分为 7 个小组，选出一个组长负责组织平时的阅读、讨论和翻译。每个小组都要在课前完成一个作业，即梳理论证思路并总结基本观点（具体要求见下文），最后形成一个文本，提前两天发给授课老师以及助教，作为课堂提问、教学、讨论及了解学生阅读与思考状况的基础，同时也培养学生的写作能力。

（3）课堂提问与讨论以小组为单位，建立一定的考核机制，考核的结果将记入总分。授课老师从提交报告的质量、阅读材料及参与讨论的认真程度、独立思考的能力以及融入团队协作的态度等诸多方面进行综合评估。

（4）作为一个探索性的教学与培养模式，本课程拟突破原有的考试与考核机制，最后考试形式为一个论文式的作业，考试时间为 8 小时。

4. 小组任务

（1）每位同学的任务：翻译。如果不能翻译全文，就挑选出在文本阅读中值得重点关注的语句或段落进行翻译。但是每一个同学都要通读英文全文，总结每一段、每一节、每一章的内容，这是提问和讨论的重点。

（2）每个小组的任务：梳理论证思路并总结基本观点。详细说明要讨论的章节是如何提出问题和论证问题的，梳理作者论证思路，把握观点和方法。其中可能涉及以下几点。

1）概念。在参考相关文献的基础上，梳理它在观念史或法哲学史上的含义之演变，与这些含义相比较并指出它们在本书中的用法。概念的区分、明晰以及在具体语境中的运用是分析法学的基础，梳理概念是为了弄清这些概念是如何被界定的，是如何与其他相似概念区分开来的。

2）问题。仔细思考本章或本节所要解答的核心问题，说明作者为什么要提出以及如何提出该论题、研究该问题有什么意义，了解该问题在相关学科中的地位。

3）概括和总结核心问题同时也是梳理作者论证的过程，弄清作者如何通过提出具体的论据来支持自己的观点。

字数不限，要求：言简意赅，表述清晰，用自己的话介绍。

总的要求：无论是进行翻译还是梳理概念、总结问题、理清思路都需要认真阅读文本，认真阅读相关的参考文献，思考这些研究论文是如何拓展、深化或反思文本的，在此基础上也可以尝试进行评价的工作，提出支持或反对作者论点或论证的理由。

5. 奖励政策

考试前 5 名奖励《牛津法理学与法哲学手册》（上海三联书店 2017 年版）上、下册一套。

SYLLABUS

Required Texts:

H.L.A. Hart, *The Concept of Law* (2nd ed., *Oxford*, 1994, 3nd ed., Oxford, 2012)（有三个中译本可以参考：张文显等译，中国大百科全书出版社 1996 年版，根据 CL 第一版翻译；许佳馨、李冠宜译，法律出版社 2018 年版，根据 CL 第三版翻译，增加了 Leslie Green 的绪论和注释，由郑斯璐和居凯译；许家馨、李冠宜、高忠义译，商周出版社 2018 年版，增订三版）。

Nicola Lacey, *A Life of H.L.A. Hart: The Nightmare and the Noble Dream* (OUP, 2004)（中译本参见莱西，《哈特的一生：噩梦与美梦》，谌洪果译，法律出版社 2006 年版）。

Neil MacCormick, *HLA Hart* (Stanford University Press, 2008) （中译本参见麦考密克：《大师学述：哈特》，刘叶深译，法律出版社 2010 年版）。

Luis Duarte D'Almeida and Andrea Dolcetti (eds.), *Reading HLA Hart's "The Concept of Law"* (Hart Publishing, 2013)。

第一次课

Preface

I. PERSISTENT QUESTIONS

①Perplexities of Legal Theory

②Three Recurrent Issues

③Definition

第一章为全书的导论，可对照原文阅读中译本，重在把握基本思路。

第二次课

II. LAWS, COMMANDS, AND ORDERS

①Varieties of Imperatives

②Law as Coercive Orders

Reference

Brian Bix, John Austin, http://plato.stanford.edu/entries/austin-john/, *Especially See Section Three*, "Austin's Views".

第三、四次课

III. THE VARIETY OF LAWS

①The Content of Laws

②The Range of Application

③Modes of Origin

重点讨论和讲解第一节，第二、三节自己阅读，课堂简单涉及。

Reference

谌洪果："从命令论到规则观：哈特与奥斯丁之间的学术公案"，http://www.douban.com/group/topic/1849048/，2017-3-5.

第五、六次课

IV. SOVEREIGN AND SUBJECT

①The Habit of Obedience and the Continuity of Law

②The Persistence of Law

③Legal Limitations on Legislative Power

④The Sovereign behind the Legislature

重点讨论和讲解第一节，第二、三、四节自己阅读，课堂简单涉及。

第七次课

V. LAW AS THE UNION OF PRIMARY AND SECONDARY RULES

①A Fresh Start

②The Idea of Obligation

Reference

[美]罗纳德·德沃金:《认真对待权利》,信春鹰、吴玉章译,中国大百科全书出版社,1998,第二、三章。

第八次课

VI. LAW AS THE UNION OF PRIMARY AND SECONDARY RULES

The Elements of Law

Reference

Legal Theory Lexicon: Primary and Secondary Rules, http://lsolum.typepad.com/legaltheory/2015/04/legal-theory-lexicon-primary-and-secondary-rules.html.

第九次课

VII. THE FOUNDATIONS OF A LEGAL SYSTEM

Rule of Recognition and Legal Validity

Reference

颜厥安:《再访法实证主义》,《法与实践理性》,中国政法大学出版社,2003,第272-301页(http://ishare.iask.sina.com.cn/f/9628308.html)。

第十次课

VIII. THE FOUNDATIONS OF A LEGAL SYSTEM

New Questions

Reference

颜厥安:《再访法实证主义》,《法与实践理性》,中国政法大学出版社,2003,第272-301页(http://ishare.iask.sina.com.cn/f/9628308.html)。

第十一次课

考试(课程结束之后的一个周末)

REFERENCE

法理学导论

1. Raymond Wacks, *Understanding Jurisprudence: An Introduction to Legal Theory, The Fifth Edition* (Oxford University Press, 2017).

2. Brian Bix, *Jurisprudence: Theory and Context, 7th ed.* (Sweet & Maxwell, 2015).

3. James Penner, David Schiff and Richard Nobles (eds.), *Introduction to Jurisprudence and Legal Theory: Commentary and Materials* (Oxford University Press, 2005).

4. Andrei Marmor, *Philosophy of Law* (Princeton University Press, 2011).

工具书

1. Brian Bix, *A Dictionary of Legal Theory* (Oxford University Press, 2004).

2. Dennis Patterson (eds.), *A Companion to Philosophy of Law and Legal Theory* (Blackwell, Second Edition, 2010).

3. Martin P. Golding/William A. Edmunson (eds.), *The Blackwell Guide to the Philosophy of Law and Legal Theory* (Blackwell, 2004).

4. Jules Coleman/Scott Shapiro (eds.), *Oxford Handbook of Jurisprudence and Philosophy of Law* (Oxford University Press, 2002).

5. IVR Encyclopedia of Jurisprudence, *Legal Theory and Philosophy of Law*（IVR 法理学百科全书）.

网络资源

1. *Stanford Encyclopedia of Philosophy*（Stanford 哲学百科全书），http://plato.stanford.edu/contents.html.

2. *The Internet Encyclopedia of Philosophy*（IEP 哲学百科全书），http://www.iep.utm.edu/.

3. *Legal Theory Lexicon*，http://lsolum.typepad.com/legal_theory_lexicon/.

吉大图书馆数据库

1. CNKI 学术文献总库

2. HeinOnline 法律全文数据库

3. Lexis.com 数据库

4. JSTOR 电子期刊全文过刊库

1.4　课程实录

第一次法学经典阅读：PREFACE & PERSISTENT QUESTIONS

1. 课程内容

Preface 及第一章

2. 课程目标

（1）了解问题和方法。

（2）了解本书的篇章结构。

3. 问题框架

Preface

Q1: 哈特在序言中处理了什么性质的问题？哈特的工具库里都有些什么？

Q2: Words 和 Social Context/Phenomena 之间的关系是什么？

Q3: [拓展]结合课外阅读，初步了解分析法理学、日常语言分析、描述方法的大致内容。

Persistent Questions

Q4: "法律是什么"是个难题吗？与"化学是什么"在性质上一样吗？当人们问"法律是什么"时，他是在问什么？

Q5: 哈特认为法律有哪三个经久问题？为什么是这三个问题？三者之间什么关系以及是同一层面的问题吗？

Q6: 这三个问题为什么被称为"经久的"？通过这三个问题，哈特想要分别检讨哪些既有的法学理论？

奥斯丁：一个人以威胁为后盾向另一个人发出命令——法律的根本要素。

自然法学派以及其他对奥斯丁持批判态度的学派：法律的根本要素是与道德或正义原则的一致性。

Q7: 书名叫 *The Concept of Law*，那么哈特是要对法律的概念下定义吗？为什么不是？既然不是对概念下定义，那么怎么还能叫 *The Concept of Law*？除了下定义，还能对法律概念进行怎样的研究？

4. 课堂实录

4月1日上午，刘小平老师、张琪老师与应用复合班全体同学在英特尔教室进行了本学期第一堂"原典精读"课程，讨论并分析了《法律的概念》前言和第一章的内容。

上课伊始，两位老师首先就本课程的授课内容和学习方法进行了简要的介绍，并结合《法律的概念》这本著作，就如何阅读一本学术性著作进行了简要说明。

张琪老师（介绍）：哈特的这本教材的不同之处在于对于概念的分析与理解。哈特从日常语言入手，反思概念在社会情境中的作用。而本课程的特色就在于，它是一门交流讨论课，重点是师生对于经典阅读体会的交流和讨论。为什么读英文原著？这是因为英文的结构逻辑特别清晰。

刘小平老师（补充）：本课程的重点需要去把握哈特的论证思路，因此归纳时不要失去整体的观点或论证。

刘小平老师： 在前几届教学中，都将导论部分跳过了，但现在觉得这一部分的讲授很有必要，哈特的这本书具有很强的学术性，我们需要通过导论部分了解结构或布局、每部分的功能，了解怎么找想要的信息，知道找哪些内容。导言是做什么呢？（同学回答：提出问题的）这是对的，关键在于哈特是怎么提出问题的，所以无论论文还是著作，都要提出问题。但这个问题不是随便提的，不是一个问号就可以的，不是这样的，提出的问题必须是一个问题，你得告知解决的问题是什么，为什么重要，别人讨论到什么程度，我为什么讨论，我讨论的一样与不一样之处是什么，还要交代用什么样的方法去解决这个问题，面对问题，你用什么方法去思考就决定了你问题的角度，"横看成岭侧成峰"，方法不一样，问题不一样。还要介绍大体的思路，从几个方面去论述。学术著作的基本结构就是导论、正文之类，所以导论清楚之后，再去看目录就会比较清晰，因为已经把握了体系、逻辑、论证，就大概知道每部分讲什么，有个整体的把握。本节课的内容，哈特把关键的问题提出来了，哈特的语义分析非常烦琐、不断区分，所以很容易被绕进去，但是当你绕进去回过头来看导论，你就知道他绕来绕去在干什么。细微的分析会忘掉，但是导论会让我们知道他讨论什么问题及采取的方法，这个方面就会有印象。

在本书前言部分，刘小平老师从第一句话的翻译入手，与同学们讨论了此处对 as 修饰内容的不同理解，借此说明了阅读英文原本对于理解哈特写作意图的重要性。随后，各组同学结合序言部分的三个问题，围绕哈特在序言中所阐明的问题，以及哈特在本书中所使用的"工具库"的理解进行了发言。

第四组同学： 这本书的目的是加强对法律、道德、强制这几个词的理解，通过分析词语的含义进而分析背后的社会现象，着眼于澄清法律思想的一般框架，而不是对法律政策或法律的批评。

第六组同学： 对于描述社会学而言，仅弄清语词的含义是错误的，需要去社会情境或社会关系中发现相区别的特征。概括而言，需要考察语词的标准用法以及在社会情境中的用法。

刘小平老师： 分析法理学是一种描述而不是评价，但是哈特更多涉及语词的意义。分析语词只是为了语词本身这种观念是错误的。许多重要的区分只有通过考察相关语词的标准用法（meaning of words），以及考察这种标准用法依赖于社会语境的方式，才能清楚它们之间的关系。描述社会学就是要对不同的社会情境和关系进行区分。

张琪老师： 哈特首先进行语词意义的分析，通过分析不同的陈述区分在不同的情境下的理解，即不是直接去问法律与道德之间的关系，而是通过不同的表述去探究语词的意义。刚才有同学问，描述社会学是不是一种工具？对于这个问题而言，哈特不是为了纠结语词而分析，而是一种日常语言分析，通过界分语词辨析社会情境的细致区别，从而剖析法律与道德之间的区分。日常语言是非反思性的，哈特不仅仅是在描述，还是在发掘背后的东西，而这背后的东西是我们经常用而不自知的。

第六组同学："法律是什么"这个问题其实在问法律的本质，就是构成法律的核心要素或一般要素。比如第一个议题——法律与以威胁为后盾之间的命令之间的区别、第二个议题——法律义务和道德义务的关系，就是通过法律与其他相近概念的比较理解而归纳出法律的核心要素。

张琪老师：关于"法是什么"的难题，就如同"三毛是不是光头""飞船是不是船"一样，难以回答的原因在于这种不是针对标准情况，而是对于边缘情况的疑问。因此我们考究的是法律的核心情形。法是一种社会现象，与其他社会现象有所区别，我们的争议在于这些社会现象之间的相似性或区别是什么。

而关于第三个议题"法律规则论"的理解，各组同学纷纷发表了自己的观点。

第三组同学认为规则是对法官行为的预测/对别人的惩罚。

第六组同学认为应当关注规则与一致的行为习惯之间的区别，即行为偏离之后是否会有敌对反应或惩罚。

第四组同学重点区分了法律规则与利益规则和游戏规则，认为应当从是否是官方组织所制定，偏离行为可否被批判等方面进行考察。

第二组同学主张规则与群体性行为的一致之间存在差别，例如规则的语义表述具有特殊性，比如必须，应当等；违背规则会遭到来自官方的有组织的惩罚。

第一组同学做了三种类型的区分：第一种是习惯，即违背后没有敌视反应；第二种是非法律规则，违背后不会有公权力的惩罚；第三种则是法律规则，违背会有官方惩罚。

第七组同学围绕规则怀疑论发表了意见，从法官解释规则具有不确定性出发，认为法律是规则这个概念本身很难正确。

经过三小时紧张而充实的讨论和研读，第一堂原典精读课顺利结束了。两位老师根据大家的课堂表现，着重向大家强调了阅读本书时，要更加注重论证思路的把握，要注重英文原本语法、词汇的分析和翻译，在阅读中除了要明确作者写作的内容，更要知道作者为什么要这样写，这样才能加深对本书的理解与把握。

第二次法学经典阅读：LAWS, COMMAND AND ORDERS

1. 课程内容

第二章

2. 课程目标

（1）分析哈特的论证方向。

（2）形塑哈特建立的法律模型。

3. 问题框架

Q1：哈特为什么要从区分几种不同的祈使语气出发讨论建构法概念的共同要素问题？

Q2：（1）顾客：请帮我办理银行转账。

银行职员：好的，马上。

（2）银行劫匪：交出钱来，否则有你好看！

银行职员：好好，别开枪！给你。

（3）特警队长：你上！

特警战士：是！

辨析上述三种情景的异同，思考一下哈特为何选择第二个情景作为法律概念分析的基础模型。

Q3：把握 order 和 give an order、order 和 command 的重要区分。

Q4：在法律的概念上，为什么哈特要以 order backed by threats 作为分析的起点？

Q5：在哈特看来，为了更好地再现现代法体系的特征，至少有必要往劫匪这一简单情景中添加几个要素（什么是 generality？/为什么引入 general habitual obedience？/为什么引入 the sovereign？）？这些要素相互间如何协调？

Q6：为什么哈特陈述和批评的是一个更为清楚和一贯的奥斯丁式理论，而不是直接引述奥斯丁的观点加以批判？

Q7：结合哈特在这一章的分析，体会在其分析法学中，the meaning of the words 和 social situation/context 是怎么结合在一起的？他通过这种结合想要达到什么样的目的？

4. 课堂实录

4月8日下午，张琪老师、刘小平老师与应用复合班全体同学在英特尔教室进行了本学期第二次"原典精读"课程，讨论并分析了《法律的概念》第二章内容。

第一节课，老师们从预先布置的问题引入的方式来引领大家的讨论和思考。

张琪老师：哈特为什么要从区分几种不同的祈使语气出发讨论建构法概念的共同要素问题？

第二组同学：法律的目的不是在于感叹，而在于指导行为，只有祈使语气才能予以表达。哈特的表达方法就是从语词到现象的分析，从祈使语气出发，列举各种社会情境，这是写作方法的一个体现。

张琪老师：解决第一个问题为什么要从祈使语气入手？为什么区分不同的祈使语气？这

些社会情境有何区别？（或者说）哈特认为有什么区别？

第三组同学：三个情境分别是请求、警告和祈求。顾客是请求，劫匪是命令，军队是指令，都是让别人做某事，但是这三种情境不同，比如请求中没有紧急的因素，不按照如此做事，也不会有不利后果。劫匪情景中有紧急危险，不如此做会有生命危险；军队的情境中暗含着权威因素。

张琪老师（举例提问）：前排同学让后排同学关一下门，和老师让后排同学把门关上，两者之间的祈使形态有什么区别？

第四组同学：祈使语气的强烈程度不一，前排同学请后排同学帮关门，是社会正常的交往习惯，可能坐在前排所以理所当然地要求，基本的礼仪或礼貌的感觉，老师对学生有隐含的权威意识。

张琪老师（追问）：如果我们之间体力差异很大，我虽然有强烈的愿望要求你出去关门，但还是没有命令你，这怎么解释呢？这都是表示了某种愿望，指引他人做某事。是因为请求比较礼貌，而命令让人不舒服吗？

第六组同学：请求隐含着答应，有意思表示，而命令不需要你同意，必须这样做。

张琪老师总结：不同的情境中的行为或心理的差异，无非是你怎么看待我所说的，怎么正确对待我的要求。给了行为指引及理由，但不强迫你这样做，你可以根据这些理由进行权衡，决定要不要关门，没有强制。命令没有任何理由，这是行为指引，必须这样做，按照我所说的去做。这两者差别在于前者是附加的理由，但不是独占的理由，只是理由之一；指令就是抹杀个人想法，甚至没有给出理由，那样做就对了。前者都是从被要求者的角度感受语气，有 power 限制，后者就要从要求者的角度出发探究其中的感受或态度。

进入第二个问题，同学们围绕三种情景的异同，开始思考哈特为何选择第二个情景作为法律概念分析的基础模型。

张琪老师：这三种情境中，都有针对某人的 wish，这些情境里面的相同与不同在哪里？哈特并不是将所有的情境作为分析的起点，只是选择了一类，所以我们需要将其与其他的情境进行比较。

第一组同学：首先，都是发出了意愿，其次从结果上看，都是这样做了。第一个不同在于语气存在差异。

张琪老师（追问）：怎么体现在语气上的差异，"请帮我关门" VS "请帮我取钱"：前者没有约束与被约束的关系，后者存有一定的社会关系，这种社会关系影响到被要求者的行为，这是 power 的作用。

第一组同学：队长情境中，有职位权威的影响。两者之间存有优劣地位。

张琪老师：什么是优劣地位？

第一组同学：队长与队员表面上是上下级，但背后是权威主导。

张琪老师：哈特也提及了权威，指令性的祈使语气都包含了推行自己意志的 power，两者之间不对等，我能影响你，且无论你愿不愿意，你都处于被支配的地位。支配者与被支配者之间的优劣地位是这种 power 的来源，第一种是基于某种关系，第二种是对不利后果的惧怕，劫匪有能力对我造成伤害，第三种是权威。

在大家进行充分讨论后，老师对第二个问题进行了总结。

张琪老师：契约因素带来的支配力量，是因为我有请求权，这含有权威的要素。社会事实及社会事实的判断，使不对等的关系有正当的理由，比如军队和契约带来的，无论是 right 还是 power，但是劫匪情境中没有正当的理由。哈特为什么不分析权利和权威呢？因为法律之中包含这些因素，不然就会循环论证。不能拿有待解释的概念去论证。哈特力求从简单的概念去建构法的概念。奥斯丁的命令理论有若干缺陷，他要发展奥斯丁的这个理论，法律作为命令是研究法律概念的起点。

进入第二节课，张琪老师就问题三对 order 和 give an order、order 和 command 的重要区分进行提问。

第五组同学：order 希望某种人做某种表示，give an order 含有权威，command 也含有权威，没有不利后果的威胁，必须那样做。command 的权威是被广泛认同的，群体之中自然而然的权威。give an order 是具体情境中的权威，范围更广，核心更少，而 command 带来的是固有的权威。

张琪老师对第五组同学的回答表示了肯定，随后将第三组覃祥渝同学课下询问的问题抛出来请大家思考。

覃祥渝："法律当然包含着正当性，哈特为什么不选择具有正当性的理论（比如自然法）作为分析的模型？为什么哈特要选择在起点就错误的奥斯丁模型作为分析的基础，这样做有什么好处？"

几位同学分别表达了自己的观点后，张琪老师向同学们展示了自己的理解。

张琪老师：哈特为什么说要讨论法律、强制和道德这些若干社会现象之间的关系？哈特为什么要从明显错误的理论出发去批判呢？好多理论夸大了某些要素使得我们看不到其他的东西。哈特要去检讨那些理论中的不足，将忽略的予以添加。为什么不从完美的自然法理论的批判开始呢？为什么不从所有人都理解的简单模型去建构？法律这些复杂的现象，可以化约为一些简单的概念去说明，建构一些与义务之类的之间的关系阐述。作为现象的法律是什么指向的是法律实践，就像休谟所问的"实然"与"应当"的问题，关注社会事实去逐渐建构复杂的社会现象。

刘小平老师也认为覃祥渝同学提出了一个很好的问题并进行了论证。

刘小平老师：法的概念是由什么组成的？自然法的核心要素是恶法非法，法在于内容上是不是善的；实证主义则坚持恶法亦法，法律之所以是法律和法律在道德上是好的还是不好的没有关系，如果以自然法作为起点，这个模型是十分复杂的。同时自然法和实证法根本没有办法达成共识。而奥斯丁和哈特的理论基础有相似之处，命令模型简单明了，而且和法律很相似，如果分析法概念的要素就可以很放心地加一些成分。因为命令说是一种很基础的模型，它和法律之间有什么区别可以慢慢地进行分析。

第三节课上课，老师们首先带大家简要回顾了第二节课的问题，然后开始引入了第五个问题，引导大家进行思考。

刘小平老师：在哈特看来，为了更好地再现现代法体系的特征，至少有必要往劫匪这一简单情景中添加几个要素（什么是 generality？/为什么引入 general habitual obedience？/为什么引入 the sovereign？）？这些要素相互间如何协调？

第七组同学：哈特在命令模型中添加了三个因素，分别是普遍性、持续性和主权者。普遍性是为了完善面对面命令的不足，这是一种地域或范围上的考量。持续性是对暂时性命令的一种强调，这是一种时间上的发展。这里哈特还提到了普遍服从的习惯作为一种外在的形式，出于程度不明的因素，并不能证明法律具有的持久生命力，法律的持续性在于规则对于这样一种永久权威的确认，方可达致民众对于法律的内心确信（具体论证参见本书的第三章）。主权者是对于制定主体的一种要求，这是为了与其他地域的权威相区别，主权者应是对内最高，对外独立的权威。这三个要素的协调在本书的第三章"法律的多样性"和第四章"主权者与臣民"中有一一阐述。

刘小平老师：为什么加入普遍性？什么是普遍性？法律有排除这种个别化的控制方式吗？

第三组同学：抢匪情境是面对面的，法律是面对不确定的对象。一对一成本太高，法律应该是一种普遍性规则，效力范围广。普遍的行为模式适用于一般的大众。如贴罚单，当普遍的模式被特定的人违反时，个别指示就起作用。

对于法律是什么这个问题到底有几个要素各组产生了以下三种论点。

（1）持续性应该被普遍服从的习惯吸收。

（2）普遍服从的习惯应该被持续性吸收。

（3）这两种特征是两个相互独立的两个特征。

各组主要从文本、实质、联系等角度出发论证各自的论点。并且各组内部也多有争论，体现了应用班思维的发散性。

张琪老师：哈特已经确定抢匪情境成为论证的核心，但是加入何种要素必须是哈特自己决定的。而就一般性的角度来讲，一般性本身就包括两个方面，即双重一般性。而习惯是可以重现持续性的。实际上加入的习惯是奥斯丁理论的要素而不是哈特的。

刘小平老师：要抓住哈特的思路。认为法律是什么要抓住法律持续性的特征，但是持续性是怎么来的呢？正是有关于法律的信念的存在导致初始的法律被习惯被遵从，使其能够产生持续性。所以最终不是两个特征而是一个特征，也就是说持续性被普遍服从的习惯这一特征吸收了。

刘小平老师：为什么哈特陈述和批评的是一个更为清楚和一贯的奥斯丁式理论，而不是直接引述奥斯丁的观点加以批判？

第二组同学：哈特将其构建得更为完善，填补其理论缺陷，以便更好地去对一个完备的有解释力的理论模型进行批评，而不是针对一个有缺陷的理论。

刘小平老师（总结）：奥斯丁关于法律作为一种命令的简单模型，是哈特论证的起点。奥斯丁在其整个思想框架中也提到了普遍性等法律应具有的因素，哈特将其整理形成一个更为清楚和一贯的奥斯丁式的理论，就是为了在一个理想的理论模型中，发现自己思想的独特性，完善规则所具有的强大解释力。从命令中发现其所没有的法律应具有的"规则"这一关键特征，进而阐发自己的规则理论，这才是哈特的目的所在。

经过约三个小时的老师和学生之间思维的碰撞，第二次原典精读课程顺利结束。

第三次法学经典阅读：THE VARIETY OF LAWS

1. 课程内容

第三章 第一节 The Variety of Laws

2. 课程目标

（1）了解法律的内容多样性的特征。

（2）明晰"科以 duty 的规则"和"授予 power 的规则"的不同。

3. 问题框架

Q1：在哈特看来，法律的内容在哪些意义上是多样而非单一的？授予私人权力的规则和授予公共权力的规则有无差异？

Q2：①实验班的学生必须要完成授课老师布置的任务，比如，对于"原典精读"课，学生们必须按照朱老师所要求的那样每周一提交作业，否则这门课的成绩就为"不及格"。②同时，实验班有一套相对灵活的准入机制与退出机制，比如，学生可以按照学院制定的相关规则在开学后一定期限内向负责老师提交书面报告并备案，即可自动退出实验班。实验班学生张三无故不按时提交作业的行为与已经申请退出实验班的李四不再提交作业的行为在性质上是否完全相同？上述两项规定在性质上是否完全相同？

Q3：法理学研究中的一体化倾向完全荒谬、毫无真理性可言吗？或者说，刑法规则和授权性规则的关联何在？

Q4：第一种一体化的策略（无效与制裁的相关性）是什么？哈特从几个方面予以了批判？

Q5：李四未提交书面报告只进行了口头申请，因此未能如愿退出实验班。这一"无效"结果能否被说成是对李四的一种"制裁"或"惩罚"，就像张三因无故不提交作业而被罚站那样？

Q6：哈特多次以西洋棋、板球、足球等游戏来类比规则，它们在什么意义上是可以类比的？

Q7：如何理解哈特的下述主张：刑法中的制裁规定与其行为标准在逻辑上可拆分，而授权规则的无效部分与其行为标准之间则不可拆分？

Q8：同样作为游戏，麻将有多种玩法，而法律为什么只有一种玩法？

4. 课堂实录

4月15日下午，第三次原典精读课程如期进行，朱振老师、刘小平老师、张琪老师与应用复合班全体同学在英特尔教室讨论分析了《法律的概念》第三章第一节的内容。

第一个基本问题围绕产生法律多样性的原因展开讨论，以下是讨论的具体内容。

张琪老师：这部分哈特要做什么？换句话说，为什么哈特认为法律是多样的而不是单一的呢？

第一组同学：为了明确授权规则与刑法的区分，两者具有不同特点。

张琪老师：这个思路还算正确。但进一步讲，法律不仅有科以义务的规则，还有授权性规则，且后者还有授予私人权力和公共权力的区分。

第三组同学：那么违反授权性规则是否会受到惩罚呢？

张琪老师：违反与惩罚并不能画等号，只是说因为违反授权性规则而不能达到一些效果或在法律上不被承认。

紧接着，沿着这条线索，第三组、第四组、第五组、第六组和第七组的同学结合课前提到的"实验班作业不合格"和"退出实验班"的场景，在老师的引导下试图区分出"科以 duty 的规则"和"授予 power 的规则"究竟有何不同。

朱振老师：实验班学生张三无故不按时提交作业的行为与已经申请退出实验班的李四不再提交作业的行为在性质上是否完全相同？这两种规定在性质上是否完全相同？

第五组同学：这两种情况存在不同。规则都是去指引行为，通过不同的行为机制指引，前者是科以惩罚，后者是给予好处。

第七组同学：我觉得不同点在于，科以义务的规则意指必须做或不做某事否则会有不利的后果，授予权力的规则意指可以做或不做某事，也没有不利后果，顶多是不被承认。

第二组同学：前者没有选择自由，自主意志受限，后者有选择的自由，意愿不必服从规则，可以按照自己的意志行事。规则都有后果，遵从规则之后的状态是不一样的，前者可能会低于基准状态，后者可能会高于基准状态。

张琪老师：授予权力的规则无所谓服从不服从，只是一种正向激励。规则都有行为激励机制。

刘小平老师（进一步发问）：是否有不授予权力的规则的社会？如果社会仅是科以义务的情形，那么这会怎么样？

第六组同学：倘若一个社会仅有义务，那么人们的行为模式将固化，没有选择的自由。

刘小平老师：在仅有科以义务的情形下，你必须这么做，当然总有一些事项属于法律空白。

第一组同学：可以从学生角度出发，以不同的状态对规则加以区分。前者的不及格状态是违反规则后的结果，而后者退出的状态是遵从规则的结果。

张琪老师：科以义务带给一个人的是选择受限，授予权力带给一个人的是选择能力增强，即可以创设新的权力义务关系。

在一阵激烈的讨论后，朱振老师介绍了哈特对于 right 和 power 的语词使用是如何受到霍菲尔德对语词使用的影响的。

朱振老师：张老师所说的"授予私人权力是一种能力增强"。法律的多样性是简单模式无法涵盖的。简单模式的语词在我们解释多样性的问题时感觉很诡异。授予私人权力 power，用现在的语言应该是自由的表达，例如订立契约，重点在于创设新的权利义务关系，这里面就没有服从与不服从的说法。霍菲尔德对于权利语言的用法分析很清晰，与授予私人的 power 相对的概念是无能力（disability）。

第三组同学：那么请求权与义务、自由，权力和无能力之间是什么关系呢？

朱振老师："权力"可以在很多层面上使用，如请求权（对应义务）、自由（没有具体义务人）、形成权（单方的意思表示，可以改变与对方的规范性地位）、豁免（你的规定对我无效）等，哈特的 power 即包括私人领域和公共领域的多种含义。

在第三个问题的讨论中，老师们和同学们共同探讨了刑法规则与授权性规则是否存在关联性，以此来回答法理学研究中的一体化倾向是否真的完全荒谬、毫无真理的问题。

张琪老师：无论哪种情形，都必须参酌规则，进而得到行动在法律上的评价——是"正确"还是"错误"。而哈特在本章节中的则更是针对某一种一体化策略进行批判论证。

第四组同学：授予权力的规则所授予的是怎样的一种权力呢？

朱振老师：制定科以义务的一般规则，亦即对某些特定人科以义务，若不如此他们不会遵守这些规定。

当进展到第四个问题的讨论时，实验班的各位同学在老师的引导下着重分析了第一种一体化策略，并试图找出哈特基于哪些方面来加以批判。

第六组同学：第一种一体化的策略就是将无效作为一种制裁。主张无效就像附着于刑法上的刑罚，是一种对于违反规则而由法律所强制执行之恶的威胁或制裁。

第五组同学：但是这样会导致制裁的便利性程度下降。

第二组同学：我觉得只是在某些情形中，并不涵盖所有情形。

刘小平老师：哈特认为将制裁的观念扩及于无效是混乱的一个重要来源，或者称为一个征象。因为在许多情况下，无效可能不是一种"恶"；其次，在某种意义上，我们能够去除制裁，而仍旧保留原先用制裁来维持的行为标准。但是在逻辑上，我们却不能区分要求遵从特定条件的规则和所谓的"无效"制裁。

在接下来的课堂时间里，问题讨论的热度和同学们的兴趣愈发高涨，讨论的进程也不断加快。在朱振老师的引导下，同学们尝试学习使用哈特惯用的论证方法——"以游戏类比规则"来寻找生活中的日常实践和其背后蕴含的规则之间的关系。同学们纷纷发表自己的观点，找出生活中的案例并自己进行分析。

第一组同学：可以用"上课"来类比，上课的迟到制度也具有类似特征。

第七组同学："踢足球"的裁判规则也有相同之处。

各位老师也加入了同学们热烈的讨论当中，以各种实例激发大家反思哈特关于规范与行为存在的关系的思考。

张琪老师："进口食品加贴中文标签""结婚仪式上有证婚人"，两个社会现实大家仔细思考一下是不是也具有这些特征呢？

不知不觉间，近三个小时的课程已经到了尾声，同学们还沉浸在你来我往的讨论之中。三位老师就这次的课题"法律的多样性（The Variety of Laws）"进行了总结，再次叮嘱大家课后要对本章节的内容进行反复回顾和深入研读,尤其强调同学们应当对哈特批判奥斯丁理论的理由不仅要有明确的认识，还应当看到背后的依据，产生自己的思考和看法。

第四次法学经典阅读：THE VARIETY OF LAWS

1. 课程内容

第三章第一节

2. 课程目标

（1）了解问题和方法。

（2）了解本书的篇章结构。

3. 问题框架

Q1：哈特在 Power-conferring rules as fragments of laws 这一论证进路中区别出两种形式：极端的和非极端的。试分析这两种形式的相同点与不同点，并说明这两种形式区分的标准。

Q2：凯尔森式的极端形式相比奥斯丁的强制命令模型，涉及了何种法律观念上的 shift？或者说，凯尔森理论的贡献和意义在哪里？

Q3：在哈特看来，一律性的代价在于其所获得的是一副"扭曲的"法律图景。那么，极端形式扭曲了什么？或者说其夸大了什么又贬损了什么？哈特复原后的图景是怎样的？非极端形式扭曲了什么？或者说其夸大了什么又贬损了什么？哈特复原后的图景是怎样的？

Q4：哈特一再指出法律的社会功能（包括主要功能和辅助功能），其实，不同形式的（法律）规则具有不同的社会功能。假设 A、B、C 都是规则，试辨析下述三种规则可能具有的功能。

某处立一标识 A：此处严禁停车，违者拖走，拖车费（300元）自负。

某处立一标识 B：此处可以停车，停车费 3 元/小时，每超一小时多加 1 元。

某处立一标识 C：此处不得停车，违者处 0.5 元/小时的罚款。

Q5：文中区分了"罚金"和"课税"，哈特是想说明什么问题？

Q6：什么是授予私人权力的规则的特别价值？为什么不应该把它视为是科以义务的规则？

Q7：相比授予私人权力的规则，把公共领域中的授权规则描述为义务规则的片段或部分，为什么造成的扭曲可能更大？

Q8：文中为什么提到霍姆斯的"坏人理论"？它与极端形式是什么关系？

Q9："承诺"模式如何理解自我约束性？为什么比奥斯丁"强制性命令"模式要好？如何思考和看待惯习在法体系中所具有的法律地位？

Q10：哈特区分出两种用以论证法律规则具有一律性的进路：Nullity as a sanction 和 Power-conferring rules as fragments of laws。这两者是如何完成单一性论证的？它们之间有何区别？

Q11：为什么游戏（或法律）必定是一种目的性事业？体育比赛中的裁判为什么需要终极权威（即使误判也依然具有效力），而司法裁判具有可废止性？

4. 课堂实录

2019 年 4 月 22 日下午，第四次原典精读课程如期进行。朱振老师和张琪老师与 2016 级应用复合基地班全体同学一起对哈特《法律的概念》第三章第一节后半部分进行了讨论。

老师们首先与同学们探讨了第三章第一节前半部分和后半部分的论证思路。

张琪老师： 哈特在 Power-conferring rules as fragments of laws 这一论证进路中区别出两种形式：极端的和非极端的。试分析这两种形式的相同点与不同点，并说明这两种形式区分的标准是什么。

第七组同学： 相同点在于都认为授予私人法律权力的法仅是真正的法律的片段。不同点在于法是否指示一般公民的区分标准：是否改变了最初对法的概念的理解——法是以威胁为后盾的命令/法是指示官员施加制裁的命令。

第一组同学： 不同点在于极端形式否认刑法为真正的法律。法律的最初设想是指示官员施加的命令不极端形式：刑法是真正的法律。法律的最初设想不变：以制裁为后盾的命令指示一般公民，而非仅仅涉及官员。相同点在于都将授权规范作为法律的片段；两观点都支持单一形式，以制裁为核心；都追求统一而扭曲了不同类型法律规则具有的不同社会功能。它们的区分标准是：命令的施加对象；刑法是否为法律等。

张琪老师： 其实两种形式都强调了强制性规定。

朱振老师： 其实两个部分简单来说，将规则进行单一化的方式，一个是收编，一个是排除。

接下来朱振老师请第六组同学对这部分的第一段进行了翻译，通过对重点词句的把握，带领大家对凯尔森的极端理论有了认识。继而分析了凯尔森的极端形式和奥斯丁的命令强制模型之间的转变。

朱振老师： 奥斯丁的理论在社会功能上保留了指引性作用的部分，他把法律解释为一种强制力，而这种强制力来自威胁，且威胁的到来是必然的，导致了服从。但凯尔森完全放弃了这部分，他的理论通常被称为规范理论，他的理论贡献在于抓住了法律的某个核心特征。

张琪老师： 文中的极端形式和温和形式究竟造成了怎样的扭曲？

第七组同学： 这里的扭曲是针对法律的社会功能来说的，极端形式造成了法律社会功能的颠倒，而温和形式使得公民成为了单纯的义务承担者。

张琪老师： 文中区分了罚金和课税，哈特是想说明什么问题？

第七组同学： 罚金和课税都是指示官员对人民科以金钱的损失，但是罚金包含着义务的违反，课税却没有这种含义。通过对二者在是否包含"违反义务"方面进行对比，而说明罚金作为一种处罚以违反义务的形式，对一般公民的行为设立规则，因此其本身也包含着引导一般公民行为的意义；但是课税并无此功能。通过"罚金"和"课税"的区分，哈特想说明的是法律作为社会控制方法，不仅引导着运用处罚的官员，并且引导与官方无关的生活中活动的一般公民。但是两者的区别在某些情形下会变得模糊：国家可能以征税的方式抑制一般公民的行为，从而征税也具有了引导一般公民行为的意义；"罚金"对于支付得起的人来说并不是很重的义务，因此其引导行为的功能不再明显，此规则不再被严肃地视为行为标准来看待。

第一组同学：哈特举出罚金与课税的例子，是想要说明刑法功能及于所有人，是指示社会公民普遍行动的，而非单纯用来指示官员实行制裁。

第三组同学：哈特举出罚金与课税的例子为了表明刑法规则的功能不仅仅在于指引官员，而且还指引非官方活动中的普通公民，规则应该作为标准而被认真对待。那种认为规则只是指导官员在某种情况下实施制裁行为的想法是错误的。

课堂接近尾声，朱振老师对后面的几个问题进行了总结，认为游戏规则可以用目的性来解释，法体系可以与之类比，两者在终极权威上也存在相似之处。

第五次法学经典阅读：LAW AS THE UNION OF PRIMARY AND SECONDARY RULES

1. 课程内容

第四章第一节

2. 课程目标

（1）了解问题和方法。

（2）了解本章节的篇章结构。

3. 课堂实录

4月29日上午，朱振老师、刘小平老师、张琪老师与应用复合班全体同学在英特尔教室进行了本学期第五次"原典精读"课程，讨论并分析了《法律的概念》第四章第一节的内容。本次讨论主要围绕几个问题展开，以下是讨论的具体内容。

张琪老师：本节主要讲了什么问题？

第一组同学：第四章依然是对奥斯丁命令理论的批判，讲主权者的命令。制裁解决不了授权性规则。第一节从一个侧面批评主权者的命令。主权者与臣民之间的垂直结构：上对下，优势者对劣势者，优势者不服从自己的臣民，对外也不服从。哈特对这一垂直结构是批评的态度。第一个是批判习惯性服从，其对主权者很重要，但是没法解决立法权的持续性和法律的持续性这两个问题。第二个是关于主权者在法律中的不受限的批评。法律的存在不以主权者是否受限为条件。

张琪老师：那么他是怎么展开这样的讨论的呢？

第七组同学：是通过思想试验的方式展开的。

朱振老师（追问）：何为思想试验？哈特到底是如何进行的呢？

第五组同学：思想试验本质上就是一种假设。哈特提出思想试验的目的在于说明奥斯丁的命令理论无法充分揭示法体系的连续性。习惯性服从对命令模式的作用在于完善这一命令模式，使其能够表征法律的连续性特征。使命令变成持续性的东西（即时性的命令转为法律），劫匪就成了主权者。

朱振老师：说的不错。思想试验中的雷克斯一世（该词）本来是国王的意思，这个词是有含义的。思想试验是设想的但不是凭空猜想的，为了展示所要说明的问题故意虚构一个真实的世界，处理无关的要素，使得要讨论的问题更加简单、集中、有效。如电车难题、抢匪情境也是一种思想试验。思想试验是针对理论所构建的试验，讨论的是概念问题，而非经验问题，讨论的是理论本身是否存在悖论，其目的在于论证一种理论是否成立。在本章中，哈特通过构建最简单的社会模型——命令和主权者，来论证习惯性服从这一套语词无法说明现代法体系所具有的立法权威的连续性。

张琪老师：习惯是一种持续性的行为。立法权威的连续性问题如何理解？按照"服从习惯"建构起来的雷克斯的简单法律世界会遇到什么样的问题和悖论？"服从习惯"为何不足以解决这一问题？原因是什么？

第二组同学（回答）：关于悖论，我们认为按照服从性习惯的理论，因为臣民对于雷克斯二世无服从习惯，会导致没有法律、没有主权者的空档期；但奥斯丁及其理论追随者提出臣民认为雷克斯二世具有立法权，并以默许的方式使得雷克斯一世颁布的命令仍具有法律效力，法院在雷克斯二世时期适用雷克斯一世的法律就是立法权威的集中体现。然而，这一解释无法完全解释立法权威的连续性。在原因这一问题上，我们提出第一点，臣民认为雷克斯二世是一种规范性陈述，不一定能够产生权力。第二点，针对的是主权者个人，无延展性空间，更为复杂的社会实践不仅仅是表面上可见的。

张琪老师：按照命令模式，必然存在一段空白期，即继任者的命令不能当然地被服从（被视为法律），其也不是主权者。但真实的法律世界，没有这种真空情况，因为这是法律权力正常存续。服从习惯不能解决立法的连续性。真实的法律世界，二世有立法的权力（规范性陈述，具有内在态度），但是命令模式中习惯性服从不能当然赋予立法权威，民众对于服从没有任何看法或态度（个人关系）。

朱振老师：我提出两种情形。情形一为中国的寒食节是清明的前一天，这一天尤其是山西民间，禁火寒食，据传是为了纪念介子推，以寄哀思；情形二为中国的回族禁食猪肉。这两种情形有什么区别？

第四组同学：在前法律世界之中习惯法是否是法体系要准确地理解本节中"习惯"的含义，不能脱离本节的背景，不能脱离语境，是作为行为模式存在还是仅仅是外在的规律统一的行为。再回到上述两种情形中我们认为第一种是一种比较弱的、带有规范性的社会习俗，具有比较弱的内在面向，可以表现为一种习惯性的行为。

第五组同学（补充）：第二种也不是典型的规则。作为行为标准和评价标准而存在的宗教规则对于拥有信仰的人具有强大的作用，可以说情形二是边缘的规则。社会习俗是初级规则的重要来源，其很重要的特征之一，是其除了外在面向还有内在面向，这种内在面向在不同的社会背景有强弱之分，就如寒食节这一习俗，在古代不遵守就很有可能招致批判，而在现代社会，其内在面向已经弱化，不遵守不会招致批评。

朱振老师：习俗custom（也有习惯法的含义）和习惯habit的区别：习惯的外延与规则一致，前者是前法律世界的用语，习惯在国际商事通则里面运用。习惯是作为一种行为模式还是作为一个外在观察者对其的描述呢？对习惯的理解立足哈特的思路，在于与规则的对比中去理解。大家对于图书馆占座怎么看？

第三组同学：习俗和习惯的区别说明这个问题要说明的语境，服从的习惯是一个思想试验，假设存在，至于这个习惯怎么建立起来的，哈特没有去考量。习惯只是一种行为模式的外在描述，即一种行为的状态。只有在社会行为的描述中才有趋同性与一致性的判定。注意翻译的问题，有些可能没有传达到位。对于图书馆占座的问题，我们认为首先，占座作为一种默认的行为模式，即认同占座者于特定时间对于这个位置的使用权，且如果有人无视这种默认的行为标准，那么挑战这种标准的人就会被批评不遵守成规。但是有种情形是，占座之后长时间不使用造成资源的浪费。

朱振老师（追问）：占座表面上很难判断对错，为什么？有一点是类似自发性的行为，是先来后到的一种规则，行为表现就是排队。为什么要排队，一个是为了秩序，一个是因为资源的有限，规则具有正当性。但关键的问题是：先来的行为可以表示效力多长时间？行为的持续性就会违背规则的核心内涵，即座位归谁？无节制的反面就是有规则。为什么我们一般承认这种行为的效力呢？极端情形比较少，不会影响规则的效力。占座不是规则，是一种异化，其实不占座是一种规则。

第六组同学：我们组的观点与老师对图书馆占座的观点差不多。我们认为，建立在普遍接受基础上的社会实践表明法律的连续性。但是这里存在一个属人的问题，即多少人才能表征对法律的内在接受。普通人的接受不重要，重要的是官员的接受，其接受与否决定了法体系是否崩溃。麻烦在于出于什么理由去接受。规范性语词可以去描述这种状态（接受本身），但是没有说基于什么理由去接受。至于内在理由是什么也很复杂。习惯性行为没有规范性存在的空间。关于规则存在规范性描述，可以理解这种状态。描述都是第三人称，不是第一人称的表达，因为根本不认同。规范性态度本身可以描述，具体不会涉及为什么接受。

近三个小时的讨论后，"原典精读"第五次课接近尾声了。本堂课中老师们与同学们积极互动和交流，进行思想的碰撞和观点的交锋，堪称一场思想盛宴，同学们均表示受益匪浅，不仅解开了自身的疑惑，对于哈特的思想又有了进一步的认识。

第六次法学经典阅读：LAW AS THE UNION OF PRIMARY AND SECONDARY RULES

1. 课程内容

第五章第一部分

2. 课程目标

（1）了解问题和方法。

（2）了解本书的篇章结构。

3. 问题框架

改弦更张

Q1：哈特所说的"新的起点"新在哪里？他凭什么说他所超越的简单命令理论是失败的？

Q2：哈特认为"法律科学的关键"不在于"强制命令的观念"，而在于"the union of primary and secondary rules"。这两类规则之间是怎样的关系？

义务观念

Q3：简单理论和哈特的两种规则相结合的理论都共享一个出发点，哈特为什么认为这个出发点是合适的？

Q4：为什么要先讨论"义务"观念？在劫匪情境的放大版中能否找到"义务"观念？"被迫做某事"是否等同于"有义务做某事"？试总结哈特认为义务所具有的特征。

Q5："有义务做某事"是否等同于"有习惯做某事"？那么，"应当做某事"呢？义务观念究竟存在于怎样的复杂社会情境中？该情境至少具有哪些特征？

预测理论

Q6：比较预测论的义务观与哈特之间的异同，说明为何在哈特看来，预测论式的义务观是错的？

Q7：辨析"对违规者有可能实施制裁"与"某人负有义务"这两项陈述之间的关系：必然无关 or 必然有关？哈特承认在一国体系内部，除非总体上有可能对违规者予以制裁，否则有关某人负有义务的特定陈述就是毫无意义的，这与预测论有区别吗？

Q8：继"规则的外在/内在方面"之后，哈特又引入了新的术语 the external / internal points of view，这是何意？有何用？

4. 课堂实录

5月6日下午，吉林大学法学院2016级应用复合型实验班在经济信息教学楼法学基地进行第六次原典精读课程。全体同学讨论研习了《法律的概念》第五章第一部分的内容。

课前准备围绕第五章中所涉及的概念、论证思路及各段落翻译展开，以老师预先提供的问题为基准作为各小组探讨的主要方向与内容。受问题数量较多但时间固定等限制，课堂探讨问题由老师把控。

张琪老师： 请同学介绍第五章的主要内容。同时哈特所说的"新的起点"新在哪里？他凭什么说他所超越的简单命令理论是失败的？

第一组同学： 第五章内容第一部分新的起点其实是哈特通过对奥斯丁命令理论的反思与批判，提出了自己的理论创新，即规则理论及义务，哈特又将其分为初级规则与次级规则。而之所以说奥斯丁理论是失败的，有四个原因：一是法律同样适用其制定者；二是授权性法律无法被解释为强制性命令；三是习惯等法律规则并非以"明示之规定"的形式产生；四是习惯地被服从和不受制的主权者概念无法解释立法权威的连续性。

张琪老师： 是的，其实也就是说奥斯丁理论中的要素并不能说明现代法律体系的特征，而哈特的新理论则刚好能说明现代法律体系的特征。

朱振老师： 要看到命令或威胁这些概念是无法描述法体系的特征的，只有规则才可以，所以说命令模式是失败的。哈特添加了很多内容才构成对法律的较好的描述，这都是分析法律体系得出的，即这些因素是推导出来的。

张琪老师： 再进一步理解规则同时思考现代法律体系的什么特征不能用"命令"说明，但针对其能否被"规则"涵盖，我们应聚焦本章核心内容——第四段哈特关于法律规则的论述，从文本中获得信息，下面请同学翻译一下。

第二组同学： 因此，前三章是失败的记录，显然需要重新开始。然而，失败是一种有益的方式，值得我们详细考虑，因为在理论未能符合事实的每一点上，至少可以概括地看到它为什么必然会失败，以及进行更好的说明。失败的根本原因是构成理论的要素，即秩序、服从、习惯和威胁的观念并不包括并且不能以其组合来形成一条规则的概念，没有这个概念，即使是最基本的法律形式也无法解释。诚然，规则的概念绝不是一个简单的规则：我们已经在第三章中看到，如果我们要公正处理法律制度的复杂性，就要区分两种不同的相关类型。根据可能被认为是基本或主要类型的一种类型的规则，人们被要求做或放弃某些行为，不管他们是否愿意。另一种类型的规则在某种意义上属于第一类寄生的或次要的；因为他们规定人类可以通过做或说某些事情引入新的主要类型规则，消灭或修改旧规则，或以各种方式确定其发生率或控制其操作。第一类规则强制执行职责;第二类规则赋予公共权力或私人权力。第一类规则涉及人们的具体行为或变动;第二类规则不仅导致具体行为或变动,而且产生责任或义务的创设或改变的规定。

张琪老师: 下面我们可以重点讨论一下本段内容及"the union of primary and secondary rules"这两类规则之间是怎样的关系?大家可以开拓思维,说说想法。

第三组同学: 其实这一段依然可以看出奥斯丁的失败之处,联系我们之前学习的三章,其实也会发现规则是复杂的。奥斯丁没有注意到法律的内在接受方面,只聚焦于外在的服从方面,因此没有很好地说明法律的特征。规则的复杂性体现在规则所具有的内在面向,区别于习惯只是一种行为趋同,规则还包含有内心的接受。规则的内容不仅是科以义务的规则还包含授予权力的规则(授予私人权力和公共权力);不仅包含初级规则还包含次级规则。

第四组同学: 我们认为在第一种类型的规则下,不管人们的意愿,被要求做或不做某事;第二种规则寄生或依附于前者,人们通过做或说某事来引入新的第一种类型的规则,或者确定它们的作用范围,或控制它们的运作。前者科以义务,后者授予权力;前者关涉人们的行动和变动,后者不仅规定导致行动和变动的规则,还创设或改变责任或义务。

第五组同学: 看两者关系时,首先应当看到两者的重要区别。内容不同,功能不同。第一个不同在于科以义务与授予权力之间。法律内容的多样性中提及这种分类。第二个不同在于次级规则是关于初级规则的规则,是对其的生成、改变或废止。第三个不同在于前者是物理运动,后者还会带来规范关系的改变。次级规则不是针对你必须做或不做某事,比如我承诺给你一本书,针对的是看不见摸不着的关系,给自己创设义务就是初级规则。

张琪老师: 那这两种规则到底意指什么?大家可以关注"physical movement and change"与"the creation or variation of duties or obligations"的真正含义并解释这两种规则。

第七组同学: 我的理解是可以借助实验班的例子,初级规则就是实验班中老师要求同学们每周交翻译作业,这种情形中,老师和同学们之间的权力义务结构是确定的,且服从与被服从的关系也是特定的。次级规则就是不排斥初级规则的存在,只不过补充或者完善其范围或运作方式,比如实验班的同学如果不想每周交作业,可以在开班后的一周内向学院或班主任提出退班申请,这样在提出申请的同学和老师之间的权力义务关系就发生了变化,前述初级规则的作用范围就不能包括那些提出退出申请并成功的同学。

之后,同学们针对此问题进行了激烈的探讨。

刘小平老师: 同学们关于内容的探讨很到位,但是有没有人注意到这一章的写作特点?

第一组同学: 我们组注意到这一章是哈特提出他理论的开始,也就是说,他之前都在评论、反思别人的理论。

刘小平老师：是的。哈特在第五章建构自己的理论之前用三章的篇幅讨论和批判奥斯丁的命令理论，在阅读的过程中我们其实可以想一想为什么，我们不仅要学习哈特对法律的理解，还要学习哈特建构自己理论的写作手法。

朱振老师（补充）：这种写作思路适合学位论文，但是不适合期刊论文。他的这种思路是为了进行一种概念分析，其目的就是得出这一结论。

朱振老师：哈特将什么作为自己理论的新起点？

第六组同学：哈特首先肯定了将法律视为强制性命令之理论的出发点——"非随意而具义务性的举止"的正确性，并且认为自己对于法律的新阐释也要由此展开。

朱振老师：其实就是基于人的选择都不是非随意性（强制性或义务性）的这一事实。那么奥斯丁的命令理论在什么意义上错误呢？是在法律内容上的错误，无法诠释很多其他的法律特征，但这不代表奥斯丁的理论一无是处。奥斯丁为法律的来源找了一个坚实的基础，即主权者的命令。而哈特不认同的是奥斯丁关于强制性的来源。那义务的本质到底是什么？这就如同智能手机和按键手机的区别，都是手机，但是操作模式发生了变化。奥斯丁的被强迫做某事也是对义务观念的一种解释，但是这种解释不充分。命令的性质和指向的对象到底是什么状态，奥斯丁并不关注，但法律世界中服从者的状态都不是任意的。我们原来都是关注主权者或国家，而没有关注行动者，非任意的就是说不能想干啥就干啥，其实也就是强制，而义务的翻译带有误导。内在观点是法律规制的对象（行动者）所有的，而不仅仅是官员。法哲学出现了实践哲学的转向，即指向行动。不是说初级规则是科以义务的才从义务出发，也不是要对被强迫做某事找一个映射的行为模式才从义务出发，规则的创新在于内在化，即关注行动者。科尔曼就说内在观点是哈特的最伟大的贡献。回到问题，我们可以看看在劫匪情境的放大版中能否找到"义务"观念？"被迫做某事"是否等同于"有义务做某事"？

第四组同学：两者不同。从持枪歹徒的例子出发，命令理论认为，持枪歹徒的情形蕴含着义务的一般观念：存在被习惯性服从的主权者，并且该主权者的命令是一般性的，它规定了特定类型的行为，接受命令的人服从该命令，称为"被强迫（be obliged）"。从行为的信念与动机角度出发，接受命令者相信如果不按照命令行事，就会招致不利的后果。但是，不能说某人"被强迫（be obliged）"做某事就等于某人"负有义务（have an obligation）"做某事，不能通过信念与动机等主观要素来说明义务的观念。

第三组同学：同意上一组观点。理由根据哈特所说，一是"被强迫"是从心理学上涉及行为的信念与动机角度来陈述的，它只足以说明接受命令者被迫做了某事的事实，但对于说明他"负有义务"的事实是不充分的；行为的信念与动机这些要素对于说明接受命令者"负有义务"的事实也是不必要的，例如，在一个人确实"负有义务"的场合，他可能相信其即使不按命令行事并且他不惧怕任何不利后果，但也不能改变他"负有义务"这个事实。"被强迫"暗含着接受命令者现实地做了命令要求其做的事，而某人"负有义务"却并不必然意味着他现实地做了义务要求做的事。二是"被强迫"暗含着接受命令者现实地做了命令要求其做的事，而某人"负有义务"却并不必然意味着他现实地做了义务要求做的事。

第二组同学：总结一下就是，第一，被强迫做某事包含心理上的感情与态度，而有义务做某事不包括这种情感与态度；第二，被强迫做某事在一定程度上说明这件事已经做了，而有义务做某事不能说明这一特征。

朱振老师：大家都是按照翻译来说的，但翻译是有问题的：obligation 和 duty，翻译成责任和义务不太准确，中文中两词差异很大，英文中没有太大的差异。哈特进行了一点语言哲学上的区分。在不同的学科有不同的概念或内涵。老师有义务（责任）上课，是基于老师的伦理或职责。概念上的使用要界分清楚，翻译成什么不重要，重要的是理解在何种意义上说。

被强迫做某事与有义务做某事为什么不一样？一是不同的行动理由：前者是一种心理动机的描述，后者是一种规范行为的描述。同时理解行动理由与事实情况之间的关系：前者必须作为，后者可能没有实际作为。区分的标准在哪里？各自的核心特点是什么？内在观点与内在陈述之间的区分：前者是从行动者自身出发的，后者是将行动者放在社会情境之中。被强迫做某事意指人的行为具有强迫性，就是说行动者中立，行为与行动者无关，或外在于行动者。服兵役是因为法律规定，跟行动者本身的意愿无关。被强迫做某事一定要发生才可以说陈述为真，一定发生那就意味着与行动者相关，此时就出现了表面上的对立，这是哈特用词导致的。我有义务做某事和存在做某事的义务（客观事实）不一样，前者是内在陈述（行动者相关），后者是外在陈述（行动者中立）。哈特是来描述一个第一人称的立场，但仍然是一种客观的立场。对义务的陈述预设了规则的背景框架。两种陈述的真值条件不一样，前者必须实际发生，后者只要规则存在即可。义务的规范力不一样，前者是实际发生，后者是规则的力量。规范性陈述指向行动，提供行动理由。奥斯丁把这两种陈述等同，但是哈特认为应该将这两种陈述区分，前者只是义务陈述的一种解释方式。

朱振老师：第五个问题是应当做某事和有义务做某事有什么区别，义务观念究竟存在于什么复杂情境之中。

第五组同学："有义务做某事"不等同于"有习惯做某事"，也不等同于"应当做某事"。该情景至少有两个特征。第一，把某些类型的行为视为标准的社会规则，其存在是人们作出义务陈述通常的背景或适当的脉络，尽管人们并不会把它一起说出来；第二，这种陈述的一种独特的运作方式就在于，通过把某人的情况涵盖到规则底下，而把该规则适用到他身上。

朱振老师： 规则都有内在面向，指向规范性陈述。义务或责任是规范性陈述的亚类，即其中的一个分支，所有的应当陈述并不一定是义务陈述，只有一部分应当陈述是义务陈述，即所有的义务陈述都是应当陈述，但是所有的应当陈述并不都是义务陈述。语法规则和礼仪规则不能用义务来表述，它们只有正确与错误的判断。那么这两者是一样的吗？哈特论述的这儿是没有区别的，但实际上是有区别的，前者用应当陈述也会很奇怪，但是礼仪规则（我国的礼仪规则的发展）可以用义务陈述，如果强烈的话。

朱振老师： 预测论为什么是错的？

第七组同学： 对于预测理论的全部批评可以简单表述为，忽略了规则的内在面向。对于持有外在视角的人而言，的确可以通过观察的规律性来对惩罚进行预测和评估。但这种对规律性的预测仅是一种事实，而不能说明具备规范性的"义务"和"责任"。因为符合规则的情形出现时，根据外部视角仅能说明，出现 A，往往伴随着 B，却不能说明对于行为人而言，A 的出现是 B 行为的理由。对于外部视角的过分强调不能说明那些持有内部视角的律师、官员、私人对规则的态度，即对规则的违反不仅伴随着惩罚，而且施加惩罚也是正当的。

第六组同学： 心理学陈述与有义务做某事之间无关，预测论无关主观事实，而是遭受一种惩罚或恶害的可能性的预测或评估。拒斥义务论的形而上的解释，从经验、科学等角度去进行。一般意义上，预测论是有意义的，而且是有义务做某事的背景性陈述，但是在特殊意义下，预测论是错误的，因为有时违背的行为并不招致惩罚。

朱振老师： 最后哈特引入了新的术语 the external / internal points of view，这是何意？有何用？

第三组同学： 内在观点是从群体成员的角度分析，即受规则调整的人的角度来分析，内在观点中的人本身受这种约束。外在观点是指从观察者的角度去看，本身不接受规则。外在观点中的观察者可能的规则更加具有预测性，更能观察规则的规律性。外在观点中的人本身不接受群体的规则，只有在他们判断不愉快后果的时候，才会遵守规则。内在观点和外在观点不是割裂的，社会生活的运转处于两种类型下构成的紧张关系中，从内在观点看规则的人，他们更倾向接受规则；外在观点更倾向拒绝规则，而如果我们想公正地处理法律，必须承认两种观点的存在。

第一组同学： 可能是说明规则的具体实践，只有内在观点的人才能进行内在陈述，体现行动者本身对规则的态度。大部分人是自愿地接受，这是规则存在的重要理由。但是为什么接受却没有说，可能是单纯地惧怕，或者随大流等。

最后，朱振老师向同学们解释了关于义务陈述的理解——义务陈述的真值条件是规则的存在，使用第一人称和第三人称都可以进行义务陈述。课堂在老师和同学们关于"行动者中立"是否成立的讨论中落下帷幕。

此外，老师们指出，第五章作为全书哈特提出自己理论的重要章节，是有一定深度和难度的，同学们应该多下工夫、认真阅读。

第七次法学经典阅读：THE FOUNDATIONS OF A LEGAL SYSTEM

1. 课程内容
第六章第1~2节
2. 课程目标
（1）分析比较内在和外在视角。
（2）承认规则的内涵探析。
3. 问题框架

I Rule of Recognition and Legal Validity

Q1：什么是法律体系的基础？

Q2．在哈特的论述中，承认规则在哪些方面可以与游戏的得分规则进行类比？承认规则的存在形态类似于巴黎标准米尺，两者的相似点和不同点各是什么？

Q3：继"规则的内在/外在方面"、言及规则时的"内在/外在视角"之后，哈特又引入了新的术语 the internal / external statement，这是何意？有何用？

Q4：效力与实效有无必然联系？

Q5：关于效力的预测论与关于义务的预测论为何类似？哈特是如何批评关于效力的预测论的？

Q6：如何理解与承认规则相关的 supreme 和 ultimate？

Q7：承认规则的存在是一种"预设"吗？对于一项规则而言，presuppose the exist 是否必然等同于 assume a validity？

Q8：断言"存在"一项规则，这可能意味着什么？试分析下述两类断言："当下的中国人有/无'食不言寝不语'的礼仪规则"；"当下的中国人有/无'应当按照交通信号灯指示通行'的法律义务"。

II New Questions

Q1：如何看待承认规则？在哈特看来，"法"的传统范畴为何无法容纳承认规则？为何在使用 law/fact 的标签时，会发生承认规则归类问题的两难困境？如何破除此困境？

Q2：分析使以下陈述各自为真的条件：

A social rule exists;

A legal rule exists;

A legal system exists.

Q3：哈特主张一个社会要具备一个法体系所需要的复杂事实。其所谓的相伴但异质的复杂社会事实都有什么？其间每种社会事实或生活的特质是什么？

Q4：奥斯丁的简单命令模式如何扭曲了上述复杂事实？与之相对的另一个极端又是如何扭曲这一复杂事实的？

Q5：在现代社会中，一个法体系存在的充分必要条件是什么？为何缺一不可？

Q6：刘邦率军攻入关中，入咸阳，不久还军霸上，召集诸县父老豪杰，向他们发布安民告示：父老苦秦苛法久矣，诽谤者族，偶语者弃市。吾与诸侯约，先入者王之，吾当王关中。与父老约法三章耳：杀人者死，伤人及盗抵罪。余悉除去秦法。诸吏人皆案堵如故。凡吾所以来，为父老除害，非有所侵暴，无恐！刘邦的入关告谕，也许可以在法体系的发生学意义上，有助于我们开放性的讨论，一个新的法律体系是如何被建立起来的及其可能呈现的若干问题：

（1）与诸侯约这一事实，对于一个新法律体系的建立具有什么样的意义？

（2）刘邦约法三章、去秦法，为什么要强调与父老约、秦法是"苛法"？"父老"在法体系的建立和存在当中充当什么样的角色？

（3）刘邦在入关告谕中表示"诸吏人皆案堵如故"，沿用秦的官员系统、职权如故，此时如何判定法体系所处的状态？

（4）刘邦的"入关告谕"，本身是什么样的性质，具有什么样的意义？

Q7：什么是法律体系的异常状态？

4. 课堂实录

5月19日上午，朱振老师、刘小平老师、张琪老师与应用复合班全体同学在英特尔教室进行了本学期最后一堂"原典精读"课程，讨论并分析了《法律的概念》第六章第一节和第二节的内容。

第一部分的讨论围绕法律体系的基础展开，以下是讨论的具体内容。

张琪老师：法律体系的基础到底是什么？

第一组同学：法律体系的基础是法律体系存在的社会情境。

张琪老师：这里的社会情境需要进行细致的阐释，以便于后文的继续理解，法律体系都是建立在一个具体现实的环境之下的，在此前提下，此社会环境所包含的各种要素共同构成了法律体系的基础。

朱振老师（追问）：承认规则到底是什么，与游戏的得分规则有什么区别？

第四组同学：承认规则提供一种标准判断一项规则是否存在。它本身不被明述，仅在被适用时体现自己的存在，从某种意义上说，它是其他规则的起点。

朱振老师：说的不错。在复杂的现代法体系之中，承认规则本身具有最高性和终极性，正是因为在法律推理过程中，承认规则处于终极地位，没有其他规则用以衡量其效力，所以承认规则本身的效力如何就成了一个问题，那么哈特是如何对此进行解释的呢？

第一组同学：在现代法体系中，承认规则提供的标准成为判断规则存在的条件，此时"存在"等同于"有效"，而承认规则本身是实践获得本身，其存在是事实问题。

刘小平老师（继续追问）：那么这样的承认规则与游戏得分规则又有何种相似和不同呢？足球比赛中的规则扮演的又是什么样的角色呢？

同学们对此问题产生了浓厚的兴趣，也进行了一番热烈的讨论，经过几轮发言，同学们大致得出承认规则与游戏得分规则的相似点有以下几点。

（1）都具有确认功能，承认规则确认规则的效力，游戏的得分规则确认得分行为的效力（得分行为有效即为得分）。

（2）都很少被明确制定出来。

（3）都是由具有一定权威地位的人使用该规则。

但是关于两者的区别，同学们的讨论遇到了瓶颈，经过热烈的讨论后，最终由朱振老师进行了总结。

朱振老师：承认规则在法律体系中扮演的角色与得分规则不同，承认规则在法律框架内作为源头和起点存在，其他规则依据承认规则而产生。在游戏或者比赛中，得分规则只是众多规则中的较为重要、核心的部分，例如足球比赛中的越位、犯规等规则独立于得分规则而存在，这些规则处于相同的等级，它们共同构成了一场完整的足球比赛，就像我们日常生活中打麻将和玩扑克牌，是一个道理。

刘小平老师：请同学们继续思考这个问题，承认规则的存在形态类似于巴黎标准米尺，两者的相似点和不同点各是什么？

为方便大家讨论，老师向同学们介绍了巴黎标准米尺的相关知识。法国科学家组成的特别委员会建议以通过巴黎的地球子午线全长的四千万分之一作为长度单位——米，为了制造出表征米的量值的基准器，在法国天文学家捷梁布尔和密伸的领导下，于1792—1799年对法国敦刻尔克至西班牙的巴塞罗那进行了测量。1799年根据测量结果制成一根3.5毫米×25毫米短形截面的铂杆，将此杆两端之间的距离定为1米。

第六组同学：承认规则没有明确的表现形式，很少被明确制定出来，而巴黎米尺实际存在。

刘小平老师：这只是两者存在的一个不同点，但并非本质区别，解决这一问题，需要大家好好理解之前讨论过的"事实性存在"的问题，之前提过，在法律推理过程中，承认规则处于终极地位，没有其他规则用以衡量其效力，巴黎标准米尺不管是子午线的多少比例，它都是依据一个特定长度计算出来的，虽然现在那个保留在巴黎的米尺可以作为判定长度的工具，但它跟承认规则相比，缺少了一个关键要素，也就是终极性，承认规则就是客观存在着的，不需要也没有办法用别的办法制造出来或者证明它的效力。

第七组同学：承认规则确实具有自身的特殊性，也正是因为如此，才可以作为规则体系的起点，作为判断其他规则效力的基准。

至此，讨论开始由承认规则进入第二个话题，继"规则的内在/外在方面"、言及规则时的"内在/外在视角"之后，哈特又引入了新的术语 the internal / external statement，这是何意？有何用？

第五组同学：内在陈述，是指承认该制度的某一特定规则为有效规则时适用这一规则；外在陈述，是从旁观者而言，只指出他人接受规则的事实，而没有说明自己是否承认这一规则。

张琪老师：内在陈述是规范性判断，而外在陈述是事实判断，承认规则是赋予规则以法律效力，所以是一种内在陈述。那么哈特为什么要引入这个术语呢？

对于这一问题，大家发生了热烈的讨论，最终张琪老师引导大家结合之前预测论的内容进行了分析，并进行了总结。

张琪老师：哈特引入这样一种内在陈述实际上是为了更好地批判预测论，批判方式就是指出一个规则的效力是预言它将由法院或某一其他官方的行为强制实施。其实法官作出的一个规则是有效的陈述属于内在陈述，他假定而不是在陈述制度的一般实效，但很明显他不是在预测他自己的或其他官员的行为，也就是说，预测论并不能完整地描述现实的法律体系，他无法解释这种内在陈述。

第一组同学：一条规则存在，对于单纯的习惯规则来说，就可以是外部的事实陈述，在复杂的现代法体系中，就可能是一项内在描述，其中包含着承认规则的运用。前者是针对于单纯习惯规则事实存在的客观描述，而后者是经过了承认规则使用以后得到的一种关于效力的内在性描述。

第二部分是第六章第二节的内容，经过之前的讨论，三位老师对同学们的认知表示认可，因而在这部分只选取几个关键问题进行分析。

张琪老师：在讨论之前，请同学们先介绍一下这一节中哈特提出的两个问题分别是什么？

第三组同学：第一个难题即分类问题，承认规则不属于严格意义上的法，也不属于惯例，通常的分类难以解决这一问题；第二个难题是"法体系存在于一个国家或社会群体中"的复杂性、模糊性，法体系出生和正常独立的存在之间、生存与死亡之间的中间阶段的演进的复杂事实被法律与政治思想中的标准词汇掩盖。

朱振老师：那么哈特是如何解答这两个难题的呢？

第六组同学：哈特认为将承认规则作为法律或规则之一，都无法窥得全貌，具有终极性的承认规则兼具外部陈述和内部陈述两个面向，一种是承认规则存在于制度的实践中的事实的外在陈述中，另一种是承认规则体现在运用承认规则确认法律的人作出的关于效力的内在陈述中。

第二组同学：Austin"服从命令的普遍习惯"为失败观念，"服从"无法含括政府的法律运作、政府与法律间的关系，同时对该失败观念的反对可能导致另一极端错误：意味整个社会都要像法官一样能够认识和鉴别"具有终极性的承认规则"这一法律效力判断标准，究其原因，法体系是初级规则与次级规则的复杂结合，若要完整描述，除了人民大致上普遍服从法律外，官员必须共同接受包含法体系效力之判断标准的承认规则。

张琪老师（总结）：哈特基于以上的论述提出一个观点，法体系的存在最少具备两个条件（主张一个法体系的存在具有两面性），其一是符合法体系终极判断标准而有效的行为规则被普遍服从，其二是次级规则被官员实在地接受，作为衡量官员行动的共同的、公共的标准。

临近下课，朱振老师向同学们询问了刘邦约法三章的相关问题。

朱振老师：设计这样一套问题的初衷是想让同学们更具象地理解一个新的法律体系是如何被建立起来的及其可能呈现的若干问题，刘邦约法三章、去秦法的过程实际上就是一个新的法律体系建立的第一步，这里面的各个行为在哈特的论述当中都可以有所对应，希望同学们在课后能够好好理解消化。

经过三小时紧张而充实的讨论和研读，最后一堂原典精读课圆满结束，同时也宣告原典精读课程接近尾声，三位老师对同学们这段时间的表现表示认可，同时也鼓励同学们在以后的学习过程中也能继续保持这样的学习态度，改进学习方法，不断提高阅读和理解能力，尤其是在外文原文的阅读上，希望这门课程给大家未来的学习带来帮助。

法本科生为什么要精读原典？

——基于对当下中国法学本科课程体系的反思

刘小平

吉林大学法学院教授、博士生导师

摘要：法学本科课程设置根本上取决于法学教育要培养什么样的人。法学职业教育不只是培养单纯的法匠，更是培养社会秩序的维护者、建构者、缔造者。由此，法学教育兼具职业培训和更深层的人文社会素养培养的二重性，这亦构成了法学教育的内在复杂性。目前我国法学本科课程强调理论和实践兼顾，专业课程和通识课程并举。这种兼顾式思路不但没能弥合法学教育之二重性所带来的问题，反而可能加剧两者之间的冲突。在法学本科生中开设原典精读这类研讨性课程，极具必要性和重要性。以吉大法学院本科生"法律的概念"英文原典精读课程为例，原典精读课程能使本科生扩大问题视野，完善思想结构，提升分析、批判能力，引领学生跟着大师进入"知识""观点""思想"的生产过程。原典精读重点在于"比慢""较真"，必须在课程组织和制度设置上探索一种适合本科生的教学模式，从而实现真正的师生互动研讨。

关键词：原典精读　专业教育　素质教育　法学本科　课程框架

一、导言：何以设置法本科课程体系？

2018年4月，教育部发布《普通高等学校法学类本科专业教学质量国家标准》，对法学类本科生专业课程进行了一定的调整和改革。法学类专业课程框架总体上包括理论教学课程和实践教学课程两大类，其中法学专业核心课程由原来的16门专业课改为采取"10+X"分类设置模式；除专业课以外，还规定各专业应根据本专业的特点和社会实际需要，设置一定数量的通识课程。

教育部对法学本科生课程体系的调整，反映了其对中国法学教育及其方向、目标的整体性思考。法学教育要培养什么样的人？对这个问题的思考从根本上决定了开设什么样的法本科课程。无论是专业课程还是通识课程的设置，都要围绕法学教育的目的加以考量。那么，法学教育的目的又是什么呢？"作为制度的法学院"，其首要制度性目的无疑是致力于法律职业人才的培养，即"能将一个门外汉培养成胜任法律事务的新生法律人，塑造他们基本的职业理念，使他们形成职业的使命感和价值取向，并掌握那无法用单纯的记忆获得的'像一个法律家那样思考'的秘诀"。

应该说，经历过若干年的摸索和发展，在很大程度上我国法学本科生的课程体系无疑是契合于法律职业教育这一目的的。从总体上来说，目前法学本科课程的教学，既包括对中国现行法律体系的研习——无论是16门主干课，还是"10+X"的专业课程设置，基本上覆盖了中国现行各主要法律部门；也包括法学知识体系的传授，法学作为一种普遍的知识体系，出乎欧陆，入乎英美，横跨两大法系，涉及法学基本概念、范畴、观点、学说。法学院的法律职业教育培养模式，结合国家法律资格考试的选拔机制，已为各个法律实践部门输送了大量的法律人才。

然而，对于法律职业教育这一目的，我们仍然不能简单视之，需要深入地进行思考。至少有两个深层问题值得进一步加以考量。第一个问题是关于目的本身的。法律职业教育究竟培养什么样的法律人？是纯粹技术性的法匠，还是社会秩序的维护者、建构者、缔造者？这就涉及对"法律职业"以及"法律人"的不同理解。法律职业是否意味着和其他职业和工种一样，只是一个特定的行业，法律人由此是否也不过是掌握法律知识、法律技能乃至特定法律思维，提供法律方面的专业服务并以此为生的人？法律究竟是一种什么样的事业？显然，如果把法律职业看成与其他职业没什么两样，那么，这种理解基本上没有把握住"法律职业"和"法律人"的根本特征。实际上，即便把法律归为一种职业，这种职业的存在和分化，也构成了现代社会的一个根本特征，是现代文明的标志和重要表征。法律人的事业涉及社会秩序的建构、维护和良好运行的问题，并不能够简单地与其他职业或者行业加以类比。如果这样理解"法律职业"和"法律人"，那么对于法律职业教育及培养什么样的人的问题就具有更深层和更为复杂的含义。第二个问题是关于手段的。在更深层地理解法律职业教育这一目的的情形下，如何更好地实现这一目的？技术性、专业性的教育模式是否足够？如果不够，应当采取什么样的教育模式？在对这一目的的深层理解下，目前法学本科课程体系的设置是否合理？应当如何设置法学本科课程体系？这些都是需要深入思考的问题。

　　本文并不准备依据对法律教育目的的深层考量，从整体上反思法本科课程设置之适当性，乃至全盘推翻和重新设计。这一问题过于宏大，非一篇小文所能完成。本文试图以吉大法学院本科生实验班开设的"经典阅读课程"为例，从一个具体侧面触及目前法学教学模式和课程设置上可能存在的缺失与不足之处，由此折射对法学课程体系设置的整体思考。因此，接下来在文章第二部分，我将基于法学界专业教育与素质教育论争背后所呈现的中国法学教育的基本问题，来反思目前法学本科教育及课程设置，并由此思考法学本科生原典精读课程的必要性和重要性；第三部分我将具体说明原典精读课程能给法学本科生带来什么；第四部分将具体探讨一种适合本科生特点的原典精读课程形式；第五部分是简短的结语。

二、精读原典为什么重要？透视中国法学本科课程设置存在的问题

　　通常而言，人们对法学教育划分出不同的阶段：法学本科阶段，侧重于职业型人才的培养；而到了硕士和博士阶段，更注重深层次的学术型人才的培养。那么，这一划分是否有道理？本科生阶段要不要开设诸如"原典精读"这样的研究性课程？其比重应该如何？这类研讨性课程对于本科课程设置来说究竟有何意义？要回答此类问题，我将首先进入法学界关于专业教育与素质教育的论争，基于对这一论争背后所呈现出来的法学教育之内在问题的把握，来寻求此类问题的答案。

1. 法学教育的内在复杂性：对专业教育与素质教育论争的审视

关于什么是"理想的法学教育"，法学界历来讨论不休，形成了专业教育和素质教育两种不同的观点，对于法学教育之理念、模式、内容和方法等提供了不同的看法和路径。

大体而言，专业教育论者的主张包括以下几个方面。首先，强调法学教育应定位于职业教育。孙笑侠教授明确指出，法学不是通识，而是职业专门知识，"把法律教育定位为职业知识的传授，意味着什么？它意味着我们'法学教育'应当是一种法科职业能力的教育，而不是把法学当作通识来教育。它是一种注重职业方法与能力的教育，而不是注重法律知识的教育"。其次，主张以市场为导向。在很大程度上，市场需求和竞争决定了法学教育应当培养什么样的人。"法学教育界存在两大压力：国际竞争的压力与就业竞争的压力。前者要求中国的法科院校走专精化路线，着力于提高教学质量；后者则要求各院校拓展教学范围、促进学科交叉，让学生具有更宽的知识面以适应不同工作岗位的要求。"由此，法学教育应当直面市场，"在法学本科生、法学硕士生、法律硕士生中的绝大多数以法律实务部门、政府部门及企业为择业取向的现实状况下，无论是哪一种培养模式，都必须承载法律职业教育的功能，不能再打着所谓'学术型教育'的幌子来推卸这一历史责任"。最后，法学教育应当具有应用性。法律是一门"经世致用"之学，它融合着人类的法律经历与法律经验，技术性是其中突出的内容。正是由于其应用性取向，法学教育应当与司法考试接轨，甚至司法考试构成了法学教育的"指挥棒"和"风向标"。

与专业教育论不同，素质教育论者首先主张一种通识教育。在通识教育的大力倡导者甘阳看来，商学院、法学院尽管涉及专业知识，但是应该摒弃专业教育模式，转向通识教育，"大学人文教育必须理顺人文教育与职业教育的关系，问题的关键在于商学院、法学院会对整个大学本科教育产生决定性的影响"。其次，素质教育论者认为，法学教育应以理论为导向。"法学教育中的素质教育，内容比较广泛，其中包括人文教育、科学教育、法律知识传授、就业和生活能力教育等。但其核心是科学的、理性的、民主的、法治的、不断创新的法学理论教育。"最后，素质教育论者指出，在中国，法律人承担的是建设"法治国家"这一更大的历史和时代使命。由此，法律人不仅仅指向一种法律职业，更承担着通过法律变革促进社会变革的重要任务。而这也是符合法学院毕业生的现实就业情况的。实际上，中国法学本科毕业生就业，进入法律职业界的并非全部，甚至所占份额还相当低。

毋庸置疑，无论是专业教育论还是素质教育论都提出了各自关于"理想的法学教育"的样式。但是，对于这一论争不能作出非此即彼的理解和选择。实际上，法学应是专业教育还是素质教育，正反映了法律职业教育的内在复杂性，体现了法学教育自身所内含的不同层面。正如我在导言中所论述的，一方面，法律的确是一门职业；而另一方面，法律事业又不能简单地为"职业"二字所能框定。正是由于"法律职业""法律人"具有更深层意义上的复杂内涵，法学教育才在"培养什么样的法律人"上呈现出了一种内在的复杂性和多层次性。有学者体认到了法学教育的这种内在复杂性乃至矛盾之处，将其称为法学教育的二重性："即法学教育的职业技能培训性和学术研究性。从法学在大学教育中的地位上看，它表现为职业教育和人文学科的理论教育的二重性；从其培养目的性上看，它表现为实践型人才的训练和学者型人才的培养的二重性；从其教学内容上看，它表现为法律职业的特定技巧、道德和思维与法学的知识体系和人文理论培养的二重性。这种与生俱来的二重性一直伴随和困扰着法学教育的发展。"正是法学教育的这种内在复杂性，使人们在专业教育和素质教育的论争中各执一端。

2. 对当下法本科课程框架的反思

法学教育的重要问题在于，如何面对和处理所谓职业技能培训性和学术性之间矛盾和冲突的问题。并且，这种二重性并非能够通过在法学教育不同阶段强调不同培养取向就可以消解，在法学本科阶段就面临着如何处理法学教育二重性之关系和矛盾的问题。从教育部新发布的《普通高等学校法学类本科专业教学质量国家标准》来看，其课程框架既包括理论教学课程又包括实践教学课程；既要求相对固定的专业课程设置，又要求一定的通识课程学分。结合当下各法学院系课程设置的实际情况，我把它称为一种兼顾式的思路，即试图兼顾法学教育的职业培训性和学术研究性。

问题是，这种兼顾和并举式的课程框架安排能否解决法学教育二重性上的矛盾呢？从实际情况来看，这种兼顾式思路不仅不能弥合法学教育二重性之间可能存在的内在冲突，甚至有可能固化这种矛盾。

首先，目前各法学院无论是专业教育课程还是通识教育课程，都是以 introduction 式的讲授课程为主体。这种课堂讲授的特点在于：第一，班级规模较大，有的法学院甚至二三百人一起上课，教学效果难以保证；第二，以老师讲授和灌输为主，互动程度不够；第三，教学方式是依据一定的教学纲要和进度，使学生概括性地掌握某一课程的总体知识体系。由此，这种课程的问题在于：一方面，从专业课教学来看，由于关注固化知识体系的讲授，而使学生缺乏对问题语境、原理理由、精神理念和思想方法的深层把握，由此不仅难以培养出灵活运用规则、将抽象知识联系现实的合格职业人，而且难以培养出通过法律变革推进社会变革、政治变革的深层次的法律人了；另一方面，从目前通识课程的设置来看，同样采取这种课堂讲授方式，即便有再广泛的学科涉猎，也最多造就了更多的"知道分子"，而难以达成设置通识课程所意图达成的目的。

其次，许多法学院也认识到了课堂讲授式教学存在的问题，越来越青睐并着重推广"实践式"教育方法。那么，这种实践性教学能否弥合法学教育二重性所带来的问题呢？可以说，introduction 式的专业课程讲授体现了我国法学教育一贯所受的欧陆式教学模式的影响，即以知识传授和法律规则条文的解释为主；而实践性课程的设置则很大程度上体现了英美教学模式的特点。实践性教学关注法学的应用性面向，采取判例教学、法律诊所、模拟法庭、法律辩论等多种教学形式，乃至聘请法官、检察官、律师等实务界人士指导学生，以加强对学生专业技能及应用能力的培养。

对于这种实践性教学，我们首先要区分"应用"和"实践"的不同。"应用"与"实践"的区别在于，"应用"更多地强调规则的技术运用和操作层面，并且与市场需求联系在一起，市场需要什么，就培养哪方面的专长人才。由此，在"应用"取向下，法学教育通过案例教学、法律诊所、模拟法庭等，重视规则的实际运用，轻视乃至排斥理论上的学习。而真正的"实践"虽然主张法律应当面对现实，但是却并不一定排斥理论，甚至是以理论为取向的。实践式教学虽然关注法律的实际应用和操作层面，但真正指向的却是法律运作背后的理由和原理。因此，"实践"关注现实，但是更关注如何解释现实。目前我国法学院主张的实践教学，更注重"应用"取向，在很大程度上误解了实践与理论之间存在的内在勾连，片面主张市场导向下的"应用"，因此，这种实践教学模式不但没有弥合法学教育之二重性所带来的问题，反而可能加剧两者之间的冲突。

最后，目前我国法学基本课程体系之所以不能弥合二重性之间的矛盾，根本原因还是在其采取的兼顾式思路上。表面上看，兼顾理论和实践课程、专业课程体系和通识课程体系，这对应了法学教育的专业性和学术性两方面的要求，但实际上，这种兼顾式的课程结构强化而不是弥合了两者之间的对立。理论课程和实践课程以及专业课程和通识课程的并存，掩盖而不是解决了内在于法学教育之中的复杂问题，实际上使得法学教育处于"两张皮"的状况当中，理论与实践严重脱节，专业性与学术性两极对立。其根本原因在于这种兼顾式的课程设置，缺乏一个整合性的思路，没有一个统一的理念把整个法学课程体系整合起来。由此，当下法学课程体系的设置及实际安排，并不能够真正地应对法学教育的二重性问题。

除此以外，目前法学院以考试为中心的导向愈发明显。考试成绩决定了评奖、评优，且与考研和保送指标直接挂钩。这使得法学本科生越来越封闭，越来越追求考试成绩。这种考试导向很大程度上放大了这种兼容式课程设置的缺点。

3. 原典阅读与以"法理"为中心的法学本科教育

吉林大学法学院自 2012 年以来，就以实验班的形式在大三本科生中开设"原典精读"课程，阅读的文本是哈特《法律的概念》英文原版。而随着教育部推出卓越人才培养计划，本科生"原典精读"课程更是进一步常规化、建制化。那么，在本科生阶段开设"原典精读"之类的研讨性课程,其目的和意义究竟何在?对此应当结合上文讨论的关于目前法本科课程设置所存在的不足乃至于从法学教育目的的高度上来思考这一问题。

首先,我国目前兼顾式的法本科课程结构,实际上反映了当前对待"理论"的偏颇认识。这种法本科课程设置的兼顾式思路,最大的问题实际上在于把"理论"和"实践"对立起来;更有甚者,通过把"实践"等同于"应用",在认识和对待法学教育的职业培训性和学术性之二重性上,很大程度上把它理解成为要"应用"还是"理论"的二分和对立。由此,对于法学本科教育的认识,就演变成了一个要不要"理论"的非此即彼的选择问题。中国法学教育应用取向的大行其道,导致对理论越来越轻视乃至排斥。

其次,要克服法本科课程既有的兼顾式思路所存在的问题,需要一个统合性的思路。而统合根本建立在正确认识和思考法学教育中实践和理论的关系上面。这就要求以下两点。第一,在法学教育中要为"理论"正名。并不是只有与"应用"或者现实相关,才是实践的;一切在理论上思考和解释人的行为、制度的正当性、合理性,思考其规范性理由,都是实践的。如果我们认识到实践与理论之间存在着内在勾连,那么,在法学教育的专业性和学术性之间就不一定存在根本冲突,在法学课程设置上也不是要多少理论课程和实践课程、专业课程和通识课程的比重问题。由此,法学是实践之知,并不妨碍法学教育将重心放到"理论"上面,甚至以"理论"来统合整个法学教育。第二,关键是法学教育如何对待"理论"的问题。法学教育是一种抽象的、僵化的以及灌输意义上的"理论"教学,还是围绕法学这一实践之知对"理论"的主动探索?张文显教授近来主张"法理"概念,倡导以"法理"为中心。实际上,当张文显教授主张"法理泛在"时,他是把"法理"看作一个统合性概念,其所指的"法理",不仅仅是法理学学科意义上的"法理",甚至不单纯是学术研究意义上的"法理",而是超出了学术研究层面,无论是法学研究、法律实践乃至法学教育都要围绕"法理"展开。

在本科生中开设原典精读这类研讨性课程,体现了对当下法学教育的深层反思。表面上看,原典精读面对的是学术性文本,实际上却以文本所探讨的问题为中心;表面上,面对的是理论,实际上通过精研理论所解释的对象和产生的语境间接面对现实;表面上,面对的是关于人之行为及制度设置的正当性、合理性等抽象问题,实际上通过对法之道理、原理、理由的探究直面实践。在本科生阶段,目前研讨课的比例,相对来说还是太少了。要真正地使学生直面问题,学会思考,具备原创性的思维能力,需要的不是更多的技术和应用,而是真正的理论能力和思维方法。在这个意义上,也许理想的法学教育,是芝加哥模式意义上的、更多的核心精品研讨课程;即便在中国语境下很难实施这一模式,但是原典精读这样的研讨课程的开设,对于突破目前僵化的兼顾式课程结构来说,也是必不可少的。

三、精读原典能带来什么？以精读哈特《法律的概念》课程为例

何兆武先生在《上学记》一书中提到杨振宁在西南联大求学时期的一则轶事。杨振宁、黄昆、张守廉当时被称为西南联大"三剑客"。有一次，杨振宁和黄昆在茶馆边喝茶边高谈阔论。黄昆问："爱因斯坦最近又发表了一篇文章，你看了没有？"杨振宁说："看了。"黄昆又问："觉得如何？"杨振宁把手一摆，一副很不屑的样子，说："毫无 originality（创新），是老糊涂了吧？"作为当时尚在西南联大读书的本科生，杨振宁等人经常阅读和争论的是爱因斯坦、玻尔等人的最新著作、论文，耳熟能详的是相对论和量子力学等前沿理论。

本科生为什么要精读原典？因为有像杨振宁这样特别优秀的本科生需要一流的教育，本科阶段不能够仅仅按照常规模式进行专业教育，否则难以识别和培养出那些有着卓越潜力的学生；此外，大学本科时期可以说是一个人兴趣最广泛、最有冲劲、对各种理论和知识最具好奇心的时期。如果在本科生阶段不培养学术兴趣、奠定学术基础和方向，何谈硕士、博士阶段的研究型教育？在本科生阶段就精读经典乃至外文原著，至少有以下最直观上的好处：第一，尽早接触和阅读英文学术文献；第二，原汁原味的理论，能够奠定本科生的理论眼界和国际视野；第三，鼓励和培育他们学习兴趣、理论冲动和学术自信，有可能培养出一个像杨振宁那样的读书种子。

以吉林大学法学院本科生精读哈特 The Concept of Law 英文原著课程为例，这门课程能给本科生带来什么？它至少能够培养学生以下几个方面的能力。

1. 造就基本问题视野

中国的法科学生一开始就直接进入到专业教育，既没有其他学科的知识作为基础，也缺乏直接生活经验和现实体认，如何培养学生的独立思考能力？或者，更关键的是，他们要思考的问题从何而来？林毓生曾指出，每一个具有成规的学科，都有其约定俗成的范围和面对的问题；而任何一个时代都有少数具有原创能力的思想家提出新的观念来界定与指引这个时代的学术与文化，这种新的思想往往是源自新的问题的提出。因此，对于法科学生来说，进入和掌握法学的最基本问题，其最重要的方式就是通过阅读经典著作而直接感受和获得。

阅读哈特《法律的概念》一书，首先面对的就是哈特在书中所提到的"三个反复出现的议题"：法律与以威胁为后盾的命令何以进行区分和关联？法律义务和道德义务何以加以区分和关联？什么是规则，以及在何种程度上法律是属于规则的问题？围绕这三个议题而产生的关于"法律的性质"的争论，构成了现代法学最为根本的争论，它既涉及法律实证主义与自然法思想、法律现实主义之间的论争，也涉及法律实证主义内部的分野。

这三个议题的重要性毋庸置疑：整个法学知识体系可以说都是围绕这三个基本问题的回

答和体系性展开的;而法律实践中的诸多重大分歧,乃至对规则的运用和解释上具有的不同思路和立场,也是由于对这三个问题的不同解答而产生的。

可能有人会认为,要进入此类法学基本问题,采取一种 introduction 式教学方式介绍一下不就足够了吗?尤其在当今信息时代,有着海量的介绍性资料可以快速地获得这些知识乃至了解这些问题本身。然而,在这样一个快速消费的时代,原典精读对于问题的把握有着不可替代的作用。第一,只有自己真正地精读原典,才能了解问题的脉络,理解问题从何而来,以及问题提出的背景、意义以及解答思路。汪丁丁曾经有一篇文章《付费只能购买三流知识》,说的就是这个道理,真正的智慧,以及对问题加以深入把握使之成为自己的问题,是不可能通过介绍性的方法获得的。第二,对于中国读者这些非英语母语的学习者来说,直面原典还有特别的意义。我们不能够迷失于海量的二手解读性文献以及各种前沿理论当中,英语作为第二外语让我们不可能像母语那样,阅读和了解所有的文献。而最经济的方法反而是回到经典文献,回到最基本的问题本身,这更有助于直指根本问题层面,来反观中国的现实和自身的问题。

2. 深入"知识""观点""思想"的生产过程

不必讳言,当前法学本科教育主导性的教学方法,还是在课堂上对相关法学知识、观点或思想的讲授,而对于这些知识、观点或思想所处理的问题,以及知识、思想的生产过程和背景却甚少探究。由此,这种固化了的知识体系就流于抽象、晦涩的概念、逻辑与理论层面,不仅让学生提不起任何兴趣,反而逐渐磨灭了他们的学术好奇心与思想冲动。

原典精读课程同样面对的是对于本科生而言甚为高深的理论,但精读的方式强调的不仅是把握作者的基本观点,更注重引领学生进入"知识""观点""思想"的生产过程。在强调精读乃至逐字逐句阅读的方式下,原典精读首先是一个大师学术的示范场。对于本科生来说,学习和模仿的对象很重要,这涉及他们整体思维层次可能触及的高度。"取乎其上,得乎其中;取乎其中,得乎其下;取乎其下,则无所得矣。"通过精读而不是泛泛而过,能够深入体会甚至代入进学者思想展开的整个过程中去,这好比是由最一流的学者手把手地教授如何提出观点、建构理论。这种方式绝非泛读和介绍的方式所能取代。其次,原典精读更是一个思想的演练场。就阅读一本书来说,重要的不是要记住书中的观点和主要内容。这也是大学本科生乃至硕士生、博士生经常面临的一个困惑,在经历了大学之前的灌输式教育后,他们往往会困惑于为什么总记不住作者的观点。问题恰恰出在把书本当作"死记硬背"的对象这一点上。任何一本著作都是一个思想的演练场,围绕特定的问题,不同的观点展开交锋。就哈特《法律的概念》来说,围绕"法律的性质"这一经久不息的问题,奥斯丁、边沁、霍姆斯、阿奎那等不同流派的古今学者,带着他们的观点登场,哈特在书中与他们的观点进行无声的辩论。精读原典,就是要还原出这么一个"活生生"的论辩过程。把书读"死"还是读"活",取决于能否认识到经典著作之"思想演练"的性质。如果能够认识到这一点，一本经典著作就能够"厚""薄"由心了。

此外，在本科生阶段开设原典精读课程、进行学术训练，充分说明对于本科生来说，关键的问题不是该不该接触高深、艰涩的理论问题，而是如何接触和训练他们进入理论思考。

3. 培养分析、论证与批判能力

对于法律人来说，重要的不是熟记多少法律条文，掌握多少种思想、观点，而是能否利用所学会的专业知识进行自己的判断，并且在这一过程中展开分析、进行论证、提出理由、得出结论。何美欢教授在《理想的专业法学教育》一文中指出："如果律师需要原创性,需要思考能力，专业法学教育就应该培育能思考的人才。"

精读原典，其重要的目的之一，就是要通过精读培养学生这方面的能力。以精读哈特的《法律的概念》为例，首先，哈特采用的语义分析方法对于法科学生来说具有极为重要的意义。哈特指出："唯有透过对相关语言之标准用法的考察，以及推敲这些语言所处的社会语境，始能将这些差别呈现出来。特别是因为使用语言的社会语境，往往不会被表明出来，更显出此研究方式的优越处……我们确实可以借由'深化对词语的认识，来加深我们对现象的认识'。"法律人所从事的工作，本身需要精确地把握和区分规则的不同含义、不同社会情境和社会关系之间的差别，对语义分析方法的把握可以构成法科生的一个重要的技能和工具。

其次，除了其分析上的极度清晰性和论证的严谨性以外，哈特的《法律的概念》一书具有的另一个非常明显的特点是，其观点是通过批判其他学者的观点而建构起来的。在主张和捍卫自身"法律作为初级规则和次级规则的结合"的基本观点时，哈特是在同奥斯丁的"强制性命令说"和关于"法律与道德"的联结命题的自然法思想两面作战。只有通过精读原典，学生们才能够充分体会到哈特如何从"奥斯丁理论失败的记录当中"建构出自己的理论，由此有可能通过学习和模仿，进入到反思性理论工作中去，学会如何分析、批判和形成自己的观点。

当然，培养法学本科生的分析、论证和批判能力，不一定非得要通过原典精读的方式，其他的一些课程比如"案例研讨"同样也能培养这方面的能力。但必须指出的是，分析、论证和批判具有不同层次，最终层面的论证和交锋都会由浅入深到理论前提的层面，就此而言，原典精读所提供的学理层面的思维训练，对于相关能力的培养是不可或缺的。

4. 认识结构与原创力的养成

原典精读课程最后涉及的是培养学生思考的独特性和原创性的问题。在当今的专业分工和知识脉络之下，思考的独特性和原创性绝不意味着"平地起高楼"，相反，其最重要的前提是必须要有详尽的知识地图和认识结构。也就是说，只有了解前人讨论的思想史坐标，才能清楚自身的观点及其原创性和意义所在。朗·富勒曾提出一个著名的"思想试验"：洞穴奇案，并设想了针对这一虚拟案件的五种不同的判决,这五种不同判决对应实证主义、自然法、法律现实主义等不同的理论立场。后来又有学者在这五种判决之外,又发展出了九种判决乃至二十四种不同判决观点。这意味着,针对同一问题,已经形成了不同的解释路径乃至不同的学派、观点。这些不同的解释路径和学派就构成了我们进一步思考的重要认识结构,只有在对这一思想史坐标的把握的基础上,才有可能实现进一步的观点和理论上的推进。

原典精读和在对原典所涉问题的扩展性阅读中,首先,我们能够真正把握和进入对这一问题进行解释的认识结构,这种认识结构不是简单地通过介绍性读物所能获得的。其次,原典精读最重要的意义就是,阅读原典提供了思想和理论工作的基本训练方式,通过对别人的解释加以批评,进而可能产生自己的解释。由此,培育青年学生原创能力的最主要途径,不是在他学术生涯中使他尽早变成一个对几件事情知道很多的"学者",而是使他能够在他学术生涯的形成时期产生广阔的视野与深邃的探究能力。这就是精读诸如哈特的《法律的概念》这样的经典著作所要着力培养的能力。

当然,除了上述所论的四个方面的能力以外,原典精读课程还可以在很多方面有助于本科生能力的提升。在这里我要额外强调阅读原典的另一重要意义,就是阅读原典有助于法律人突破自身作为专业法律人士的视野和思维局限,能够真正地从一种具有历史广度、思想深度的大视野来面对和思考人类规则、制度乃至文明方面的大问题。

四、如何精读原典?"比慢""较真"的制度形式

原典精读课程的首倡者邓正来教授曾指出,原典精读的基本态度和精髓所在是"比慢"和"较真"。精读哈特的《法律的概念》,不仅仅是要让法科学生在本科阶段就涉入大师的思想、问题和理论建构的过程中去,更重要的是使他们一开始就养成一种"比慢"的功夫和"较真"的态度,这在当下一切都讲究快速消费的时代显得尤为重要。因此,原典精读课程的制度安排,首先是要围绕如何"比慢""较真"而展开;其次,也要结合本科教学的特点,探索一种适合本科生的原典精读课程形式。

1. 课程形式:作为研讨课的原典精读及其制度设计

首先,必须要确定原典精读课程的性质,才能决定采取什么样具体的课程组织形式。原典精读课程是一种研讨课,而不是依托哈特《法律的概念》这一文本展开的另一种形式的名著精讲课程。在本科生的课堂上,无可否认绝大多数的课程都是 introduction 式的讲授课程,但原典精读课程必须要开成一门真正的研讨课,才能够最大限度实现这门课程设置的初衷。研讨课和 introduction 式课程的根本区别在于,是单向的传授知识还是双向的学习探讨,是被动地学习还是主动地研究。

作为一门研讨课，在基本制度设计上要注意以下几点。第一，在规模上必须有一定的要求。从理论上来讲，当然规模越小效果越好。但是作为一门本科生课程，却不能够过于单纯强调小众，否则就会失去作为一门建制性课程存在的意义。吉大法学精读哈特的《法律的概念》，依托法学卓越人才培养这一模式，采取相对精英化的理念，在本科生中选取一定数量品学兼优且对学术有一定兴趣的学生，人数原则上不超过40人，构成原典精读课程的学生团队。第二，分组讨论。40人的规模相对于研讨课来说，人数还是比较多的，因此精读《法律的概念》这一课程采取了分组讨论的形式，基本上可分为6个小组。平时的课前准备以小组为单位，课堂讨论也以小组为单位。第三，研讨的不同层次。课前的讨论和准备，每一小组都得提前阅读文本，基于一定小组内部的分工，形成一个讨论文本，作为参加课堂阅读和讨论的基础；课堂上老师与学生之间的讨论与互动，提倡在老师的引导之下，学生对于课堂的主动参与；学生与学生之间也相互辩论和互动，每一组基于提前准备和形成的文本，就不同的认识和观点进行讨论，小组内部也可以允许不同的意见和观点，学生之间的互动，从同伴中学习，这构成了原典精读课程的一个重要主张。

2. 学生的课前准备：准备什么？

如前所述，研讨课与 introduction 式讲授课之根本区别在于学生从单纯的学习者向一定程度上的研究者之身份上的转变。由此，研讨课效果的好坏，很大程度上取决于学生对课程的参与程度，这种参与不仅仅包括课堂上的参与，还包括课前的准备。而课前准备及其充分与否，是研讨课不会沦为一堂讲授课的关键所在。如果学生不提前阅读、准备，或者准备得不够充分以至于不足以应对课堂讨论，那么研讨课就不会达到应有效果，甚至会沦为老师单方面的讲授。问题是，作为一门研讨课的原典精读课程，学生们应该如何准备？怎样才能准备得更加充分？

在精读哈特《法律的概念》课程中，学生们以组为单位的课前准备主要包括三个方面。一是对文本所涉及的重要句子、重要段落和重要内容的翻译。作为一门课程，其关于进度及课程整体性目标方面的要求，使得不可能做到让学生对《法律的概念》这一文本的逐字逐段翻译。但是最起码需要对文本中每一章、每一节涉及哈特重要观点和论证的文字进行精读和翻译，否则就失去了"原典精读"的意义。然而，为了克服这种重点选择性的翻译可能导致的片段性、不连贯的缺点，学生们在对重要部分进行翻译的同时，必须明确说明选取部分翻译的理由，及其对于理解哈特整个思路的重要性所在。因此，原典翻译不是停留在翻译本身，而是必须打通重点翻译和整体理解之间的隔离带。二是对关键概念的背景阅读和准备。对于哈特文本中的一些重点概念，可能单凭对哈特《法律的概念》一书的阅读不足以理解，反过来还会影响对哈特整个观点的理解。因此，学生提前准备工作的一个重要方面就是对这些关键概念进行背景性阅读和梳理。比如，对于"主权者"这一概念，学生们就可以进行拓展性阅读，以此加强对哈特文本中相关问题的理解。三是对哈特章节论述整体思路的把握。在整体意义上掌握哈特的观点及其论证的整个过程，这是学生提前准备的一个重要方面。事实上，学生们做得比我们想象得都要出色，比如有些小组的学生就会在把握哈特论证的思路的基础上做出非常出色的思维导图，加强对哈特论证的直观把握。

除此之外，学生们在分组讨论时，可以列出一些讨论中感到困惑的问题，以备在课堂提出，进一步进行研讨。

3. 如何引导原典精读？团队教学与老师的角色

原典精读课程除了强调学生的高度参与以外，老师的角色也尤为关键，总体而言，这对老师提出了更高的要求。在原典精读课程中，老师必须从传统的讲授者的角色转变为一个引导者的角色。作为一个引导者，要完成引导学生深度参与的任务，促使学生从单纯的学习者走向自己研究和思考的学术门槛，这本身对老师就提出了相当高的要求。

首先，这一任务很难靠单个老师来完成。要引导学生进行原典精读，第一要求老师本身具有相当高的英语水平，英语水平不仅仅是一般意义上的听说读写的能力，更是在研究的意义上要求授课老师平时经常性地使用英语进行学术阅读和研究。第二要求老师在研究领域和取向上与阅读文本所涉及的领域相近。由此，精读哈特《法律的概念》采取的教学形式是团队教学，常规配备三到四名老师，老师的学术背景和法理学、西方法哲学相关，甚至有两位老师直接研究分析法学领域相关问题，对哈特的文本非常熟悉。其次，这种团队教学主要体现在老师课前的团队研讨和准备上。这是一种真正的团队教学而不是人数上的混搭。第一，原典精读作为一门研讨课对老师的高要求首先体现在老师的课前准备上。当下有很多的研讨课，往往片面强调翻转课堂，反而成了老师推脱责任的借口。而要实现高质量的研讨效果，老师就必须进行高质量的课前准备。对于原典精读课程来说，如果老师课前缺乏准备和阅读，就会变成学生的读书课程。第二，团队研讨和沟通。老师的提前准备不是单独进行的，而是彼此交流和沟通。在精读《法律的概念》课程上，主要体现在老师们就课堂问题的设计展开讨论。最后，问题的设计和课堂引导。《法律的概念》精读课程强调通过问题来引导学生进入对哈特观点和论证过程的讨论，由此来激发学生思考的兴趣和主动学习的热情。而问题的设计在很大程度上就决定了这种引导是否成功。在问题的设计上，首先强调全面性，能够基本覆盖哈特每一章节的论证思路，而在遇到关键概念和基本观点时，也需要从不同的角度设计问题反复触及重要观点；其次，不同的问题之间要有彼此呼应，并且体现一定的递进关系；最后，问题的设计要兼顾学术性和生动性，既能把握住哈特的学术思想，又不宜过于直接、抽象，最好能够结合本科生易于理解的情境乃至案例来设计问题。

对于原典精读的课堂讨论来说，老师提前设计的问题构成了引导讨论的基本线索。当然，这并不意味着整个课堂讨论就完全围绕这些问题进行。实际上，这些问题仅仅构成了思考的起点，而对问题的回答必须严格依据对文本的理解和分析。这些讨论有时必须精确到每一句，甚至每一词，有时又必须回到上下文及哈特整体的论述当中去把握。

五、结语

毋庸讳言，吉林大学法学院针对本科生所开设的"原典精读"课程，很大程度上还只是一门具有实验性质的课程。它针对的是本科生经选拔的相对精英的群体，目的是培养卓越法学人才，甚至还承担着为研究生阶段选拔优秀学术人才的任务。但是，不能据此认为"原典精读"课程是特殊目的下的阶段性产物，而不具有一般性意义和推广的价值。实际上，对于当下中国各法学院系而言，开设更多的"原典精读"之类的研讨课程，培养和激发学生的理论兴趣和思维能力，可能是弥补当下僵化的本科课程设置的一种行之有效的方式。

（本文原载《法学教育研究》第 27 卷）

第 2 章 法理与生活

2.1 课程简介

哈特的《法律的概念》

1. 课程导论

本课程借鉴普通法系国家成熟的教育模式,经典阅读与小班研讨相结合,学术讨论与论文写作相同步,其目的在于培养英语专业阅读能力,训练解读文献、分析问题、精准表达、建构理论的方法。每次课讨论 Hart's The Concept of Law(CL)一章的内容(或其中的一部分),老师讲解与学生翻译、讨论并行,在每次课的最后由主讲老师对所阅读的内容进行总结。

2. 课程导师

朱振
吉林大学法学院/理论法学研究中心
教授、博士生导师
《法制与社会发展》副主编
美国明尼苏达大学法学院访问学者

刘小平
吉林大学法学院/理论法学研究中心
教授、博士生导师
美国埃默里大学法学院访问学者

2.2 导师寄语

跳进法理的"荆棘丛"

吉林大学法学院教授　刘小平

法律人习惯寻求一种确定性，但生活中却充满了不确定性。就如当下来说，2020 年初春突如其来的新冠疫情，让我们只能远离校园、宅在家中，但网络技术的发达却不影响我们坐观世界。对于这个世界的认识，充满了各种不同的价值、立场、理论、观点的纷争。法律人从不缺乏理智、细密的分析能力，但法律人把自己封闭在一个由法言法语、规则、案例构成的"法律帝国"中久矣，这种视界上的禁锢，影响到了法律人真正应用自己理智去思考和分辨的能力。因此，法律人目前最需要的是跳入"荆棘丛"的勇气——这可能使我们暂时致盲，但我们终究会重获慧眼，看清这世界。

"法理与生活"课程，就是试图让我们走出法律人的小世界，走出思维的舒适区，投入到真正的现实世界，进行思想上的冒险。这一课程更是希望我们能够思考自己要成为一个什么样的法律人。借霍姆斯的一段名言，送给诸君——未来的法律人和社会的中流砥柱！

"任谁都不能想象，影响最深远的权力形式不是金钱，而是号令天下观念，莫不从之。……一个人若是才华横溢到足以赢得幸福这一奖赏，他除了功成名就之外还需要其他精神食粮。法律的那些更玄奥、更一般的层面，使其成为广受关注的东西。正是透过那些层面，你们不仅成为所属志业之翘楚，还将自己的主题同整个世界关联起来，进而捕捉到无限的回响，瞥见它那深不可测的进程，参悟那普遍法则的玄机。"

2.3 课程设计

Jurisprudence in Practice
（法理与生活·2019）

朱振　刘小平

1. 课程概要

"法理与生活"讨论课既是一种新颖的教学模式，同时也是法理学的一种常规的研究形式。"经典阅读、小班讨论"是世界高等教育的成功经验，哈佛大学、芝加哥大学等名校的通识教育采用的都是这种教学模式。本课程涉及对经典知识的阅读与运用，也坚持小班讨论，力求创造一个自由、多元的环境，以培养法律人的独立思考和社会关怀为己任。本课程共分为7次，每次均选择一个或一组相关的具体法律案例作为讨论的素材，一方面要以经典的理论知识去分析、解释法律案例，揭示其中的法理学问题；另一方面，也要以反思批判的态度认真对待社会现实，寻求观念与制度的改进。总之，"从生活揭示法理、由法理透视生活"并进而达到"生活"与"法理"彼此参悟与印证的境界是本课程不变的宗旨。

2. 课程要求

（1）鉴于选课的同学比较多，为充分利用课堂时间，实现较好的讨论效果，拟分为若干小组，每组6人，选出1名组长；每次上课之前，各组组长负责组织本小组成员讨论一次，要总结出本组认为的有意义的问题和主要的理论依据，每次上课要先由各组组长进行汇报，然后再就其中有意义的问题进行全体讨论。

（2）本课程追求的是对现实问题的有深度的理论探讨，意图通过讨论来深化对现实的认识和对理论的领悟，因此参与讨论的各位同学既不能对经验事实进行纯粹描述，更不要空谈理论，要努力寻求理论模型与经验意涵（Theoretical Models and Empirical Implications）两者之间的契合。

（3）本课程主要根据出勤情况、参与讨论的热情和积极性、认真准备和认真思考的程度等方面对选课同学进行最后考核。

3. 讨论主题

Topic 1: 有恒产者有恒心：如何化解土地使用权的"温州困境"？
Topic 2: 冷冻胚胎的道德意涵与权利适用的难题。
Topic 3: 最后的尊严？安乐死背后的权利迷局。
Topic 4: 隔离，但平等？（Separate, But Equal?）

Topic 5：英烈特殊保护条款的理论审视：对《中华人民共和国民法总则》草案第一百八十五条的评析。

Topic 6：人类基因编辑的伦理与法律界限。

Topic 7：碰撞伦理与法律治理。

4. 推荐阅读

（1）程炼，《伦理学导论》，北京大学出版社，2008。

（2）Brian Bix, *A Dictionary of Legal Theory* (Oxford University Press, 2004).

（3）*Stanford Encyclopedia of Philosophy*, http://plato.stanford.edu/contents.html （which has many useful entries on topics in legal philosophy).

（4）*Legal Theory Lexicon*, http://lsolum.typepad.com/legal_theory_lexicon/（中译本参见劳伦斯·索伦：《法理词汇：法学院学生的工具箱》，王凌皞译，中国政法大学出版社2010年版）。

Required Texts:

Joseph Raz, "Rights and Individual Well-Being", in Joseph Raz, Ethics in The Public Domain: *Essays in the Morality of Law and Politics* (Oxford: Clarendon Press, 1994)（中译文参见约瑟夫·拉兹：《公共领域中的伦理学》，葛四友译，江苏人民出版社2013年版）。

H.L.A.Hart, "Between Utility and Rights." *Columbia Law Review,* Vol. 79, No. 5 (Jun., 1979): 828-846（中译文参见王小钢、郭建果翻译版本）。

Ronald Dworkin, Rights As Trumphs, in Jeremy Waldron ed., *Theories of Rights* (Oxford University Press, 1984)（中译文参见罗纳德·德沃金：《权利作为王牌》，载《法理学论丛》，刘小平、郭建果译，法律出版社2017年版）。

Michael J. Sandel, *Justice: What's the Right Thing to Do* (Penguin Books, 2010)（中译本参见迈克尔·桑德尔：《公正》，朱慧玲译，中信出版社2012年版）。

Brian Bix, *Jurisprudence: Theory and Context* (5th ed., 2009)（中译本参见比克斯：《法理学：理论与语境》，邱昭继译，法律出版社2008年版）。

2.4 课程实录

第一次法理与生活：有恒产者有恒心

1. 主题

有恒产者有恒心：如何化解土地使用权的"温州困境"？

2. 背景资料

据温州网报道，近期温州市区部分市民发现持有的土地证面临土地年限20年到期，要花费数十万元高额土地出让金"买地"才能重新办理土地证。经排查，鹿城区内即有600余宗。

有业主续期要交纳的土地出让金动辄就是几十万元，而他们房产交易价不超过100万元，也就是说，如果要续期，交纳的土地出让金要占到房产交易价1/3以上。

温州市国土资源局土地利用管理处处长张少清在接受采访时表示，媒体报道中的王女士，之前也找他咨询过，他对她的遭遇深表同情。用一个不太贴切的比喻，土地使用权70年的房子，好比4S店里的新车，而只剩两三年使用权的房子，好比开了10多年的二手车，这两者的价值哪个高哪个低，大家一看就知道。王女士买这套房，就好比她用高价买了辆快报废的二手车。

他表示，目前房地产市场透明度不足，很多买房人可能没有意识到土地使用权年期对房产价值的意义，房产的价值很大一部分来自土地的价值。房地产市场信息不对称，导致土地使用权价值被低估，对于续期，群众的心理预期还是存在差距的。

他解释道，在国有建设用地使用权出让中，出让年限不同，土地使用人需要交纳的出让金也是不同的。所以在相关政策明确前，建议市民在住房的买卖过程中提前关注土地使用权年期的问题，不要让自己买亏了。

续期要交纳的土地出让金是怎么计算的呢？对此张少清表示，《物权法》只规定了"自动续期"，但该如何续期，需不需要交纳土地出让金以及交纳标准都没有明确。在国家没有具体实施细则的情况下，目前基层国土部门参照国有土地出让的做法，先由第三方评估机构评估土地价格，根据单位地价或折算出楼面地价，算出总的土地出让金，重新签订国有土地使用权出让合同。

张少清还解释了温州部分土地年限20年即将到期问题是如何产生的。

1990年5月19日，国务院颁布了第55号令《中华人民共和国城镇国有土地使用权出让和转让暂行条例》（以下简《条例》），开始对城镇国有土地使用权实行出让制度。其中，第八条规定：土地使用权出让是指国家以土地所有者的身份将土地使用权在一定年限内让与土地使用者，并由土地使用者向国家支付土地使用权出让金的行为。第十二条规定：居住用地出让年限最高为70年。

《条例》发布后，温州市区开始实施国有土地使用权出让工作。20世纪90年代初期，市区在办理划拨国有土地使用权转让交易时，将划拨性质的国有土地使用权转为出让性质的国有土地使用权，并收取土地出让金。

当时，为了顺利推进国有土地使用权出让工作，在不超过居住用地最高年限70年的前提下，按20年到70年分档，由受让方自行选择办理出让手续，并交纳相应的土地出让金额。而从去年开始，20年期限的这批住宅土地使用权到期或即将面临到期。

3. 课堂综述

2019年4月4日上午，"法理与生活"第一次开课，朱振老师、刘小平老师和应用复合型基地班全体同学讨论了"有恒产者有恒心：如何化解土地使用权的'温州困境'"这一主题。首先由各组通过播放幻灯片的方式展示其论证逻辑与结论观点，而后由两位老师就各组发言进行评析与总结，在此过程中老师逐步引导同学们学习思考方式和论证逻辑，让同学们明确问题导向。

第一组于科同学上台展示。于科同学通过分析宪法第十条与十三条，梳理了对土地所有权和土地使用权的关系，进而分析了目前学界较为主流的观点，认为建设用地使用权应当有偿地自动续期，同时列举了主张有偿自动续期的理由。刘小平老师认为第一组没有明确土地使用权的性质，在否认其为用益物权的情况下没有提出替代方案，同时主张有偿的理由不明确。老师提出"温州困境"作为讨论材料，其意义在于建设用地使用权与每个人的生活息息相关，对此权利的讨论不能单纯从理论出发，要在问题导向的基础之上紧扣实践，同学们可以从有利于实践的角度思考论证路径。朱振老师认为第一组的报告个人观点较为模糊，小组成员应当加大文献阅读量，拓宽理论视野。同时，朱振老师明确要求同学们在阅读时要发现问题，有自己的想法，切忌单纯地重复观点，要有论证逻辑，明确讨论的核心问题，思维不能过于发散。

第二组郑成杰同学的报告基于续期是否有偿、何种形式续期以及续期的基准三个部分展开论述。郑成杰同学从《中华人民共和国物权法》（以下简称《物权法》）第一百四十九条出发，对"自动"一词的含义进行语义分析，通过引入"财产权"的概念主张建设用地使用权应当采取收税的方式实行有偿续期的政策。刘小平老师认为第二组同学的问题在于对土地使用权的性质这一前提性的问题分析不清，将论证的重心放在技术性问题上。因而刘小平老师认为，学术研究应该走出舒适区，同学们要有独立的理性思考，不能人云亦云，要对现有的学术观点进行反思，发现这些观点的问题，进而对学术观点进行评论和批判。朱振老师认为第二组对《物权法》的解读较为武断，没有注意到全国人大法工委对第一百四十九条作出的说明，第二组报告对朱老师本人的学术观点也产生了误解。

第三组刘人哲同学的报告分为什么是温州困境、为什么会出现温州困境、认识地权——财产权理论的可能、收费与不收费的争论、如何收费这五个部分。刘人哲同学的论证借用詹姆斯·塔利关于洛克财产权的观点说明地权的自然法属性。刘小平老师认为同学们没有真正理解"困境"的含义，困境的出现在于地权性质与现实行使的不一致等表现。老师认为引用詹姆斯·塔利的观点是为了说明土地使用权的问题，而其理论难以完整解决"温州困境"，要求同学们要明确引用理论的目的，不要简单盲目地使用。

第四组白天宇同学首先介绍了本次讨论主题的背景资料，进而认为问题产生的起点在于土地使用权依附于土地所有权。白天宇同学以马克思主义财产理论为基础对财产权与公有制进行了分析，提出对土地使用权有偿收费是社会主义公有制应达到的目标。刘小平老师认为第四组同学的报告比较规范，符合学术讨论的形式，即首先提出观点，再提出理由。老师表扬第四组汇报的整体思路比较清晰，值得其他组学习。朱振老师认为第四组采取的思路值得肯定，但是观点论证有问题。老师认为同学们在引用马克思观点的过程中存在来源错误。马克思本身是批判财产权理论的，马克思在《资本论》中的设想是重建个人财产权。老师建议同学们对马克思本人观点的解读应当从其本人的著作出发，审慎对待二手资料。

第五组李姿莹同学认为温州困境产生的原因在于房屋所有权的无期与土地使用权的有期之间的冲突，基于对《物权法》的学理探讨，提出土地使用权无偿自动续期存在缺陷。李姿莹同学认为此种续期方式会造成土地使用权的权利虚位，难以将土地使用权的价值体现在房屋价值当中，因此她主张土地使用权的续期方式应当为有偿续期。刘小平老师认为第五组同学是从法教义的角度去解决土地使用权续期是否有偿的问题。刘小平老师指出第五组同学解决的思路在文献资料方面要从现有学术讨论是否作出此种尝试出发，老师认为目前来看这种方式的效果是捉襟见肘的。

第六组刘泓池同学的报告包括什么是困境、为什么会有困境、困境的原因这三部分，指出两权分离是温州困境的主要成因，借用"配得-所有"的观点来展开逻辑分析，在城市土地国家所有和农村土地集体所有的框架下分析地权结构。刘小平老师和朱振老师认为第六组同学思路清晰，注意到了社会主义公有制本身的解释会导致两个相互矛盾的结果，对第六组认识到问题关键提出表扬。但老师认为没有必要说明第三部分的危害性，处理理论悖论的过程中不需要提出危害性的问题，这与整个理论论证的逻辑没什么关系。

第七组张孝成同学讨论了困境是什么以及体现的具体问题，并且提出了对现有观点的梳理和不同视角下的解决方案。刘小平老师指出第七组同学罗列了围绕此问题的现有学术观点，但没有提出自己的相关观点，缺乏自己的论证，仅达到了文献梳理的程度。朱振老师认为学术讨论确实要以教义学为基础，但以法教义为基础不意味着在现有学术观点里面打转，学术讨论必须要形成自己的论证逻辑。老师告诫同学们在阅读相关文献时，既要吸收论证严密的观点，又要能够对其进行思考讨论和批判，形成自己的思想，要站在巨人的肩膀上塑造独立的批判能力。

第二次法理与生活：冷冻胚胎的道德意涵与权利适用的难题

1. 主题

冷冻胚胎的道德意涵与权利适用的难题。

2. 背景资料

案例一

2014年9月17日备受关注的宜兴冷冻胚胎案二审审结，无锡市中院作出终审判决，撤销了原审法院判决，支持了上诉人"失独老人"关于获得已故儿子、儿媳冷冻胚胎的监管权和处置权的诉求。法院查明，沈、刘夫妇于2010年婚后由于多年未育，两人求医于南京鼓楼医院，做了"试管婴儿"手术。前期试管培育受精已全部完成，正准备进行植入胚胎手术。然而，就在手术前一天，两人发生车祸，夫妻相继离世，冷冻胚胎成了4位"失独老人"的全部精神寄托。两家老人用尽各种方法与医院交涉，但都遭到了拒绝。院方表示，医院也很同情这家人的遭遇，但由于国家对辅助生殖技术及胚胎处置都有明文规定，因此医院不能将冷冻胚胎给他们。女方的父母遂以亲家为被告，诉至宜兴市人民法院，主张获得已故儿子、儿媳冷冻胚胎的监管权和处置权。审理中，法院追加南京鼓楼医院为第三人参加诉讼。一审法院认为，施行体外受精胚胎移植手术过程中产生的受精胚胎为具有发展为生命的潜能，含有未来生命特征的特殊之物，不能像一般之物一样任意转让或继承，故其不能成为继承的标的。法院一审驳回了原告诉求。原告不服，上诉至无锡中院。无锡中院审理认为，在我国现行法律对胚胎的法律属性没有明确规定的情况下，上诉人的诉求合情、合理，且不违反法律禁止性规定，应予支持。二审法院重点从伦理、情感和特殊利益保护三个方面阐述了判决理由，同时判决书还涉及法律适用、权利推定等问题。

案例二

中新网南京2018年2月26日电（记者 申冉） 26日，记者从南京市中级人民法院获悉，该市玄武区人民法院审理判决了全国首例男方废弃冷冻胚胎侵权赔偿案。未经女方同意，单方要求废弃冷冻胚胎的男方，被判赔偿女方3万元抚慰金。

据江苏省南京市玄武区人民法院审理查明，2010年，张某与王某登记结婚。婚后，双方合意在美国某州立医院做了辅助生殖手术，医院从王某身上提取了13个卵子，经人工授精存活6个胚胎，王某移植了一枚胚胎，后因体质等方面的原因流产。剩余5个胚胎，双方委托州立医院储存保管；2016年7月，张某起诉要求离婚。法院未准许双方离婚；2017年6月，张某再次起诉，要求离婚。审理中，王某意外得知张某一年前未经其同意废弃胚胎，为此王某要求张某支付抚慰金5万元。

本案的争议焦点在于，男方废弃胚胎，女方能否主张损害赔偿。

法院审理认定，张某单方废弃胚胎，构成了对王某身体权、健康权和生育知情权的侵害。且因胚胎为带有情感因素特殊的物，王某还存在精神上的损害。法院依法酌定张某赔偿王某抚慰金3万元。

该案的主审法官陈文军解释，生活中较多出现的是女方单方终止妊娠，像本案那样男方废弃胚胎的情况较为少见，法律对此未作明确规定。值得注意的是，在目前的法规范围内，女方中止妊娠之所以不构成侵权，是基于女性在身体和生理上的特殊性，但自此案起，男方不当处置胚胎则有可能构成侵权。

"在本案中，张某应当知道做辅助生殖手术对王某身体有一定的伤害。依法理，妻子怀孕后，丈夫无权强迫妻子堕胎，否则，构成对妻子人身权的侵害。在人工受孕的案例中，移植胚胎前，男方如果单方废弃胚胎，是令女方在服药促排卵以及取卵过程中的痛苦和损害不能得到回报。对女方来说，只是损害产生的时间点不一样，同样都存在身体上损害：堕胎的损害产生于堕胎时，废弃胚胎的损害始于服药促排卵时。"陈文军表示。

此外，男方单方废弃胚胎，亦侵害了女方的生育知情权。在本案中，女方回国后，旅居国外的男方有便利的条件照管胚胎，加之此前的续费亦是男方交纳的，女方有理由相信男方会妥善处理胚胎储存问题。男方在未通知女方的情况下终止交费，等同于单方废弃胚胎，损害了女方的生育知情权。

基于上述理由，合议庭认为应认定男方废弃胚胎构成侵权，因胚胎为带有情感因素特殊标的物，女方还存在精神上的损害。

据介绍，在赔偿数额上，合议庭还综合考虑了母体在取卵过程中承受的痛苦和伤害，以及女方的年龄因素、对婚姻的珍视程度等。

3. 课堂综述

2019年4月11日上午，"法理与生活"第二次课，朱振老师、刘小平老师与应用复合型基地班全体同学讨论了"冷冻胚胎的道德意涵与权利适用的难题"这一话题。本次课程由同学的报告展示与老师的分析、点评组成。

第七组张孝成同学上台展示。张孝成同学首先总结了一审、二审的审判逻辑，其次总结了刘小平老师《为何选择"利益论"——反思"宜兴冷冻胚胎案"一审、二审判决之权利论证路径》中的观点，最后提出了自己的观点，认为冷冻胚胎的法律核心问题在于对胚胎没有定性，进而产生的纠纷在于人们对胚胎享有何种权利以及胚胎由物发展成人的决定应该由谁作出。对此，刘小平老师认为，同学在展示时应当先抛出自己的观点，再展示老师的观点，说明其合理性并且逐条说明自己反对的理由。朱振老师认为冷冻胚胎的性质是否重要与讨论的问题有关，而在本次课程所讨论的冷冻胚胎案例中，并不是必须给其性质下定义，相反，冷冻胚胎处于"概念的阴影"中，无法严格界定，我们应当从其本质特征和背后的权利出发。

第六组汪婷同学的报告基于冷冻胚胎的伦理意涵、胚胎的法律定位以及权利适用三个部分展开论述。汪婷同学首先提出该组的观点，即案例中的双方老人只享有生育利益，非生育权。该组的展示分三个部分：第一，一审、二审的判决逻辑与分析；第二，在利益论下，生育权利是否能够证成；第三，得出结论，即生育权无法证成，双方老人只拥有"生育利益"，并且利益行使的范围应当受到限制。刘小平老师和朱振老师一致认可了本组同学的理解和分析。刘小平老师认为就展示而言，本组同学扎实地阅读了参考文献，基本把握了文章的逻辑，这是开展讨论之前的必要工作。就案例本身而言，老师简单概括了自己的论文，认为一审的判决逻辑更加无懈可击，二审则回避了一审讨论的某些问题，但"生育利益"是一个无法回避的问题。同时，二审提出的伦理、情感和特殊利益这三者能否独立存在都属于一个疑问。朱振老师认为对监管权和处分权的讨论要限定在生育目的的前提下。财产具有交换价值，冷冻胚胎不是财产，不属于继承法的调整范围。而二审是直接从利益来论证权利的，非从教义学出发，而是一种重构。

第五组张金同学的报告分为冷冻胚胎法律性质的界定、冷冻胚胎的处置困境两部分。张金同学认为在冷冻胚胎的案子中判定冷冻胚胎的法律属性是一个重要的问题，但对本案问题的解决并不是关键性的问题。从利益论的角度出发，将冷冻胚胎界定成人与物的存在，避开了在法律上的概念。利益论存在着一个权利证成的角度，利益归宿的判断标准是遗传上的最密切联系。刘小平老师认为这三个问题应当由联系和线索连接起来，同学的论述没有最核心的点。老师又以自身为例，讲述自己博士阶段寻找问题的经历，写一篇读书报告花费一个月的时间，前28天都在找问题，要有不断找问题的意识才能写出有自己观点的文章，在下笔前应当有最核心的观点，论证应当围绕问题来。有关冷冻胚胎的意志论论述了权利人拥有某种权利，社会关系是复杂的，一种权利关系的产生将会导致复杂的社会利益，一种社会关系的圈子产生将是排除他人的支配的，因此这种理论的论证是困难的。

第四组曹星宇同学首先探究了冷冻胚胎法律性质，进而在案例中间具体考量冷冻胚胎的法律处置问题。曹星宇同学认为在现行法律体系中，将冷冻胚胎定义为"伦理物"最为合适，在伦理物概念的视角第一个案例中冷冻胚胎可以继承，第二个案例中丈夫单方废弃胚胎的行为构成侵权行为。曹星宇同学提出民事生活的复杂性，冷冻胚胎的权利适用的确定需要一个漫长的过程，我们要结合现行法律体系，不断总结既有案例，根据一般社会认知尽早确定出冷冻胚胎及其相似的事务的权利规定。刘小平老师认为该组同学对法律条文进行了认真的分析，在具体的分析中试图进行一个清晰的表述，但对正当理由的批评是建立在对正当理由的了解不够透彻上。刘小平老师指出分析这两个案例不是初衷，同学们如果没有找到两个案例的共同点，则不要强行拼到一起。对两个案例的分析与开始对冷冻胚胎的定性没有必然的联系。

第三组覃祥渝同学的报告分为冷冻胚胎的法律性质、对固有权利处理方式的批判、以协议为核心的处理方式和规范设计理念四个部分。覃祥渝同学认为冷冻胚胎既不属于人，也不属于纯粹的物，应当给予其特殊的保护。同时，覃祥渝同学从利益论上证成冷冻胚胎的协议处理方式，认为当事人具有处置权和监管权，进而提出了权利证成的条件是存在利益、利益的实现需要他人的行为、利益构成了他人履行义务的理由，认为利益衡量的步骤是确认不满足或侵害的利益的程度、确认与之冲突的利益的重要程度、利益重要性的比较。朱振老师认为权利分类很难适用于冷冻胚胎的案例。在理想利益是否能够证成一种利益上两位老师进行了讨论，老师们针对判决书认为不要把文学的修辞放到法律的论证重点上，提出情感上的观念是中国人特有的利益并不具有普遍的实用价值。

第二组王钦同学的报告分为冷冻胚胎的法律属性、夫妻死亡时冷冻胚胎的继承问题以及夫妻关系破裂时冷冻胚胎的归属问题这三部分。王钦同学认为冷冻胚胎的归属应当基于夫妻合意确定，认为冷冻胚胎的法律属性问题很重要，不应当避而不谈，进而提出冷冻胚胎是一个特殊物。王钦同学基于女性生育权优先原则对对冷冻胚胎是否可以继承进行了分析，认为冷冻胚胎是一个特殊物，可以引用继承法的内容予以继承。刘小平老师认为法律属性问题与后面案例结合得不够深入，认为要注重论证的理由，在论证中要具有压倒性理由，形成逻辑严密的论证体系。

第一组谭韶芸同学的报告分为冷冻胚胎的性质、冷冻胚胎的继承问题以及相关的权利属性与归属这三部分。谭韶芸同学认为冷冻胚胎绝不具有法律主体的地位，但也不是一般的物，而是伦理物。在冷冻胚胎的继承问题上，第一组对于冷冻胚胎是否是财产产生了分歧，但组员达成的共同点在于，即便认为胚胎是财产，也应当区别于一般的财产，不属于《中华人民共和国继承法》中的继承对象，不得作为遗产继承。谭韶芸同学认为二审法院对人格利益的裁判有一定依据，且从利益论视角进行的论证符合现行社会发展。朱振老师认为讨论案例是将学习的知识清晰地运用到实际中，法律的概念也是同样的道理。

第三次法理与生活：安乐死背后的权利迷局

1. 主题

最后的尊严？安乐死背后的权利迷局。

2. 背景资料

材料一

因长期遭受胰腺癌折磨，台湾著名体育主播傅达仁于2018年6月份去瑞士执行了安乐死，享年85岁。之后，其家人也在傅达仁生前的要求下，公开了他离世前的最后画面，场面十分让人动容。

据视频内容显示，在喝药之前的傅达仁，在面对指导医师时并未有任何慌张，反而是一脸坦然地问："一口吞吗？两口可以吗？"但因为安乐死的药物十分之苦，担心傅达仁无法忍受味道的药师表示两到三口都可以，只要尽快吞下去即可。听到解释后的傅达仁，表示自己要试一试，而在喝下药物之前，他仍不忘对着镜头展开最后的笑颜，并称："再见！Farewell so long。"随后，傅达仁轻轻端起杯子，慢慢一口一口吞下了药物。最终，喝了四口药的傅达仁倒在了儿子的怀里，离开了这个让他爱过、恨过、痛过的人世。

在喝完药物之后，傅达仁真正得到了解脱，但实际上，在喝药的时候，他也经历了人生最后的痛苦。傅达仁儿子后来接受采访时表示，其实爸爸要喝两杯药，一杯是止吐剂，过半小时后才喝第二杯真正致命的药物，但就算如此，整个过程中，傅达仁没有流过一滴眼泪。傅达仁能够如此洒脱，不仅仅是死亡对于他不再恐惧，而是他所经历的早已超越了死亡的恐惧，而且，在喝下药之前，傅达仁还致电了远在台北的亲友，他口中也一直重复："平安，无憾，I love you。"而之所以这些视频得到公开，也皆是因为傅达仁想要推动在亚洲境内安乐死合法的可行性，这是怎样的超越生死，就好像他的遗言一样："人必有死！送君千里，终有一别！长江后浪推前浪。年轻时奋斗向前！年老时喜乐再见，我的家人都陪伴着我，心中平安，没有遗憾，如果你心里有我，死亡就不是离别！"

材料二

生活富足，身体健康，家庭幸福，和伴侣居住在价值170万英镑的豪宅内……无论怎么看，英国老妇吉尔·法拉奥都没有理由结束自己的生命。但2015年7月21日，她在家人的陪伴下进入瑞士一家提供安乐死的医院内，以注射药物的方式结束生命。75岁的吉尔曾是一名护士，在几十年的工作中，她目睹了太多的老年人在人生的最后阶段苦苦挣扎，走向死亡。现在，她无法忍受自己一天天衰老，又不想成为他人的负累，这成为她选择结束生命的主要原因。吉尔成为第250名接受安乐死的英国人。她的死也再次在英国社会引发热议：是否有必要对健康的老年人实施安乐死？申请人的意愿和医生的医学伦理，哪个更具决定性？

自愿走上这条不归路的老妇吉尔·法拉奥年轻时是护士，在护老院内专门服侍和照顾老年人，亲眼看过许多长者的凄凉晚景，也曾目睹自己的母亲走向衰老、饱受疾病折磨。她说，她不想成为"被人推着轮椅在路上走"的无助老人，更不想自己在医院内"霸占着床位"。其实吉尔的身体状况相当健康，没有患上致命性的疾病，但她在离开世界前接受采访时说，自己的生命正在走下坡路，不再热衷于园艺，对夜宵派对也打不起精神，而且受到耳鸣困扰。她承认，这些都是小问题，但她忍受不了自己的身体和精神一点点退化下去。"我觉得一点点衰老不是一件有趣的事。我曾经照顾过老人，我知道明天不会更好。"吉尔说。7月21日这一天，吉尔在家人的陪同下进入了瑞士巴塞尔的"生命之环"（Lifecircle）诊所，这是一家专门提供安乐死服务的机构。在医护人员的协助下，她用注射方式结束了生命。

自2003年以来，共有250名英国人专程前往瑞士安乐死，吉尔是其中之一。生前，吉尔与结婚25年的丈夫约翰·索撒尔住在伦敦西北部一座价值170万英镑的大宅内。两人有一个同样做护士的女儿，生活富裕。接受安乐死之前，她和丈夫在瑞士巴塞尔旧城区漫步，之后在莱茵河畔一间餐厅内，一同享受了最后的晚餐。

吉尔说，她去年陪伴过一名患有晚期疾病的老翁走过人生最后一段路，老翁很想了结生命，但无法如愿。当时，她还陪伴这名老翁"考察"了瑞士的安乐死机构，并撰写了一篇游记。之后，吉尔产生了去瑞士接受尊严死的念头。孩子们知道吉尔的决定后，一度感到不安，但很快就理解了母亲。谈到自己的老伴，吉尔说："这不是他的选择，完全是我的决定，孩子们都支持我。虽然这不是他们的选择。"吉尔也已于临终前安排好了自己的葬礼。

应否允许安乐死（或尊严死）这个问题，多年来在英国引起激烈争议。英国医生艾云曾积极推动政府为安乐死立法，并曾多次协助病人结束生命而遭受到当局起诉，但吉尔却是艾云的支持者。

反对安乐死的"照顾而非杀害"（Care Not Killing）组织谴责吉尔的做法，称这一事件"令人心寒"。"这传递出一个令人毛骨悚然的信息，那就是英国社会如何看待老年照护。它将死亡看作一种按需引进的程序，哪怕寻求死亡的人身体健康。"该组织在一份声明中说。

英国社会对安乐死持保守态度。英国一对姐妹为了让罹患绝症的母亲不再遭受痛苦，举办派对并在网上发起募款，她们希望能筹到8000英镑，用这笔钱安排患绝症的59岁母亲到瑞士接受安乐死。然而，根据英国的法律，协助他人结束生命最重可判处无期徒刑。在警方的警告下，她们取消了派对筹款活动。苏格兰一对相依为命了40年的表姐弟，由于担心要分开住不同的养老院，选择一起去瑞士接受安乐死。

与此同时，赴瑞士寻求安乐死的人数持续增加。协助自杀的瑞士诊所"解脱"（Exit）表示，2014年该组织的会员人数创新高，申请人数增加了20%，而今年的增长趋势更猛。

"解脱"诊所表示，来自瑞士意大利语和德语区的新会员不断增加。此外，踊跃加入的趋势似乎有增无减。该组织将会员人数快速增加归因于媒体对安乐死的报道、人口老龄化和老年痴呆症病人数量的升高。

3. 课堂综述

2019年4月18日上午，"法理与生活"第三次课，朱振老师、刘小平老师与应用复合型基地班全体同学讨论了"安乐死"这一话题。本次课程内容由同学的报告展示与老师的分析、点评组成。

第四组崔馨月同学首先提出安乐死合法化之争的本质在于死亡要求是否可称为一项权利，而证成权利的判断标准在于其内在理由，进而提出内在理由是个体意义上的利益，而后基于拉兹的共同善权利观评析安乐死要求和诸学说，认为支持安乐死的各种观点都缺乏共同善权利观的内在理由，最后得出结论死亡要求不能被证成为一项权利。朱振老师认为该组同学论证过程十分规范，有观点有理由，但实质性论证基本上不成立，原因在于对共同善的理解存在偏差且不够深入。老师认为选择安乐死的最大理由就是人的自主性，但自主性不是共同善的核心概念。同时，刘小平老师建议同学在写作前要充分阅读文献，不要局限于阅读授课老师的论文。

第五组李鑫鑫同学首先对安乐死和安乐死对象进行了分类，明确了今天讨论的安乐死属于自愿且主动的安乐死，而讨论的安乐死对象仅限于身患绝症濒临死亡而又极度痛苦的人。李鑫鑫同学否认了通过生命权对安乐死合法化进行论证，进而选择从内在原因和道德滑坡等外在原因两方面进行论证，认为安乐死的实现需要借助他人的行为，这会无辜地加重他人的道德负担，会引起道德滑坡的后果，因而安乐死应当受到社会集体意识的限制。朱振老师举死刑为例说明对自主性的理解存在不同层次，反对一项权利最重要的理由是权利本身。刘小平老师建议同学们在写作前先对阅读材料所涉情形进行区分，训练对材料的敏感度，学会分情况讨论，具体到对自主性的论证就是要对自由的边界和范围进行区分。

第六组王玉同学在引言部分提出安乐死具有不同情形，随后分别从道义论和功利主义的角度入手分析安乐死合法化的伦理困境，认为在理论上可以支持安乐死，但结合安乐死对社会的实质影响，进一步认为安乐死合法化需要进行利益衡量，实现安乐死从"事实上的非犯罪化"到"法律上的非犯罪化"再到"合法化"的渐进式发展。刘小平老师认为积极安乐死与消极安乐死的区分是有意义的，情境设置的区别会导致推导结果的不同。同时分类讨论时要明确区分的目的。朱振老师认为如果选择走"第三条"折中的道路，不能回避支持和反对观点上出现的问题，还是要回应安乐死合法化的伦理困境。

第七组张影同学首先认为对于安乐死的权利证成缺乏道德基础，并且质疑法律能否对此进行决断。张影同学选择利益论的权利证成进路尝试对安乐死进行论证，同时根据宪法条文求证生命权中是否存在决定自我死亡的权利，而其中利益证明由于道德问题无法证成，且该组认为生命权是一种消极防御的权利而非积极行使的权利，所以不支持安乐死。朱振老师认为根据宪法第三十三条推导出生命权的路径不够严谨，基本权利应该同时存在积极与消极两个面向，不能进行片面说明。刘小平老师认为伤害原则、社会集体意识与人的尊严话题无关，且该组并未说明为何将人的尊严引入安乐死话题的讨论中。

第一组李润同学首先明确了证成权利的理由分为内在理由与外在理由，而决定权利地位的是内在理由，外在理由仅仅表明对某种利益或自由有保护的要求。李润同学回应安乐死的质疑，并基于康德的自主性提出安乐死的正当性，进而从共同善理论的角度证成安乐死的合法化。朱振老师认为该组同学对拉兹共同善理论尚未完全理解，且从共同善角度证成安乐死可能会导致严重后果，极大地妨害个人自主性。

第二组路鹏宇同学从安乐死框架下自由的正当性基础与国家中立角度来探讨安乐死的正当性。路鹏宇同学基于对社群主义的批判和对伤害原则的引用提出个人自由不应当完全受制于社会，但应当受到一定的道德约束，进而提出个人绝对自由受到的道德约束应当是德沃金的具体责任原则，即只要安乐死符合个人理性下整全性人生的标准，国家即应当保持中立，最终提出国家应当对安乐死保持中立态度。刘小平老师对该组后半部分的论证提出质疑，认为该部分脱离了本组一开始的结论。朱振老师和刘小平老师认为安乐死是一个纯粹个人问题还是社会问题是值得深思的，老师们倾向于安乐死是社会问题。

第三组高昕同学提出了"人能否处置自己生命"的问题，认为无论是基于自主性还是人格尊严，都可以说明人在实际意义上应当具有掌控自己生命的能力，可以以自己的意志选择以何种形式走向死亡，这符合人的内在价值。进而高昕同学通过道德基础、内在理由的证成路径，结合自主理论等主要理论学说，证成了死亡权的正当性，认为人有权处置自己的生命，包括实施安乐死。两位老师都指出可以通过区分"个人处置"和"他人帮助"之间的关系，对安乐死问题进行分类讨论，进一步抽象其内在的法理。

第四次法理与生活：隔离，但平等？

1. 主题

隔离，但平等？（Separate, But Equal？）

2. 背景资料

2008 年，专门接收外来务工人员子女的苏州立新小学校获得了办学资格，成为苏州市首批有资质的农民工子弟小学。同年，始创于 1906 年、原校址位于东北街 15 号的勤惜小学由于生源不足，被迫停办。原平江区教育和体育局（2012 年已并入姑苏区）将原本属于公办学校苏锦一小的校舍租借给了立新小学。2013 年 7 月 31 日合同到期，立新小学开始了颠沛流离的搬迁路：2013 年 6 月，从苏锦一小搬至相城区洋泾塘齐陆路厂房，相隔 3.4 公里；2013 年 12 月，租赁校舍在改建中因未办理相关手续，被苏州市相城区城市行政管理执法局强行拆除；2014 年，租赁勤惜小学旧校，位于东北街 15 号，与原校相隔 4 公里；2017 年 7 月，租赁期满无法续约。国资委注资的姑苏教育投资公司发律师函要求收回校舍（2018 年姑苏人民政府在受理民众疑问时则表示，因校舍不符合安全标准，出租方在 2017 年 6 月 30 日合同到期不再租赁）。立新小学没搬，原因不详。2018 年 3 月姑苏教投向姑苏法院提起诉讼，4 月受理，7 月 31 日判决下来：要求立新小学在 8 月 16 日前腾清交还出租方——这是该校 5 年来第三次搬家。

而 2013 年 12 月立新小学让出来的地块上，一座崭新的综合教育设施正在拔地而起，小学占地 24432 平方米。加上幼儿园，总建筑面积达到 5.6 万平方米，项目总投资约 3.4 亿元。2016 年，这座原定名为平河路小学的学校，最终用回了百年名校的名字：勤惜小学。2016 年 9 月，2008 年停办的勤惜小学首度恢复招生，首批新生 78 人。学校招生条件严格，要求房产证、户口本地址均落在学区内，因此家长不惜以高价购买学区房。

2018 年 8 月 16 日，姑苏文教委向立新小学的家长发送通知，称原立新在校学生安置到勤惜实验小学内读书。之所以安置到勤惜，是因为就近，而且是姑苏区唯一符合安置条件的学校。两所学校的命运再一次交织在一起。8 月 19 日勤惜小学召开新生家长会时，校领导未透露立新被安置在本校，直到 20 日晚，勤惜小学的家长群终于传出此消息，并立刻炸开了锅，23 日，勤惜小学校长蒋利军表示，虽然立新和勤惜共用一个校园，但会用铁栅栏等加以隔离，对安置过来的 800 名学生进行单独管理。立新的学生每天只能借用操场 1 小时；勤惜的学生要面临大量外校学生，这对双方都是巨大的冲击。

3. 课堂综述

2019年4月25日上午，"法理与生活"第四次课，朱振老师、刘小平老师与应用复合型基地班全体同学讨论了"隔离，但平等？（Separate, But Equal？）"这一话题。本次课程由同学的报告展示与老师的分析、点评组成。

第四组李若磐同学以《隔离墙困境的教育平等面向分析》为题上台展示。李若磐同学首先明确了隔离墙困境背后的教育平等问题和差异歧视问题，其次对教育平等权进行了定性，认为教育平等权属于人权中的积极权利，然而借用罗尔斯的正义两原则分析了教育平等内容的评价标准以驳斥一味投入社会资源的做法，最后就不同教育阶段提出了教育平等的内容。对此，刘小平老师认为，该组同学的展示较为有条理，但是认为该组同学的讨论有些离题，对于教育平等权的内容确定较为武断，缺乏论证。朱振老师详细介绍了材料的背景，认为同学们在讨论此材料时应当看到背后的社会问题。

第五组王超同学的报告基于隔离门的利益考量、布朗案的隔离平等以及制度根源三个部分展开论述。王超同学对于材料进行了大致介绍，指出隔离背后的利益冲突，借助美国布朗诉皮卡忙教育委员会案的审判结果得出"隔离意味着不平等"的结论，最后结合我国城乡二元体制指出进城务工子女就学难的现状，并指出城乡二元结构是隔离门的制度根源。刘小平老师认为该组同学的报告仅从表面上泛泛而谈，没有深入论证，缺乏思辨性，认为同学们写文章要从法理层面审视材料中的隔离是否构成了不正当的歧视，怎样才是合理的隔离等。朱振老师认为城乡二元体制确实是材料中教育不平等的根源，但同学们要更深入地思考教育平等的实现等问题。

第六组魏东雪同学的报告分为平等的概念、教育平等的内涵、不平等与歧视、解决措施这四部分。魏东雪首先对平等进行了分析，进而对平等概念进行了分类，指出尊严平等是所有平等概念的基础，而形式平等标志着平等在法律概念的实现，进而指出教育平等包括尊严平等、形式平等与实质平等，同时指出隔离门的歧视违反了上述三个平等，最后呼吁国家行政部门和立法加大对教育平等的实现力度。刘小平老师认为该组同学的报告逻辑较为顺畅，对教育平等内容的解读有些武断，但总体而言论证较好。朱振老师认为最后解决措施与之前的论证有些脱离，可以去掉。

第七组王芩同学首先全面梳理了材料中的隔离门事件，展示了新闻报道对当事各方的采访，认为各方均有一定的正当性，但需要从根本上予以解决。其次，王芩同学对现行规则进行了解释，认为姑苏区文教委已经作出了最有利于学生的决定，但认为苏州市的相关政策规则是对弱势群体的歧视性规则，认为在义务教育领域，每个人享有绝对平等的受教育权，政府负有相应的义务。刘小平老师认为该组同学对案件事实和相关政策法规进行了充分的研讨，准备很到位，论证过程很有意思，值得鼓励。

第一组袁晓燕同学的报告首先反对"隔离即平等"这一观点，认为隔离是一种歧视，认为我们必须关注社会普遍意见及当事群体双方的心理，以此来审视采取隔离的手段是否显示出群体歧视，并认为即使在本案中受教育权受到实质性保护，仍然存在不平等。刘小平老师认为隔离门的实质在于尊严、资源等方面的不平等，同学们应该明确平等的类型，进而予以分析。朱振老师认为同学们论述时应当在明确问题与矛盾关系的基础上注重逻辑，基于内在逻辑展开论述，避免泛泛而谈。

第二组江超男同学的报告分为问题的提出、农民工子女义务教育现状的反思、强调实质平等意义上的受义务教育权的必要性和打破教育隔离论这四部分。江超男同学认为现行义务教育体制下政府义务存在缺失，农民工处于身份关系与契约关系复合的阶段，认为农民工的身份不应当影响其子女的受义务教育权，不应当仅强调机会平等，最终可以引入教育券制度解决农民工子女教育平等问题。刘小平老师认为该组的报告质量较高，围绕农民工子女受教育权这一问题论述，但是在法理层面较为薄弱，没能详细论证。朱振老师认为该组的报告基本符合要求，抓住了核心问题。

第三组马瑶同学的报告首先明确了隔离但平等的问题，进而介绍了不同视角下的平等观，其中包括机会平等、结果平等，提出正义视角下的平等观应当是罗尔斯的正义两原则，基于差别原则和帕累托效率，认为隔离门已经实现了最弱势群体的利益最大化，造成隔离门的根本原因在于对基础教育的投入较少，资源分配不均，姑苏区文教委的做法在现在看来值得肯定。刘小平老师和朱振老师认为同学们在引用理论时必须要理解理论，不能单纯适用，罗尔斯的正义理论是社会资源分配层面的，姑苏区文教委的选择仅仅在社会资源分配上是合适的，但是隔离门涉及尊严。

第五次法理与生活：英烈特殊保护条款的理论审视

1. 主题

英烈特殊保护条款的理论审视：对《中华人民共和国民法总则》（以下简称《民法总则》）草案第一百八十五条的评析。

2. 背景资料

新公布的《民法总则》第一百八十五条规定：侵害英雄烈士等的姓名、肖像、名誉、荣誉，损害社会公共利益的，应当承担民事责任。

全国人大法律委员会的报告说，各个代表团审议《民法总则》草案时，有代表提出，现实生活中,一些人利用歪曲事实、诽谤抹黑等方式恶意诋毁侮辱英烈的名誉、荣誉等,损害了社会公共利益,社会影响很恶劣,应对此予以规范。法律委员会经研究认为,英雄和烈士是一个国家和民族精神的体现,是引领社会风尚的标杆,加强对英烈姓名、名誉、荣誉等的法律保护,对于促进社会尊崇英烈、扬善抑恶、弘扬社会主义核心价值观意义重大。

据此,建议在草案中增加一条规定:侵害英雄烈士的姓名、肖像、名誉、荣誉,损害社会公共利益的,应当承担民事责任。

3. 课堂综述

2019年5月9日上午,"法理与生活"第五次课,朱振老师、刘小平老师与应用复合型基地班全体同学讨论了"英烈特殊保护条款的理论审视:对《民法总则》第一百八十五条的评析"这一话题。本次课程由同学的报告展示与老师的分析、点评组成。

第五组孙昊月同学以《"英烈特殊保护条款"的合理性审视》为题上台展示。孙昊月同学首先明确了文章讨论的前提,即英烈人格利益本质上属于死者人格利益,其次通过《最高人民法院关于确定民事侵权精神损害赔偿责任若干问题的解释》(以下简《精损》)的解释论和自然法学说提出死者人格利益应当受到法律保护,这是英烈人格保护的前提,进而借助共同善理论认为损害英烈人格的行为伤害了共同体成员对英烈人格的普遍尊重,最后在"狼牙山五壮士"一案中讨论了英烈人格利益与言论自由之间公共利益衡量问题,认为利益衡量应当交由法官予以判定。对此,刘小平老师认为,该组同学的展示相对较好,但是观点存在讨论空间,英烈人格利益和死者人格利益的关系究竟是什么?《民法总则》第一百八十五条的逻辑前提是死者人格利益吗?这需要细致讨论。朱振老师提出违反公共利益是作为规范性效力的条件予以直接适用还是作为价值评判的论证标准呢?这值得进一步探究。

第六组崔雅慧同学的报告以"《民法总则》草案第一百八十五条的功能定位"为题,分为对条文的基本解读、对条文的具体理解以及对社会公共利益的界定三个方面。崔雅慧同学首先回顾了英烈特殊保护条款的制定历程,提出英烈保护条款与死者一般人格利益条款是特殊条款与一般条款的关系,特殊之处在于以"损害社会公共利益"为构成要件。其次,崔雅慧同学从适用主体与适用范围的角度解构了第一百八十五条,进而在对社会公共利益的界定中提出英烈人格利益具有公私双重属性,认为保护社会公共利益是规范目的。刘小平老师认为该组同学的报告逻辑严谨,但是缺乏论证,对社会公共利益的论证较为浅层,可以深入共同善或是社群主义的探讨。朱振老师认为拉兹所说的共同善其实不等同于社会公共利益,对英烈人格利益的保护也不是简单等于对社会公共利益的保护。

第七组李永泽同学的报告分为问题背景、研究现状和法律评价三个部分。李永泽同学首先介绍了问题的背景，进而围绕第一百八十五条梳理了相关的学说争议，主张以近亲属利益保护说对第一百八十五条展开评价，提出英雄烈士应当为两类主体，认为英雄是生前为正义事业做出巨大贡献且自然死亡的死者，提出英烈的近亲属和后人应当参与到公益诉讼中，认为第一百八十五条优劣并存。刘小平老师认为该组同学的材料相对扎实，对整个梳理相对全面，但是缺乏细致论证。朱振老师认为《精损》第三条保护的是近亲属的利益，解决的是近亲属精神遭受痛苦的侵权问题，这对死者利益是一种间接保护。

第一组郑乾同学以"英烈特殊保护条款的理论审视"为主题作了报告。郑乾同学的报告分为导言、英烈保护条款的负面评析以及英烈保护条款的具体适用。郑乾同学认为英烈保护条款略显多余，影响到《中华人民共和国民法典》的整体结构，认为应当将其放置在民事权利一章，进而提出英烈的范围是近代以来，为了民族独立、人民幸福而战斗的英雄烈士，认为损害公共利益是本法的构成要件，提出近亲属起诉应当置于公益诉讼之前，作为公益诉讼的诉前程序。朱振老师解释了他所支持的间接保护说，认为应该承认死者享有人格利益，但是不能直接对其进行保护，而是通过近亲属实现这种保护。而刘小平老师持相反意见，认为死者主体已经灭亡，权利已经不存在了，人格利益更加无从谈起。

第二组徐子晴同学以"《民法总则》第一百八十五条'英雄烈士条款'的解释学分析"为题作了报告，报告分为立法背景、英烈条款在解释学上存在的问题以及结语三个部分。徐子晴同学首先认为英烈条款是从《精损》第三条的"其他死者人格权益保护"发展而来的，提出"损害社会公共利益"是英烈特殊保护条款的构成要件，认为社会公共利益的概念需要立法部门予以界定，不能授予给司法机关，而英雄烈士条款不会不当地增加近亲属的诉讼难度，相反给予了其公益诉讼的适用空间。但是本组同学认为英雄烈士条款下的诉讼模式易陷入泥潭，需要进一步厘清。朱振老师认为的确英雄烈士条款下的公益诉讼不是典型的公益诉讼，存在公益与私益两条进路。刘小平老师认为通过解释学探究英烈人格利益值得肯定，但英烈人格利益到底应不应该受到权利的保护，需要探究。

第三组崔炜同学以"对民法总则第一百八十五条的功能探讨和价值反思"为题展开了论述。崔炜同学的报告分为对第一百八十五条保护对象和功能价值的探讨、英烈公益诉讼与传统公益诉讼制度的关系以及作为宣示性规定存在的第一百八十五条这三个部分。崔炜同学认为第一百八十五条的保护范围小于《精损》第三条的保护范围，而第一百八十五条的存在意义就是对公共利益的保护，而非仅限于对英烈人格利益的保护。对于公益诉讼制度，崔炜同学提出，就英烈条款而言民事公益诉讼没有存在的必要，对公共利益的维护可以运用行政处罚和刑事追诉手段，仅就《精损》第三条保护的私益而言，近亲属可以通过民事诉讼予以救济，最终得出了第一百八十五条是宣示性条款。刘小平老师认为该组同学的讨论较为清楚，将问题集中在公益诉讼上，明确划分了第一百八十五条与《精损》第三条，值得肯定。

第四组周泳同学的报告以"我国英雄烈士人格利益保护焦点探析——以《民法总则》第一百八十五条为中心"为题。周泳同学首先对中国英烈人格利益保护制度的演进进行了探究，认为英烈人格利益保护是从死者一般人格利益保护演化而来的。其次，周泳同学明确了英烈条款的保护法益，即社会公共利益，认为第一百八十五条不会导致民法体系混乱，公私二元划分本身已经越来越模糊。进而，周泳同学提出第一百八十五条没有违反平等原则，也不会影响到言论自由。刘小平老师认为该组同学的讨论相对简化，但问题突出，公私二元划分仍然存在，在论述第一百八十五条与民法体系和平等原则关系对应当更为深入。

第六次法理与生活：人类基因编辑的伦理与法律界限

1. 主题

人类基因编辑的伦理与法律界限。

2. 背景资料

"一对名为露露和娜娜的基因编辑婴儿于 11 月在中国诞生。这对双胞胎的一个基因经过修改，使她们出生后即能天然抵抗艾滋病。这是世界首例免疫艾滋病的基因编辑婴儿……" 26 日，这则消息在网上热传。一份网传"深圳和美妇儿科医院医学伦理委员会审查申请书"显示，该研究拟采用 CRISPR-Cas9 技术对胚胎进行编辑，通过胚胎植入前遗传学检测与孕期全方位检测可以获得具有 CCR5 基因编辑的个体，使婴儿在植入母亲子宫前获得抗击霍乱、天花或艾滋病的能力。申请书还显示，项目起止时间为 2017 年 3 月至 2019 年 3 月，项目名称为 CCR5 基因编辑。

清华大学全球健康及传染病研究中心与艾滋病综合研究中心主任张林琦认为，对健康胚胎进行 CCR5 编辑是不理智的，目前还没有发现任何中国人的 CCR5 是可以完全缺失的，"CCR5 对人体免疫细胞的功能是重要的，CCR5 编辑不能保证 100%不出错之前，是不可以用于人的"。北京大学分子医学研究所研究员刘颖表示，CCR5 缺失已经被实验证实会造成免疫缺陷，导致其他病毒的易感甚至肿瘤的发生。即使该实验的母亲是艾滋病患者，只要通过药物降低母体 HIV 的载量，是可以有效阻断母婴传播的。这项研究完全没有任何层面的必要性。

针对此事，上百位科学家公开表示反对。26 日，国家卫生健康委员会在官网上回应称，已立即要求广东省卫生健康委认真调查核实，依法依规处理，并及时向社会公开结果。26 日，深圳市医学伦理专家委员会发布声明称，已启动对深圳和美妇儿科医院伦理问题的调查。声明表示,深圳市医学伦理专家委员会已于 11 月 26 日启动对该事件涉及伦理问题的调查,对媒体报道的该研究项目的伦理审查书真实性进行核实,有关调查结果将及时向公众进行公布。广东省卫生健康委员会也表示高度关注此事件,已组织力量展开调查,并将及时向社会公布调查结果。

11 月 29 日国家卫健委副主任曾益新在接受记者采访时表示,我们始终重视和维护人民的健康权益,开展科学研究和医疗活动必须按照有关法律法规和伦理准则进行。曾益新说:"目前媒体所报道的情况,严重违反国家法律法规和伦理准则,相关部门和地方正在依法调查,对违法违规行为坚决予以查处。"曾益新呼吁,当前科学技术发展迅速,科学研究和应用更要负责任,更要强调遵循技术和伦理规范,维护人民群众健康,维护人类生命尊严。

3. 课程综述

2019 年 5 月 16 日上午,"法理与生活"第六次课,朱振老师、刘小平老师与应用复合型基地班全体同学讨论了"人类基因编辑的伦理与法律界限"这一话题。本次课程由同学的报告展示与老师的分析、点评组成。

第六组徐直影同学以"胚胎基因编辑的法律正当性研究"为题上台展示。徐直影同学的报告分为人性尊严的内容、潜在者人性尊严对权利的呼唤以及权利与其他利益的平衡这三部分。首先,徐直影同学提出法律保护的人性尊严分为两个层次,即人类应当在社会上拥有属于自己的位置和人类在与他人交往时应当有权利决定自己的位置。其次,徐直影同学引入德肖维茨的"培养权利"理论,提出基因编辑的潜在者享有接受治疗的权利和拒绝增强的权利。最后,徐直影同学在技术层面回答了潜在者两大权利与公平利益、健康利益的平衡问题。对此,刘小平老师认为,该组同学的展示论证形式较为完整,但是对于人性尊严内容的讨论应当更为深入,而且潜在者与一般人的区别应当予以考虑。朱振老师认为该组讨论的报告值得肯定,潜在者利益需要进一步论证。

第七组张婧同学的报告以"从被编辑者利益出发看胚胎基因编辑正当性"为题,分为人类胚胎基因编辑的分类、从被编辑者角度出发思考问题的原因、基因编辑影响被编辑者的利益以及何者重要这四部分。张婧同学首先将基因编辑分为增强性人类胚胎基因编辑、治疗性人类胚胎基因编辑和研究性人类胚胎基因,并集中讨论前两种基因编辑。其次,张婧同学认为由于人的生命在道德伦理上具有特殊地位,因而需要从被编辑者角度思考问题,基因编辑影响到被编辑者的自主性问题,最终提出追求增强的基因编辑不具有正当性,应当仅赞同治疗性人类胚胎基因编辑。刘小平老师认为对比论证相对简化,当然,在基因编辑分类的基础上讨论问题是必要的。朱振老师认为否认增强性人类基因编辑和自主性问题的关联没有同学展示得这么简单,而且治疗性人类基因编辑实际上也涉及社会公平的问题。

第一组刘今金同学的报告以"基因编辑技术应用于人的合理性探析"为题,分为基因编辑应用于人的理论争论、治疗性基因编辑应用的合理性探析以及增强性基因编辑应用于人的不正当性。刘今金同学首先概括了反尊严论与自由主义优生学两派观点,认为应当采用中间道路。其次,刘今金同学认为治疗性基因编辑是实现范伯格所说的福利性利益的方式,是帮助实现自主性的正当手段,不会加剧社会不平等。最后,刘今金同学认为增强性基因编辑造成了美好人生的决定论,极大地冲击了自主性。刘小平老师认为该组观点明确,论证很好,但是在现阶段增强性与治疗性恐怕在某种程度上难以区分,并且治疗性基因编辑也并非一般家庭所能承受,从这个角度来讲,基因编辑对社会平等的影响需要予以考虑。朱振老师认为基因编辑对社会平等的影响取决于人类初始平等的内涵是什么。

第二组薛渝松同学以"对人类基因编辑技术的思考"为题展开了报告。薛渝松同学的报告分为中间道路的选择、潜在者的保护以及权利边界这三个部分。薛渝松同学首先对反尊严论和自由主义优生学予以批判,认为应当采取中间道路,重新解释生命多样性,提出潜在者具有同等的生命意义,其道德自主性的地位必须得以尊重。其次,薛渝松同学借助生命的三个层次,特别是传记生命,强调潜在者的生命权应得到充分的辩护,进而提出所有潜在者的平等是以健康权为基础的,因而通过基因编辑技术实现对潜在者健康的救助是实现平等的必要手段。最后,薛渝松同学认为基因编辑技术存在增强性基因修复的内容,因而借助弱版本的共同善权利观提出禁止增强性基因修复。刘小平老师和朱振老师认为该组同学的讨论很到位,特别是借助传记生命来对潜在者的生命健康进行论证具有合理性。

第三组王嘉汐同学以"生而健康?——基于利益论对人类基因编辑的思考"为题作了报告,报告分为两种立场的冲突、特定群体的福利性利益保障以及福利性利益权利的证成三个部分。王嘉汐同学首先简单概括了基因编辑技术应用于人体的赞成和反对观点,其次借助范伯格的福利性利益提出可以对存在严重基因缺陷者予以救助,最后提出应当参照阿列克西的权衡法则对利益的相对重要性予以判断,进而证成福利性利益权利。刘小平老师和朱振老师认为该组同学的讨论过于粗浅,对福利性利益的理解较为薄弱。

第四组程雪莹同学以"基因编辑技术的谦抑性法律限制"为题展开报告,报告分为基因自主权的证成、基因自主权与潜在者权利的博弈这两大部分。程雪莹同学认为基因自主是人性尊严的应有之意,基于利益论角度认为基因自主权来源于对基因利益的需求,因而需要得到法律确认。程雪莹同学认为基因自主权与潜在者的利益并不具有其他组所说的冲突,只要在增强性基因方面尊重潜在者的自主性,避免对其人生作决定即可。刘小平老师和朱振老师认为该组同学的讨论相对完整，虽然结论存在批判之处，但形式论证的要求基本达到。朱振老师认为该组同学注意到基因自主权不仅是潜在者的更是基因提供者的，这一点很不错。

第五组计书籴同学以"人类基因编辑的伦理与法律界限"为题作了报告，报告分为基因编辑技术发展的界限、基因编辑技术应用存在的风险以及基因编辑技术可能性的讨论这三部分。首先，计书籴同学提出由于基因编辑技术直接涉及对人类自然的改变，不仅仅是单纯的技术革新，已经进入到社会选择的领域。其次，计书籴同学提出基因编辑技术存在不确定性的问题，可能会导致新的不平等，会冲击人的自主性和道德底线，进而提出基因编辑技术的实质问题在于个体主权与知情许可的问题，而这不能被社会考量所取代。最后，计书籴同学通过桑德尔的例子和哈贝马斯的观点主张基因编辑使得亲子关系形成支配关系，任何形式的基因编辑都是对潜在者个体主权和自主性的侵犯。刘小平老师认为该组同学的报告没有对基因编辑技术予以分类，并且个人色彩太过浓厚，与之前社会选择的领域相背离。

第七次法理与生活：碰撞伦理与法律治理

1. 主题

碰撞伦理与法律治理——无人驾驶汽车遭遇的算法难题。

2. 背景资料

- 2018年3月18日，Uber自动驾驶汽车冲撞一路人女子，该女子不幸身亡；
- 2018年1月10日，福特投资的Argo AI发生交通事故，导致车内两人受伤；
- 2016年5月7日，特斯拉Model S与挂车相撞，驾驶员不幸身亡；
- 2016年1月20日，京港澳高速，特斯拉轿车撞上作业车，驾驶员不幸身亡；
- ……

将来市场化的自动驾驶汽车会面临着众多的安全性问题，因此其安全性问题被社会和学术界广泛关注。人类在遇到车祸时会本能地对"先救谁"进行选择，而若是以编程形式让自动驾驶汽车也具有这样的功能，那么汽车公司和政府又会作出怎样的选择呢？救老人还是孩子？救多数人还是少数却很特殊的人？对于算法来说，这道选择题不是依赖语境化的本能，而应当是提前就有了答案的。因此对于学术研究来说，道德和法律将如何选择，是一个重要的问题。2018年11月1日，MIT在Nature上发表了题为《道德机器实验》(the Moral Machine Experiment)的论文，对该问题进行了研究与探讨。

MIT的论文探讨了公众对这些问题的看法，并整理了2016年启动的一个名为the Moral Machine（道德机器）的在线测试数据。它要求用户对虚拟的车祸进行一系列道德决策，类似于著名的"电车难题(trolley problem)"。研究人员对 9 个不同的因素进行了测试,其中包括用户更倾向撞到男性还是女性,选择拯救多数人还是少数人,牺牲年轻人还是老人,普通行人还是横穿马路的行人,甚至还会在地位低和地位高的人之间作出选择。来自 233 个国家和地区的数百万用户参加了测验,共确定了 4000 万个道德决策。根据这些数据,该研究的作者发现了一些较为一致的全球偏好(global preference):更倾向于拯救人类而不是动物、拯救多数人牺牲少数人、优先拯救儿童。因此,他们认为,在为自动驾驶汽车制定法律时,这些因素应被视为政策制定者的"基石"。但作者同时也强调,这项研究的结果绝不是算法决策的模板。论文的协作者 Edmond Awad 说:"我们试图展示的是描述性伦理,即人们在道德决策中的偏好,但是,如果涉及标准的道德规范,该如何作出选择,这应该由专家来决定。"

数据还显示,不同国家的道德偏好存在显著差异。这与许多因素有关,包括地理位置(例如,欧洲和亚洲国家之间的差异)和文化(个人主义社会和集体主义社会)。在亚洲和中东的一些国家,比如中国、日本和沙特阿拉伯,"保全年轻人而非年长者"的倾向"不那么明显"。与来自欧洲和北美的人相比,这些国家的人也相对较少地关心保全"高净值"个人。这可能是由于个人主义文化和集体主义文化之间的差异。前者强调每个人作为个体的独特价值,"更倾向于保全更多数量的人"。与此相反,在保全年轻人方面更弱的偏好可能是集体主义文化的结果,"强调对社区中年长成员的尊重"。这些差异表明,"地理和文化上的接近可能会让不同国家的人在机器伦理方面有一致的偏好"。不过作者强调,Moral Machine 的结果绝不是对不同国家的道德偏好的最终评估。

值得注意的是,自动驾驶汽车仍然是原型,而不是产品,但是将道德规范转变为法律已是现实问题,尽管还需要进行公众咨询和辩论。德国是目前唯一一个对自动驾驶汽车的伦理选择提出官方指导方针的国家,议员们试图剖析电车问题的棘手之处,指出所有人的生命都应该被平等对待,任何基于个人特征的区别,如年龄或性别,都应该被禁止。Awad 认为,关于标准的制定重要的是要让决定变得透明,要公开说明正在做什么;"如果这一切都发生在幕后,只对人们说'相信我们',我认为这是不会被接受的。每个人都需要参与到这些决策中来。"

3. 课堂综述

2019 年 5 月 23 日上午,"法理与生活"第七次课,朱振老师、刘小平老师与应用复合型基地班全体同学讨论了"碰撞伦理与法律治理——无人驾驶汽车遭遇的算法难题"这一话题。本次课程由同学的报告展示与老师的分析、点评组成。

第七组陈晓妹同学以"无人驾驶汽车算法的道德决策"为题上台展示。陈晓妹同学的报告分为问题的提出、谁有权作出道德决策以及道德原则的冲突与抉择三个部分。陈晓妹同学首先明确了本次主题是无人驾驶汽车发生不可避免的交通事故时如何作出道德选择,进而提出谁有权依据何种原则作出决定。其次,陈晓妹同学认为制造商存在信任危机,而个人设定存在囚徒困境,借助罗尔斯的"无知之幕"提出决定主体应当为多方参与的公众决策。最后,陈晓妹在批判功利主义的基础上坚持道义论的生命平等原则,在此前提下认为阿奎那的双效原则有助于解决算法难题。对此,刘小平老师认为无人驾驶汽车的道德困境是很有意思的问题,不同于"电车难题"的一点在于算法是黑箱的,公众对于无人驾驶汽车的算法事实上不是完全明晰的。朱振老师认为该组同学对理论的把握较好。后果论的功利主义事实上不会仅以数量进行计算,是以幸福最大化为道德判断准则的。

第一组司耕旭同学的报告以"无人驾驶汽车的'道德算法'探析"为题,分为无人驾驶汽车的特殊性、设计道德算法的原因、从义务论进路分析无人驾驶汽车问题、从功利主义进路分析无人驾驶汽车问题以及待解决的问题五部分。司耕旭同学认为无人驾驶汽车的道德困境不同于"电车难题"之处在于主体和选择性质特殊,进而解释了设计道德算法的原因,认为义务论无法解决无人驾驶汽车的道德难题,提出追求"最大利益实现"的功利主义对解决此问题有所助益,但事实上也不可避免地存在问题。刘小平老师和朱振老师认为该组同学的讨论比较混乱,而非分析过浅。无人驾驶汽车的道德难题很重要的在于道德原则,即道德判断准则。

第二组叶子萱同学的报告以"功利主义视角下的自动驾驶汽车伦理难题"为题,分为自动驾驶汽车伦理难题的形成、功利主义下的算法设定与道义论的批判以及功利主义选择的正当性三个部分。叶子萱同学认为无人驾驶汽车会发生不可避免的碰撞,并且存在脱离真实情形的决策,这导致了伦理难题的形成。叶子萱同学对当代功利主义进行了概括,认为自动驾驶汽车的伦理问题可以借助幸福最大化予以解决,并以简化的数字对比作为例证,进而重新诠释了善与公平之间的关系,在承认人类理性有限的情况下提出数量标准是偏好选择最为直观的偏好。刘小平老师认为该组的判断标准比较简单,就是数量,这值得深思,这可能在功利主义者眼中都是难以接受的。朱振老师认为该组对功利主义的理解相对较好,但是从解决问题的角度来看,很难让人接受,仅以数量为判断标准而忽视守法、年龄、价值等因素在功利主义者看来也是武断的。

第三组高阳同学以"功利主义立场的审视——基于自动驾驶汽车的算法难题"为题展开了报告。高阳同学的报告分为问题的提出、功利主义的介绍、驾驶员要素的排除以及对功利主义立场的审视这四部分。高阳同学首先假设了一个无人驾驶汽车事故的模型,并排除了驾驶员因素,进而对功利主义作了概括,提出功利主义解决无人驾驶汽车道德困境的合理性,在三个层次上认为应当优先守法的人、多数的人和幼儿,对于这三个层次的顺序,高阳同学表示这其实已经超越了人类理性。刘小平老师认为该组同学的讨论事实上已经揭露了无人驾驶汽车道德困境的复杂性。朱振老师认为该组同学后半部分的讨论较好,前半部分逻辑有些混乱。

第四组潘国瑞同学以"无人驾驶汽车的碰撞难题分析——以生命权为视角"为题作了报告,报告分为无人驾驶汽车的伦理困境和法律难题、生命权的内部属性分析以及生命权外在限制分析三个部分。潘国瑞同学首先区分了"电车难题""隧道难题"与无人驾驶汽车道德困境的区别,进而借助自然权利与人权理论论证生命权对权利主体的意义以反对功利主义对人生命的衡量。在生命权的外在限制部分,潘国瑞同学对权利论和现行法进行了探究,提出即使权利主体侵犯了他人利益或公共利益,也不能被剥夺生命权,即审慎对待生命。所以,在无人驾驶汽车的道德困境领域,生命权不能被侵犯。刘小平老师和朱振老师认为该组的报告很到位,从生命权的权利论视角论述是符合权利论对功利主义批判的进路的。

第五组许楚楚同学以"无人驾驶技术碰撞算法的法律伦理反思"为题作了报告,报告分为无人驾驶技术伦理困境的产生、基于功利主义的道德判断、基于义务论的道德判断三个部分。首先许楚楚同学明确了无人驾驶汽车的道德困境具体表现,进而介绍了功利主义和义务论在解决道德难题上的处理方式,提出本组同学仅能做到对两者的梳理,在现实的算法设计中必须要多重考虑。朱振老师和刘小平老师认为该组同学很明智,避免对此伦理问题的决断,仅仅梳理了两种观点的解决方式,对材料的掌握较为扎实。

第六组陈璇同学以"自动驾驶汽车道德算法困境的法律证立"为题作报告,报告分为自动驾驶汽车的道德算法难题、道德算法难题的理论争议以及道德决策的法律解决路径这三部分。陈璇同学首先提出在自动驾驶汽车的道德困境中,救助对象的考量因素包括人数、个体特征、利益冲突等,进而明确两个问题,即救助有辜者还是无辜者以及以减少死亡为原则还是以保护车主为原则。进而,陈璇同学阐述了康德提出的绝对命令理论和密尔的功利主义,基于功利主义提出"电车难题"中选择自救是符合自我保护主义的,在刑事处罚层面出罪也是有很大可能的,因此刑法应当探究更为合理的注意义务。刘小平老师提出从刑法的角度考虑问题是可以的,但是论述过于简单,而且这样的结论很可能导致道德滑坡。

第 3 章　商事法集成研修与实训

3.1　课程简介

1. 课程导论

本课程立足法理，聚焦实践，坚持以问题意识为导向，以中国商事法律实践中出现的实际问题为研究对象，共设置"股东代表诉讼问题""公司出资的法律问题""科创板——我国证券业的重大改革"等八个专题，涵盖商事实践中的传统疑难问题和商法理论与实践前沿问题，以商事实践中的实际问题为切口导入，引导学生进行思考与讨论，旨在为学生介绍商事法理论与实践前沿现状的同时，激发和培养学生学习的自主意识与问题意识。

2. 课程导师

徐　晓

吉林大学法学院副教授

兼任中国法学会银行法学研究会理事

美国哥伦比亚大学访问学者

3.2 导师寄语

公司与我们"人"

吉林大学法学院副教授　徐　晓

公司制是人的一种自我界定。

西方政治哲学从"原子主义"的自由主义向社群主义下的自由主义推进，这是个体主义的一种反思性进步，意味着对人原初状态和原子状态的假定不再令人信服，不在共同体中界定人的自由、自主以及权利优先，也难以应对实证主义的诘问。纯粹个体的东西不再是政治的，在对社群的观察中发现，个人创造了政治社会，而社会又创造了个人身份。

在这个过程中，公司这个纯粹以经济目的凝聚起来的共同体，很快被赋予了整体的人格性，这一态势发展迅速。人们仍然趋之若鹜地加入到公司中来，携带财产并放弃财产所有权甚至甘愿被公司吸收其人格，马克思在《资本的流通过程》中就曾嘲笑到，"每个人都知道自己投入什么，但是不知道自己取出什么"。所有权变成了所谓的股权，财产的直接支配变成了连间接支配都算不上的决议控制，对于少数派的股东，也几乎没有机会分享应得的公司权力；至于收益，没有确定性也没有任何承诺，甚至投入的财产都可能化为乌有。而且，这一切都是自愿！更令人费解的是，在社会生活中对服从、压制深恶痛绝，对损失斤斤计较，对权力高度警惕的个体，在公司制中，却主动放弃权利，自缚手脚，服从他人。这可能来自人的逐利需求，但可能更重要的基础，在于公司制的契约精神，在高度确定性的公司制度下，每个人都敢于冒险。因此，公司对制度的索取，快速超越了包括家庭、村落、政党这样的共同体，公司制至今仍然是人类最发达、最优秀的契约制度之一。

在公司制的发展中，我们深切地感悟到，逐利是人的自我实现、自我界定、自我证明的重要方式，而公司制提供了充分的行动舞台和想象力。

公司是有"人性"的。

在长期反抗等级和压迫的历史进程中，我们被灌输了太多的方法论个人主义的观念，但个人权利和自由仅仅是人在制度上的诉求，并不一定是最重要的现实需求。西方哲学的主体性观念已经出现衰退的迹象，抽象的个体主义和自由主义已经进入"主体性的黄昏"，如果把主体和其财产、交往实践相剥离，失去占有性个体主义和实践个体的现象样本，我们就没法证明主体的存在，而一旦主体进入实践和交往，又必须收敛和放弃一部分自我，原初意义的主体性同样也得不到足够证实。"我思故我在"那样的独处沉思，只能存在于哲学家的冥想实验中，而实际上，哲学家也必须经常思考交往和实践，没有他人，也不会有"我"的存在。而公司制可能是表明"我"和"在"的一个重要实践。更应当觉醒的是，市场和法律赋予公司的主体性人格，迟早，公司本身也要登上"我"的哲学舞台。

人们参与到公司制中，不仅仅是经济上的合作，也可能是道德上的协作，财产收益只不过是显眼的注解而已。在我看来，公司制实践，培养了人们富有远见、利他、合作、诚实、宽容的逐利观，在这个过程中，他人的道德也是对你的注解。人通过公司制，并不完全是功利，也是为了存在；并不完全是利己，也可能是利他。

积聚财富并永保静态的归属是反社会的，而且纯粹个体的东西也是不道德的，个人的财产如果不放在社会结构和社会关系中，财产权的概念就很值得怀疑，公司制给私人财产的社会化提供了一个合乎自由主义道德原则的实践路径。

最后，博格西诺在《法律之门》中讲述了卡夫卡小说《审判》中的一个场景：一个人想要进入法之门，求见法，但是守门人始终拒绝，该人穷尽一生也未能进入第一道门，在其临终之时，守门人告诉他，这个门只是为他而开，但现在要去关闭这个门了。这个故事除了谴责守门人的愚弄之外，我们似乎还可以读出一个隐喻：当你付出全部的努力，即使失败，也实际上已经成功了，虽然你自己都还不知道。

学习和思考永远相伴，努力吧，少年！

3.3 课程实录

专题一：《公司法》概览

在一般人心目中，所谓"公司"，乃是一种平常不过的名称，只要是做生意的，几乎都是这个或那个公司。回顾"公司"本身的历史，从 1600 年英国东印度公司诞生，到如今企业巨头林立，公司已经愈来愈深入社会之中，影响着社会生活的方方面面，有人评价"公司制是人类伟大的发明"。"公司"本身不再是新鲜事物，然而我们可能还是有这样的困惑：公司为何存在？它是为谁在经营？还有哪些为它工作的人？

各位读者，今天是"商事法集成研修与实训"第一次开讲，卓越法学的老师和同学们决定从"公司"这个组织本身切入，从民法和商法的角度，结合司法实践现状，带领大家走进公司，了解《中华人民共和国公司法》（以下简称《公司法》）。

现场讨论情况如何，请看前方记者发回的实况报道。

第一部分：公司是个怎样的"人"

公司是营利的主体、公司是为了人而被创造的主体、公司既组织又分解……老师和同学们就公司这一主体的性质和特点展开讨论。

A 同学：公司具有很强的目的性，即营利，这种营利目的的唯一性使得法律赋予了其主体地位。

徐晓老师：如果公司不以营利为目的，其是否还是一个主体？

B 同学：公司是为了自然人而被创造的主体，公司不是独立于人的主体性的存在，是为了人的某种需求而被法律允许存在的主体。

C 同学：这种法律上所称的公司人格的"独立"到底是什么？法律应该给它什么样的权利与资格？

D 同学：人的财产权得不到保护时可以主张违宪，公司的财产权得不到保护时可否主张？

徐晓老师：那法人有没有人格权？这个人格权和其作为"人"的精神情感有关还是只和财产权有关？它能否和自然人一样在人格权受损时要求赔礼道歉？

第二部分：公司涉及什么人？

从公司内部和外部来看，公司都不能脱离各种各样的人而独立存在，而这些人的角色和职责，有的在《公司法》中加以明确，有的则依赖公司自治和内部治理，甚至是其他部门法。

从公司内部看，股东（大）会、董事会、监事（会）等是最常见的需要自然人参与的机关。值得一提的是，在某些公司内部还存在党委、工会、清算组等"准机关"，老师提醒同学们思考，在企业，尤其是国企的内部治理中，党委的角色和职能如何？公司内部还有发起人、股东、董事、监事、职工等角色定位和分工，对不同的自然人，可能由不同的法律进行规制，如《中华人民共和国劳动法》（以下简称《劳动法》）、《中华人民共和国合同法》（以下简称《合同法》）等，公司内部的法律关系远比同学们想象的复杂。

从公司外部看，既有市场监督管理局、证监会等管理部门，又有会计师事务所、律师事务所等中介机构，还有各类民商事主体，包括公司的股东及其子公司、孙公司等交易相对人可能影响到公司的运营和管理。

徐晓老师：通过上述内外关系的梳理，不难发现，把公司这一要素加入后，人与人的关系就复杂了。和传统民法一样，《公司法》的基础也是人和人之间自治性的约定，但公司领域的自治无法平衡各个主体之间的权利和利益，因此就需要其他补充性的规则来解决问题，这种规则既体现为立法，也体现为法官司法。自然人之间的法律关系是行为和责任的逻辑联系，而在公司法领域增加了收益和责任的关系，因为公司是以营利为目的的主体，其带有明确的逐利目的，其责任应当和逐利目的有一定的匹配。与公司有关的内外关系如图3-1所示。

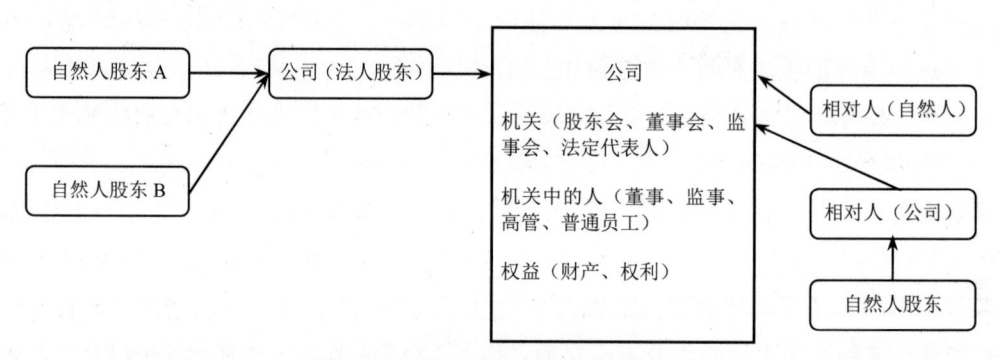

图3-1 与公司有关的内外关系示意

第三部分：《公司法》规则要实现什么？

《公司法》规则要在诸多事项之间统筹安排，取得平衡，这十分考验立法者的智慧，但不存在完美的法律，《公司法》规则在实践中面临许多挑战。

简单列举，《公司法》规则需要处理如下问题和事项：①股东与公司的关系；②股东与股东的关系；③公司的机关组建及其运行；④公司如何成为独立主体；⑤相对人保护与公司的责任；⑥对公司的管理；⑦公司的终结；⑧裁决有关公司的纠纷。

E 同学：为什么《公司法》花费大量笔墨关注公司内部机关的组织和运行？

F 同学：我认为其目的是维护交易安全，交易安全是一个冷静的法律制度所必须要保障的。

老师：公司的权利能力有没有可能大于自然人？

G 同学：有可能，比如，只有以公司的组织形式才可以准入保险市场，但自然人不可以。

……老师和同学们在这个话题上展开了激烈的讨论，前方记者也为热烈的气氛所感染，一起加入讨论的队伍。

第四部分：我国《公司法》上的法律难题有什么？

第四部分的课堂以徐晓老师连珠炮式的提问展开。

徐晓老师：《公司法》保护股东/公司利益还是保护债权人利益？股东与公司、与其他股东、与债权人、与登记公示，怎么明确法律上的权责关系？认缴制下，债权人保护、加速到期的条件、与抽逃出资的关系、股权转让、人格否认等问题如何解决？公司对待单个股东的规则逻辑是什么？对于小股东的保护是否有必要类同于民法的弱者保护？对公司管理者的法律评价标准是什么？何时能因何事进行公司人格否认？

前方记者也没有跟上老师提问的节奏，赶紧把问题记下来，课后继续思考。

第五部分：《公司法》实践中有什么基础问题？

最后一部分同样延续了徐晓老师"十万个为什么"的授课风格，由于时间原因，本部分的问题由徐晓老师进行了简单介绍，留给同学们课后继续思考。

徐晓老师：其中一个问题在于兴利与除弊的矛盾。兴利是高风险的，商业风险是高于民事风险的。哪些风险可以通过制度予以回避，哪些不能回避，不太容易分开。立法，在企图规避太多的风险的时候，就导致公司这种商业模式丧失了灵活性。但是，弊端也必须克制，但市场风险和弊端本身的界限确实也不太明晰。例如，如何评估认缴的兴利与除弊？

在同学们发表了简单看法后，老师继续引出后续的问题。

徐晓老师：第二个问题是约定、法定之间的界限有待明晰。随着《公司法》的发展，出现大量的自治与管制的问题。但哪些是自治的，哪些是必须接受管制的，并不是很明确。我国公司法的发展，是否自治越来越多？如果允许约定，判定约定是否有效的评判因素又有哪些呢？

徐晓老师：第三个问题是公司中心的选择难题。股东会控制公司与董事会管理公司原本并不冲突，但如果进行实证性反思，股东会是权力机关的思维定式并不一定符合市场规律。一般来说，董事会权力扩张，符合市场；股东会权力扩张，符合法律。目前，股东权力的扩张，并不是一个符合经济规律的趋势。这就涉及一个老生常谈的话题，董事中心主义还是股东中心主义？

徐晓老师：第四个问题是从民事自治到商事共治的过渡性冲突。在通常的逻辑下，单个股东与多数股东的利益是一致的，但在特殊情况下，可能会存在冲突，在民法上私权保护的传统与公司的资本多数决之间，很难予以取舍。民法是个体自由，《公司法》是合作/合资谋利。无论夸大对小股东的保护，还是夸大共治性的公司维持，都不一定有说服力。除资本多数决外，公司人格独立、公司维持，甚至董事会中心主义都表现为共治理念的发展。

徐晓老师：《公司法》中的另一个基础性问题还涉及公司在复杂价值体系中的责任定位问题。关于公司社会责任，利益相关者理论等兴起，越来越多人认为公司不仅仅是股东以及管理者的，还是职工、债权人等的。在纠纷中，如何判定公司应负载的责任，是新兴的商法民法化的难题。除此外，这个领域还有公司自己的问题。公司和股东作为各自独立但又有联系的主体，在某些特定复杂的关系中，怎么进行法律上的理解，如"竞业禁止查阅""深石原则"等？

老师继续提出最后两个问题留待同学们思考，分别为债权人利益保护扩张的限度问题以及《公司法》裁判规范缺失的问题。

第六部分：应当确立何种新的商事私法思维？

徐晓老师认为，第一种思维是民法在宪法之前，商法在宪法之后。

徐晓老师对此介绍道：民主思想是宪法的思想来源。宪法之所以出现是为了有一个强势的第三方来保护平等的私法社会秩序，所以一定是先有民法思想再有宪法，宪法是对民法权利更有力的宣告。同时，宪法是在政治上维护民法的利器。

第二种思维在于，民法尊重人而保护财产，商法保护财产（收益）而满足人。商法扩张了财产的范畴以及与财产有关的权利群，且商法对个体权利的关注点发生了变化。在民法上，人是物的主人；在商法上，财产成为资本后，也可能成为人。

第三种思维在于，民法为私法下的自治，商法为私法下的共治。商法上的共治，以自治为逻辑起点，是对资本的共治，是有限自治。

第四种思维在于，民法不可平移适用于商法。民法上的主体制度不同于商法上的主体制度，虽然民法对法人的分类体现出了商事在民事中所占的比重在增加。但应该看到，民法来源于生活，商法立基于市场；民法确认现状，商法保护未来。

后记

"商事法集成研修与实训"第一次课暂告一段落，无疑这是一场关于公司与《公司法》

的思想盛宴，许多同学以为已经明确了某些概念，但在老师不断的追问下产生了疑惑，然后又在老师与同学们观点不断输出的碰撞之下，产生了一种愈听愈明、愈辩愈明的感觉。下一期课堂实况，我们继续带您走进公司，走进《公司法》。

专题二：公司担保

公司通过内部决议机构与执行机构的架设，将与公司利益相关的千万股东意志集合为公司决议，再通过公司执行机构的正常运行，将公司决议落实到位，使公司行为具备了人行为的特性。决议机构召集并作出决议的成本阻碍了决议机构与执行机构之间的相互联结，于是将公司执行机构中的日常经营管理者赋予法定代表人的职权，以在日常经营时代替公司决议机构进行意思表示。然而，法定代表人的意思并不一定是公司的意思，由此合同双方因信息差而产生误解，往往会影响到公司行为的法律效力，给交易带来不稳定性。市场的基础在于稳定的信用，本应成为信用保障体系中一部分的公司担保制度，因代表制度的缺陷而变得不再稳定。民法中的"真实意思"追求与商法的"交易安全"理念在此处发生碰撞，如何调整考验着裁判者的智慧。

本堂课将从法律规范的梳理开始，逐步展示公司担保问题上的裁判逻辑。请见前方记者发回的报道。

第一部分：公司担保的法律规定

一、《公司法》的相关规定

第十六条 公司向其他企业投资或者为他人提供担保，依照公司章程的规定，由董事会或者股东会、股东大会决议；公司章程对投资或者担保的总额及单项投资或者担保的数额有限额规定的，不得超过规定的限额。

公司为公司股东或者实际控制人提供担保的，必须经股东会或者股东大会决议。

前款规定的股东或者受前款规定的实际控制人支配的股东，不得参加前款规定事项的表决。该项表决由出席会议的其他股东所持表决权的过半数通过。

第一百零四条 本法和公司章程规定公司转让、受让重大资产或者对外提供担保等事项必须经股东大会作出决议的，董事会应当及时召集股东大会会议，由股东大会就上述事项进行表决。

第一百二十一条 上市公司在一年内购买、出售重大资产或者担保金额超过公司资产总额百分之三十的，应当由股东大会作出决议，并经出席会议的股东所持表决权的三分之二以上通过。

第一百二十四条 上市公司董事与董事会会议决议事项所涉及的企业有关联关系的，不得对该项决议行使表决权，也不得代理其他董事行使表决权。该董事会会议由过半数的无关联关系董事出席即可举行，董事会会议所作决议须经无关联关系董事过半数通过。出席董事会的无关联关系董事人数不足三人的，应将该事项提交上市公司股东大会审议。

第一百一十二条 董事会会议，应由董事本人出席；董事因故不能出席，可以书面委托其他董事代为出席，委托书中应载明授权范围。

第一百四十八条 董事、高级管理人员不得有下列行为：

（三）违反公司章程的规定，未经股东会、股东大会或者董事会同意，将公司资金借贷给他人或者以公司财产为他人提供担保

二、《合同法》相关规定

第五十条 法人或者其他组织的法定代表人、负责人超越权限订立的合同，除相对人知道或者应当知道其超越权限的以外，该代表行为有效。

三、《民法总则》相关规定

第六十一条 依照法律或者法人章程的规定，代表法人从事民事活动的负责人，为法人的法定代表人。

法定代表人以法人名义从事的民事活动，其法律后果由法人承受。

法人章程或者法人权力机构对法定代表人代表权的限制，不得对抗善意相对人。

第二部分：公司担保的法律问题

徐晓老师：《公司法》第十六条性质如何？公司对外担保违反第十六条的担保效力如何？

A 同学：对于第十六条性质，可以解读为公司内部组织和行为的规范，或者为公司制定章程时的提示，或者是公司对外担保效力的评价规则。对第十六条性质的看法，影响了法院在裁判时对公司担保效力的态度。总体来讲，法院对公司对外担保效力的认识依然秉持着内外分离的态度。

中华人民共和国最高人民法院（以下简称"最高法"）（2015）民申字第 2491 号裁判要旨写明：根据《公司法》第一条的规定，公司法系规范公司组织和行为的法律，其规定并非直接约束公司与第三人之间的关系。所以第十六条系约束公司内部组织和行为的法律规范，公司违反该条规定并不必然导致担保合同无效。但是，此项裁判要旨似乎并非将内外分离的处理方式推广到所有案件中，最高法（2016）民申字第 2633 号案件对类似的担保合同效力持有否定态度。

最高法如此截然相反的态度令人迷惑，甚至很难不让人去质疑最高法（2015）民申字第 2491 号裁判要旨的内外分离处理方式是否是有效的。（2015）民申字第 2491 号裁判要旨指出

公司违反《公司法》第十六条规定，并不必然导致担保合同无效。此处使用"并不必然"，显然还有其他因素需要纳入考量，那必将是（2015）与（2016）两个判决中同样体现的要素。最高法（2016）民申字第2633号中主要论证专业担保公司因专门从事担保业务而应当负有的"更为谨慎的审查义务"，而最高法（2015）民申字第2491号裁判要旨中同样论证了债权人本身过错问题。由此可以得出结论，公司对外担保并不以内外分离为一刀切的解决方式，而是将重点放在了判断相对人是否善意上。

徐晓老师：《公司法》第十六条与《合同法》第五十条之间关系如何？与《民法总则》第六十一条关系如何？司法实践中的相对人善意问题是什么？

B 同学：梁上上老师认为，《公司法》第十六条的真意在于明确公司内部意思形成机制，保护其他股东的投资安全。《公司法》第十六条与《合同法》第五十条之间存在交集点。对于公司而言，特殊的内部行为可以具有"溢出效应"，即公司内部的一些决议的效力影响与第三人的法律关系的效力。公司行为与法定代表人行为并不完全一致。公司担保合同相对人有形式审查的义务，即审查是否有通过决议的相关文件。

C 同学：高圣平老师在审查义务问题上，与梁上上老师观点基本一致。同时还提出，法律公布具有公开宣示效力，担保人对《公司法》第十六条的规定应当知晓，此法规成为审查义务的来源。

徐晓老师：如果相对人对决议未尽审查义务，是导致担保合同无效，还是两方各自承担一半的后果？

D 同学：以（2012）民提字第156号案件为例，一审、二审认为，公司对案涉担保合同的无效存在过错，相对人未尽到相应的审查义务，亦有过错，故依《担保法司法解释》第七条的规定，担保人应当对债务人不能清偿部分的债务承担二分之一的赔偿责任。最高法院则认为，应直接适用《公司法》第十六条，且第十六条应被理解为管理性强制性规范，违反该规范原则上不宜认定合同无效。最终公司应当承担担保责任。

徐晓老师：公司对外担保这个问题有什么境外借鉴吗？

E 同学：在保护与公司交易的第三人问题上，英国《2006年公司法》第39条1款规定，"公司已有行为的有效性不得依据公司章程中的任何事项以公司缺乏能力为由受到质疑"。不仅如此，该法第40条1款规定"为保护与公司交易的善意第三人，推定董事会的或授权他人代表公司的权限不受公司宪章的限制"。

F 同学：美国采用默示授权，固有授权规则。基于公司的人员的身份，认为其有当然的某种授权可以代表公司。但《特拉华州公司法》认为，董事长仅具有常规交易的代表权，对于非常规交易，则没有权限。对于担保合同，判断的标准是公司是否在该担保合同中拥有某种利益。

第三部分:《全国法院民商事审判工作会议纪要》关于公司对外担保的规定

2019 年 11 月 14 日,最高人民法院发布《全国法院民商事审判工作会议纪要》(法〔2019〕254 号,以下简称《九民纪要》),其中共计 12 部分 130 个问题,内容涉及公司、合同、担保、金融、破产等民商事审判的绝大部分领域,对于统一裁判思路,规范法官自由裁量权,增强民商事审判的公开性、透明度以及可预期性,提高司法公信力具有重要意义。

虽在本课程讲授时《九民纪要》尚未颁行,但其中涉及的公司对外担保的许多问题与授课之精神基本一致,故在此特别整理。

《九民纪要》针对"公司为他人提供担保"共 7 条,根据条文内容可以将其归纳为 3 部分:一是未经授权以公司名义对外进行担保的合同效力问题;二是越权担保的责任承担问题;三是越权担保的救济主体资格问题。

- 未经授权以公司名义对外进行担保的合同效力问题见表 3-1。

表 3-1 未经授权以公司名义对外进行担保的合同效力问题

有无决议	审查善意	原则	例外
无决议	非善意	担保无效	担保有效 (1) 公司是以为他人提供担保为主营业务的担保公司,或者是开展保函业务的银行或者非银行金融机构; (2) 公司为其直接或者间接控制的公司开展经营活动向债权人提供担保; (3) 公司与主债务人之间存在相互担保等商业合作关系; (4) 担保合同系由单独或者共同持有公司三分之二以上有表决权的股东签字同意
有决议	关联担保(审查股决议)	担保有效	担保无效 (1) 关联担保中,非股东(大)会作出决议; (2) 非关联担保中,公司能够证明债权人明知公司章程对决议机关有明确规定的; (3) 公司有证据证明债权人明知决议系伪造或者变造
	非关联担保(董或股决议)		

这里需要说明的是,表 3-1 根据《九民纪要》第十七、十八、十九、二十二条进行制作。当没有决议时,债权人未尽形式审查义务,原则上担保合同无效,例外:具有《九民纪要》第十九条之 4 种情形时,担保合同有效。当有决议时,原则上担保合同有效,例外:具有《九民纪要》第十八条除外情形,担保合同无效。

- 越权担保的责任承担问题见表 3-2。

表 3-2 越权担保的责任承担问题

担保合同有/无效	过错	责任承担
担保合同有效		公司承担责任
担保合同无效	债权人、公司有过错的	公司的赔偿范围不能清偿债务部分的 50%
担保合同无效	公司举证证明债权人明知法定代表人超越权限或者机关决议系伪造或者变造	公司免责 0%

这里需要说明的是，表 3-2 根据《九民纪要》第二十条进行制作。担保合同无效时，债权人是非善意的，因此债权人不存在无过错的情形。

- 越权担保的救济主体资格问题见表 3-3。

表 3-3 越权担保的救济主体资格问题

诉讼方式	原告	被告	第三人
公司直接诉讼	公司、清算组	董事、监事、高管、公司股东或实际控制人	
股东代表诉讼	股东	法定代表人、董事、监事、高管、股东或实际控制人等	公司

这里需要注意的是，表 3-3 根据《九民纪要》第二十一条进行制作。只有法定代表人才能代表公司进行诉讼，因此，不会出现法定代表人代表公司起诉法定代表人的情况，但是可以通过《公司法》第一百五十一条的规定行使股东代表诉讼。

第四部分：公司为他人提供担保的司法判例

为便于理解本次课的内容，前方记者将几个最高人民法院发布或裁判的典型案例整理于此，以供参考。

- **裁判观点**：公司担保相对人在接受担保时，对有关公司决议负有必要的形式审查义务，否则不构成善意相对人，该担保行为对公司不发生效力。

案例一：亿阳信通公司与华地公司亿阳集团借款合同纠纷二审民事判决书【（2019）最高法民终 451 号】认为："关于涉案担保对亿阳信通公司是否发生效力……亿阳信通公司虽于 2016 年 9 月 20 日作出了同意为亿阳集团就涉案债务提供担保的董事会决议，但该决议并不符合《中华人民共和国公司法》第十六条第二款的规定，且亿阳信通公司章程第五十五条也规定为股东、实际控制人及其关联方提供的担保须经股东大会审议通过，故涉案担保并未经过亿阳信通公司作出有效决议……华地公司未要求亿阳信通公司提交相关股东会决议，反而直接接受了亿阳信通公司提供的不符合《中华人民共和国公司法》第十六条第二款规定的董事会决议，未尽到必要的审查义务，主观上具有过错。在亿阳信通公司对涉案担保不予追认的情况下，一审以涉案担保有效判决亿阳信通公司对涉案借款承担连带清偿责任理据不足，本院予以纠正。"

- 裁判观点：主合同有效而担保合同无效，债权人无过错的，担保人与债务人对主合同债权人的经济损失，承担连带赔偿责任；债权人、担保人有过错的，担保人承担民事责任的部分，不应超过债务人不能清偿部分的二分之一。

案例二： 亿阳信通公司与华地公司亿阳集团借款合同纠纷二审民事判决书【（2019）最高法民终451号】认为："关于本案相关责任承担。涉案担保行为虽系无效，但亿阳信通公司相关董事就涉案担保事项出具了董事会决议，曲某作为亿阳信通公司时任法定代表人在涉案《不可撤销担保函》《最高额保证合同》上加盖了私章及公司印章，并在《不可撤销担保函》中承诺为债权本金2亿元及利息、违约金等承担保证责任，对于上述对外实施损害公司利益的行为，亿阳信通公司均未能及时发现和制止，存在管理不当的过错责任，其应就因担保合同无效导致华地公司信赖利益受损承担赔偿责任。由于华地公司对担保合同无效也负有审查不严的过错责任，故亿阳信通公司承担赔偿责任的范围为亿阳集团不能清偿债务部分的50%。"

- 裁判观点：董事会和股东会决议被法院确认无效，不影响其对外形成的法律关系效力。

案例三： F公司与N银行等保证合同纠纷二审判决书【（2012）民二终字第35号】认为："F公司为H公司提供担保出于真实意思表示，该真实意思的形成属于公司内部的事情，即使董事会和股东会决议被法院确认无效，也只是在F公司内部发生效力，不影响其对外形成的法律关系效力。F公司上诉认为董事会和股东会决议被法院确认无效直接导致保证合同无效的理由，本院不予支持。"

后记

公司对外提供担保纠纷是《公司法》实务中常见的纠纷类型。关于《公司法》第十六条的效力之争也是理论和实践中的一道难题。本次课堂试图对公司担保的理论和实践全貌给大家进行一个简单而直接的呈现，引导同学们逐渐步入复杂的商事实践。

专题三：法人人格否认

经过前两次课堂，同学们对于公司的组织运营以及担保的相关程序有了一个较为深入的了解，在老师的提问引导之下，大家对于以往的一些疑问都豁然开朗。此次为第三次课堂开讲，老师和同学们在前两次探讨的基础上，开始研究公司作为一个法人的"人格"问题。下面，就跟随前方记者一起去课堂现场一探究竟吧。

第一部分：人格混同和人格否认

公司和股东人格混同情形屡见不鲜，但未必人格混同的都可以构成人格否认。老师和诸位同学对此进行了深入讨论。首先，老师带着同学们了解了公司人格否认的相关知识。

老师总结：（公司股东）滥用公司法人独立地位和股东有限责任+逃避债务+严重损害公司债权人利益=法人人格否认（对公司债务承担连带责任）。

根据这些法条，老师提出问题：人格混同和人格否认有何关系？是不是人格混同必然会导致人格否认？

A 同学：公司人格混同包含财产混同、人员混同、场所混同等诸多混同，并不是每种混同都会导致人格否认。

徐晓老师：那按照此种说法，哪种混同会导致人格否认？

B 同学：在财产混同的情形下，一般会导致人格否认。人员混同、场所混同并不当然导致人格否认。

徐晓老师：那诸如人员混同，在这种情形下，是否会侵害债权人利益？如若不以人格否认来进行认定，那如何保障债权人权益？还有，一人公司的人格混同如何认定？是否会不同于一般公司？

C 同学：一人公司，由于股东只有一人，如发生财产混同等情形，必然会导致人格否认。

徐晓老师：按照这种说法，一般公司的人员混同或者其他混同如何处理？包括财产混同，股东无偿使用公司财产，或者公司和股东相互使用设备，这些如何认定？是否属于职务侵占？

同学和记者都陷入了深深的思索之中，没想到就一个人格混同和人格否认的关系，就让大家难以给出明确的回答。

第二部分：混同如何认定和举证？

在经过上一回合的探讨之后，同学发现，要明晰人格混同和人格否认的关系，就要首先对于混同进行明确的界定。

老师首先提出：混同和逃避债务、损害债权人利益有何关系？

A 同学：混同有可能导致逃避、损害。财产混同和人员混同等可能会导致逃避债务、造成损害的结果。

徐晓老师：那么在有可能的情况下，是否可以主张人格否认？

B 同学：根据《公司法》第二十条的规定，需要在造成损害的前提下，才可以主张人格否认。

徐晓老师：如果我的混同确实导致债权无法偿还，但不是出于逃避债务的目的，是否属于混同？还不上钱是否是损害？

老师见大家都在思考，又抛出了另一个问题：代持如何判断？是否会造成实际出资人与公司的混同？

为了方便同学更好地思考，老师给出了两个参考案例，分别是2013年最高人民法院第15号指导案例徐工集团与成都川交工贸买卖合同纠纷案和最高人民法院2008民二终字第55号案中国信达与四川泰来借款担保合同纠纷案。

第一个案例裁判要点第一点中载明："关联公司的人员、业务、财产等方面交叉或混同，导致各自财产无法区分，丧失独立人格的，构成人格混同。"本案例裁判要点第二点说明："关联公司人格混同，严重损害债权人利益的，关联公司相互之间对外部债务承担连带责任。"

老师在讲解相关案例的基础上，为了让同学更好地理解这两个案例，给出了《公司法》以及相关法规对于一些专业术语的解释。其中，《公司法》第二百一十六条规定："关联关系，是指公司控股股东、实际控制人、董事、监事、高级管理人员与其直接或者间接控制的企业之间的关系，以及可能导致公司利益转移的其他关系。但是，国家控股的企业之间不仅因为同受国家控股而具有关联关系。"

我国《公司法》虽然未明确何为关联公司，但《企业所得税法实施条例》第一百零九条规定："企业所得税法第四十一条所称关联方，是指与企业有下列关联关系之一的企业、其他组织或个人：（一）在资金、经营、购销等方面存在直接或间接的控制关系；（二）直接或间接地同为第三者控制；（三）在利益上具有相关联的其他关系。"2012年修订的《税收征收管理法实施细则》第五十一条也作了类似规定，并且国家税务总局发布的《特别纳税调整实施办法（试行）》第九条列举了八种构成关联关系的情形，对《税法实施条例》中规定的三个方面的关联关系作了细化规定，更具有可操作性。我们认为，在《公司法》尚未对关联公司作出明确法律界定的情况下，可以参考上述规定认定关联公司。

在同学们消化了相关法条之后，老师又问：关联关系虽然在法律上有所规定，但像参考案例中这种关联关系的混同，法律依据何在？

同学们研究了《公司法》和司法解释后，发现目前法律上暂未有相关依据。对于此问题，且看后续是否会有所发现。

第三部分：侵害债权人利益如何认定？

在前两个讨论回合中，大家对于混同和人格否认都有了一定的了解，也发现在认定混同和人格否认中，都强调需要侵害债权人权益，法律中也明确规定了这一点。

徐晓老师：侵害债权人利益如何举证？公司不能偿债是否就是侵害债权人利益？

C 同学：衡量标准为公司的偿债能力，即公司能否偿还债权人的到期债权。如果公司能够偿还债务，债权人就不能主张否认公司独立人格。

徐晓老师：公司有无偿债能力，需要由谁举证，股东还是公司？公司拒绝偿债，且存在混同，债权人能否向股东主张人格否认？

D 同学：应当由股东及公司进行举证并承担举证不利的法律后果。因为公司偿债能力事关公司内部事务，债权人举证十分困难。

徐晓老师：过度控制作为另一种股东和公司的关系，如果同时造成了债权人利益损害，是否也能构成人格否认？

E 同学：人格混同和过度控制皆为滥用公司法人的独立人格的情形，是并列的，不存在包含关系。滥用公司法人独立人格是法人人格否认制度必需的适用条件之一。最高法认为：司法实践中，使用公司人格否认的情形主要包括公司资本显著不足、人格混同、过度控制、公司人格形骸化。

徐晓老师：不论是何种情形导致的侵害债权人利益，从而构成的人格否认，在《公司法》第二十条第三款中的连带责任如何界定？有人指出，债权人先要求公司偿债，不能实现的部分才能要求公司和股东承担连带责任。这样的观点是否合理？

同学们对于老师的这个提问，查询了相关资料后，发现主要有以下几种学说。

- 无限责任说：该学说认为《公司法》第二十条第三款"连带责任"的规定本身就是错误的。因为连带责任的承担应当在相互独立的民事主体间，而在公司法人人格被否定的情况下，是无法与侵权股东承担连带责任的，只能由侵权股东独自承担无限责任。事实上，有些学者认为 regardless of corporate entity 一词应译为"无视公司人格"而非"否认公司人格"。"公司法人格否认"一词之所以在我国广为使用，可能是因为我国最早借鉴了日本的提法。因此，无限责任说从字面意义上的理解是站不住脚的。
- 补偿责任说：该学说主要从公平原则进行考虑，认为股东应当在承担连带责任时有一个上限设置，即不应超过其不当行为给公司造成的损害。不过，该学说最大的问题在于忽视了法人人格否认制度适用的必要程度要件——严重侵害债权人利益。当此要件成立时，否认了公司人格，但又为股东设计一个责任上限，有违人格否认制度之本意，且在人格混同时，也无法计算出股东不当行为给公司造成的损害，故该学说有其不合理之处。
- 无限连带责任说：很多学者认为该学说最符合《公司法》第二十条第三款的文义解释，"连带责任"为该款的直接表述，自不待言。关于"无限责任"，由于本条是对公司人格否认制度的引入，股东承担责任自然不限于其出资额。在该学说内部，分为"共同连带责任说"和"补充连带责任说"。"共同连带责任说"认为股东与公司承担连带责任没有先后区别,债权人可以直接起诉股东,执行时也不区分先后。"补充连带责任说"又分为"赋予股东先诉抗辩权说"和"先执行公司财产说"。前者认为在公司尚有能力偿还债务时,应先起诉公司,而不适用公司法人格否认制度,对股东提起诉讼;后者认为债权人先起诉哪一方不应有所限制,只是认为执行时应先执行公司的财产。

通过这三种主要学说,可以初步得出结论,这里的连带责任应当是无限连带责任,但具体是共同连带责任,还是补充连带责任,还需要同学们不断思考,进行举证。下面,让我们进入最后一部分,看看大家的讨论成果。

第四部分:"混同"的后果如何?

在这一部分讨论中,老师和同学们主要就混同的追责以及后续的权利义务进行了讨论。

首先,老师列出《最高人民法院关于适用〈中华人民共和国公司法〉若干问题的规定(三)》(以下简称《公司法解释(三)》)的法条,给大家作了参考。

同学们讨论后认为,股权转让除受《公司法》调整外,还主要受《合同法》调整,《合同法》规定,当事人依法定程序转让合同的权利和义务但不能转让法定义务。原股东对公司或公司债权人的义务是法定义务,不能通过股权转让而免除自己的法定义务。股权转让后,新股东应对原股东存在《公司法》第二十条的规定情形对公司债权人承担责任。

在四个部分的讨论结束以后,老师带着大家回顾了公司人格否认的主要法条、相关案例和涉及的学理上的争议,还给出了上海市高级人民法院民二庭《关于审理公司法人人格否认案件的若干意见》,便于同学参考。

专题四:科技创新板

过去几年,我国关于如何提高资本市场服务创新企业能力的探索从未停止,从2015年提出战略新兴板的概念,拟设立专门板块支持初创企业融资,到试行中国存托凭证,支持符合国家战略、掌握核心技术、市场认可度高的创新企业在境内上市,监管层通过多项制度改革拟提高A股对科技创新企业的支持力度,但由于市场运行情况和经济结构调整等因素,推进效果并不尽如人意。

2015年12月23日,国务院常务会议确定建立上海证券交易所战略新兴板,以提升金融服务实体经济效率。2018年3月30日,国务院办公厅转发证监会《关于开展创新企业境内发行股票或存托凭证试点若干意见的通知》(以下简称《通知》)就已经提到"支持创新企业在境内资本市场发行证券上市,助力我国高新技术产业和战略性新兴产业发展提升,推动经济发展质量变革。"科创板的建立时间轴如图 3-2 所示。

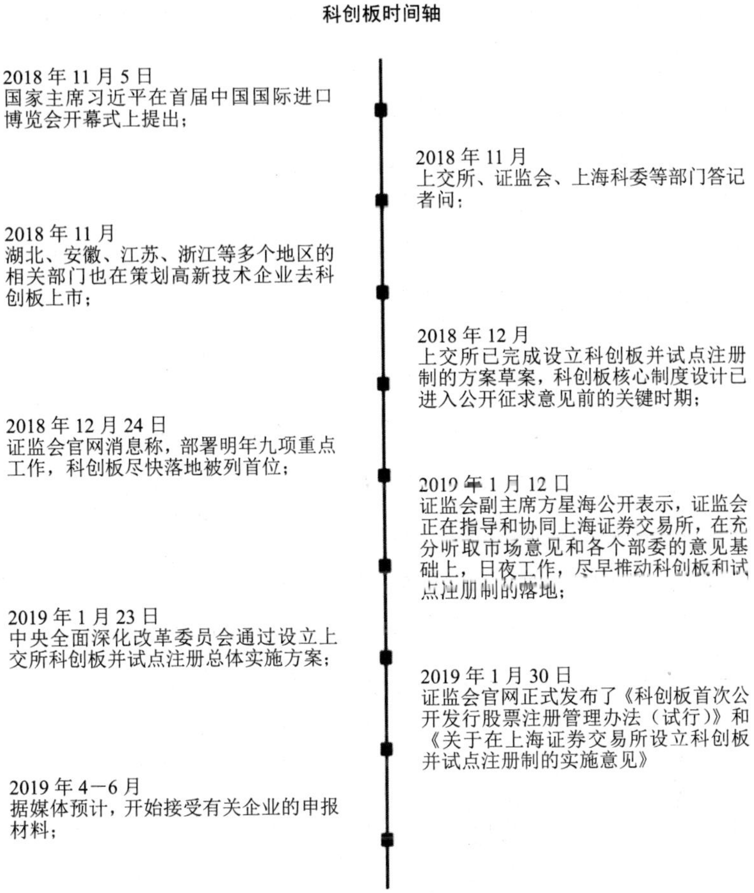

科创板时间轴

2018 年 11 月 5 日
国家主席习近平在首届中国国际进口博览会开幕式上提出；

2018 年 11 月
上交所、证监会、上海科委等部门答记者问；

2018 年 11 月
湖北、安徽、江苏、浙江等多个地区的相关部门也在策划高新技术企业去科创板上市；

2018 年 12 月
上交所已完成设立科创板并试点注册制的方案草案，科创板核心制度设计已进入公开征求意见前的关键时期；

2018 年 12 月 24 日
证监会官网消息称，部署明年九项重点工作，科创板尽快落地被列首位；

2019 年 1 月 12 日
证监会副主席方星海公开表示，证监会正在指导和协同上海证券交易所，在充分听取市场意见和各个部委的意见基础上，日夜工作，尽早推动科创板和试点注册制的落地；

2019 年 1 月 23 日
中央全面深化改革委员会通过设立上交所科创板并试点注册总体实施方案；

2019 年 1 月 30 日
证监会官网正式发布了《科创板首次公开发行股票注册管理办法（试行）》和《关于在上海证券交易所设立科创板并试点注册制的实施意见》

2019 年 4—6 月
据媒体预计，开始接受有关企业的申报材料；

图 3-2　科创板创立时间轴

"商事法集成研修与实训"第四专题课，老师和同学们将由"科创板的战略意义"入手，从证券法主体的角度，结合法律法规与司法解释，认识证券法和科创板。现场讨论情况如何，请看前方记者发回的实况报道。

开宗明义，老师从科创板的定位，即实现资本市场对科技创新的融合作为本次课题的导引。一项前沿技术或新兴技术，从早期应用研究到商业化，通常都要经过四个阶段。在这四个阶段中，投资的主体会呈现出一个光谱形态：早期应用研发需要有"远见"的国家科技投入来支持，后期进入研发成果产品化阶段，就可以吸引"短视"的市场资本进入。在基础应用研究和商业化中间，存在一个"资本动力缺失区"。只有在这个区域输入资本动力，才能形成强大的科创动力，我们把这个阶段的投资称为"技术资本"。创新驱动动力输入区如图 3-3 所示。

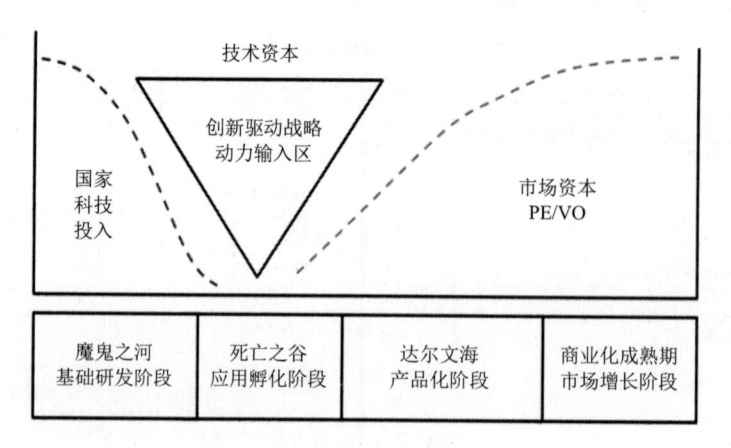

```
              技术资本
           ╱╲
          ╱  ╲
         ╱创新驱动战略╲
   国家 ╱  动力输入区  ╲  市场资本
   科技╱              ╲ PE/VO
   投入                
```

魔鬼之河	死亡之谷	达尔文海	商业化成熟期
基础研发阶段	应用孵化阶段	产品化阶段	市场增长阶段

图 3-3　创新驱动动力输入区

科创板作为重大科技创新项目的商业化孵化器，其战略意义正是通过国家战略资本+市场资本+社会资本的混合动力模式，吸引足够的技术资本投入，形成有效的创新驱动动力机制。同时，科创板也肩负着引领中国资本模式转型的重任——将中国的资本从房地产、酒类等过剩产能以及低廉商品交易与"共享经济"的互联网模式等领域转引入技术资本领域。科创板上市流程如图 3-4 所示。

上市条件
允许符合科创板定位、尚未盈利或存在累计未弥补亏损的企业上市

交易机制
涨跌幅限制放宽至 20%
新股上市后的第 5 个交易日不设涨跌幅限制

上市审核及注册
上交所负责发行上市审核
证监会作出准予注册决定

持续监管
减持和股权激励制度创新
并购需与主业协同，实施注册制
募集资金应重点投向科技创新领域
退市标准、程序，执行更严

定价机制
取消直接定价方式，全面采用市场化的询价定价方式

允许分拆上市
达到一定规模的上市公司可以分拆业务独立、符合条件的子公司上市

图 3-4　科创板上市流程

第一部分：上市条件

老师从科创板本身的制度安排入手，通过对比科创板与国内资本市场现有的主板、中小板、创业板之间的不同，讲解科创板在上市企业条件方面的新特点。

（1）科创板允许同股不同权上市。但根据《上海证券交易所科创板股票上市规则》，有如下几项规则需要特别注意：

1）仅允许上市前设置同股不同权，且由章程明确规定。①
2）上市后不允许提高特别表决权股份比例。②
3）限制的持有资格。③
4）限制特别表决权股份在二级市场交易。④
5）四种特别表决权股份应被强制转换为普通股的情形。⑤
6）持续披露。⑥
7）监事会监督报告事项。⑦
8）禁止滥用特别表决权。⑧
9）特别表决权登记。⑨

（2）红筹架构⑩企业按 CDR 规则上市。允许红筹企业通过发行 CDR 的方式上科创板，条件即采用 2018 年 6 月出台的《存托凭证发行与交易管理办法（试行）》等配套规则。红筹架构企业上市规则如图 3-5 所示。

---

① 上市公司章程应当规定每份特别表决权股份的表决权数量；每份特别表决权股份的表决权数量应当相同，且不得超过每份普通股份的表决权数量的 10 倍。上市公司应当保证普通表决权比例不低于 10%；单独或者合计持有公司 10%以上已发行有表决权股份的股东有权提议召开临时股东大会；单独或者合计持有公司 3%以上已发行有表决权股份的股东有权提出股东大会议案。
② 同比例配股、转增股本情形除外。
③ 《上海证券交易所科创板股票上市规则》4.5.3 小节。
④ 特别表决权股份不得在二级市场进行交易，但可以按照本所有关规定进行转让。
⑤ 《上海证券交易所科创板股票上市规则》4.5.9 小节。
⑥ 《上海证券交易所科创板股票上市规则》4.5.11 小节。
⑦ 《上海证券交易所科创板股票上市规则》4.5.12 小节。
⑧ 《上海证券交易所科创板股票上市规则》4.5.13 小节。
⑨ 《上海证券交易所科创板股票上市规则》4.5.14 小节。
⑩ 红筹架构是指中国境内的公司（不包含港、澳、台）在境外设立离岸公司，然后将境内公司的资产注入或转移至境外公司，实现境外控股公司海外上市融资的目的。

允许红筹架构企业按CDR规则上市

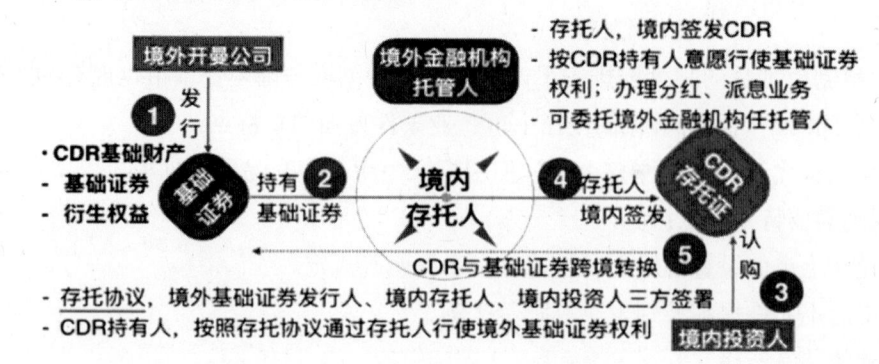

图 3-5　红筹架构企业上市规则

（3）上市公司子公司可分拆后上科创板。达到一定规模的上市公司，可以依据法律法规、中国证监会和交易所有关规定，分拆业务独立、符合条件的子公司在科创板上市。科创公司募集资金应当用于主营业务，重点投向科技创新领域。

第二部分：注册发行

老师首先向同学们介绍目前主板的注册发行制度——上交所负责发行上市审核，证监会负责发行注册；报送申请材料的同时保荐机构提交工作底稿；证监会在注册过程中仍可提出反馈意见；对于不予注册的发行人，证监会提供复审通道；对于不予注册的发行人，1年后可再次提出上市申请。主板注册发行制度如图3-6所示。

随后，老师对比介绍科创板在企业注册发行方面的新特点。

（1）科创板试点的注册制审核分为两个环节：一是上交所进行发行、上市、信息披露的全面审核；二是证监会对企业发行上市进行注册。

（2）证监会须在20个工作日内作出是否准予注册的决定；扣除中介机构答复、现场核查、中止审查等情况，交易所进行发行上市审核的时间须不超过3个月。注册制审核下，企业从报送IPO申请到最后完成审核及注册，可能需要6~9个月的时间。

（3）注册制与核准制有以下五点不同。

1）所关注的发行条件不同。

2）科创板对上市公司的信息披露要求更高。

3）审核程序不同了，由上交所先进行发行上市审核、证监会再进行注册。

4）科创板在发行承销方面实施更加市场化的安排。

5）科创板进一步强化了法律职责和责任追究。

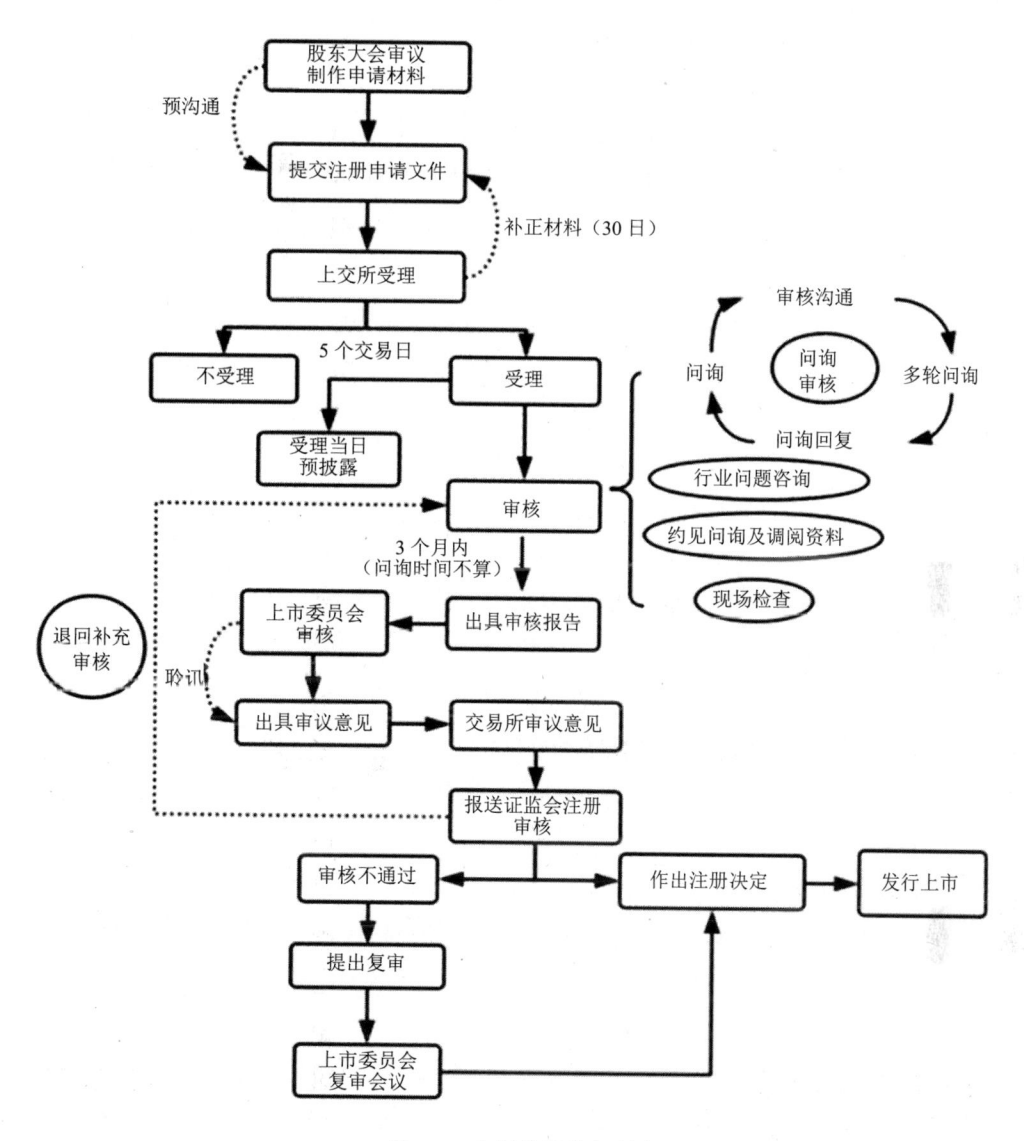

图 3-6 主板注册发行制度

第三部分：发行与承销

在了解科创板发行与承销制度前，同学们需要先学习现行 IPO 发行机制，如图 3-7 所示。对现行 IPO 发行机制有了大致了解后，同学们更容易对比出科创板在发行与承销机制方面存在如下新规定。

（1）除了网上网下配售外，还增加了保荐机构跟投、战略配售、高管参与、绿鞋机制。

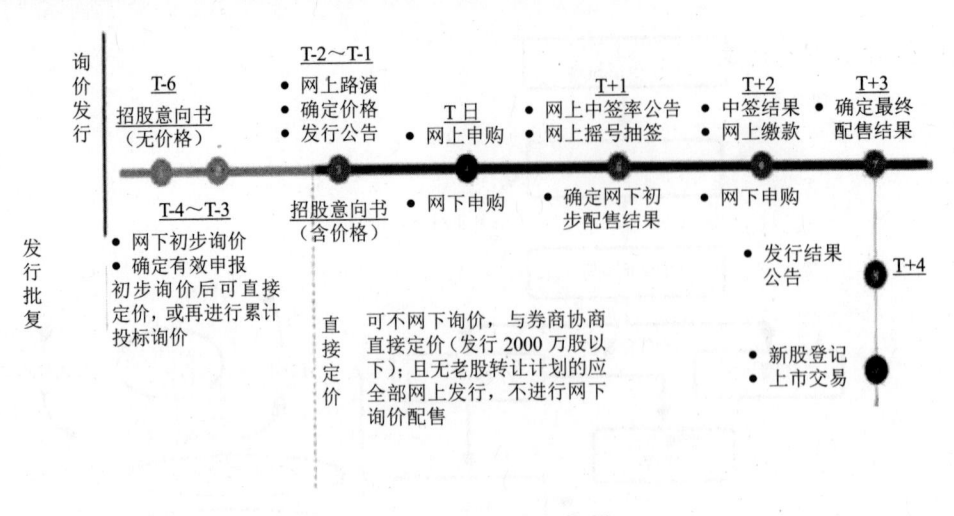

图 3-7 现行 IPO 发行机制

（2）上市定价：取消直接定价，市场化询价定价，打破 23 倍 PE 束缚。所有股票都询价发行，且只限机构参与（个人大户排除）。机构投资者网下市值要求最低 1000 万元。

（3）加大网下配售比例，社保公募更易中签。

（4）放宽战略配售的条件以吸引机构投资者——吸引长期持股资本。

（5）保荐机构跟投制度：有限制的允许保荐机构参与配售。①

（6）高管参与配售：数量不得超过发行数量的 10%。

（7）无门槛的绿鞋机制②——对冲股价下跌。

老师点评：保荐机构跟投、高管参与能为投资者带来信心，配售机制的存在不仅能吸引机构投资者，有利于其长期持股，而且能防止"热恋"性投资，总体的制度设计对企业、投资者而言都是一种利好。

在讲解科创板相关内容的时候，难免需要引入或介绍一些同学们在课堂上并未学习过的概念或者知识，同学们也深感课后需要多多关注最新的商事实践，保持对知识的敏感度，持续关注才更有利于后续的学习和讨论。

---

① 第一，跟投主体是保荐机构下设的，具有投资能力的相关子公司，与保荐机构形成隔离。
第二，明确保荐机构必须以自有资金出资跟投，不能使用募集资金，禁止资管计划等募集资金跟投科创板 IPO 公司股份，防控跟投可能产生的利益冲突。
第三，要求跟投主体不参与定价，只能被动接受询价确定的价格，提高定价的公允性。
第四，保荐机构跟投的比例限制在 2%～5%，防止保荐机构持股后对公司经营决策产生影响。
② 保荐机构和主承销商可以采用超额配售选择权。其他板块 IPO 需要达到 4 亿股以上才可以选择。

第四部分：信息披露

科创板对企业信息披露主要进行了如下安排。

（1）特定股东要减持，除公告外，还需要披露上市公司在减持过程中有没有未披露事宜。

（2）要求企业根据自身特点对业绩风险、行业风险、公司治理等内容作出有针对性的披露，企业科研水平、科研人员数量、科研资金投入等信息也须一并披露。

（3）三类股东及上市公司子公司要求降低。放宽三类股东信息披露及穿透要求：持有上市公司 5%以上股份的"三类股东"只需披露公司控股股东、实际控制人是否存在关联关系。

此外，此次改革还优化了信息披露规则，对重大交易披露和招股说明书的披露规则也有新的调整。

老师点评：曾经的中国资本市场由证监会严格把控企业上市，既进行形式上的材料审查，也进行实质上对企业价值的审查，家长式的监管模式在某种意义上成为了政府和资本的双重负担。而现今在科创板方面，信息披露更依赖于企业自身的公开。加重企业披露的义务，不是提高门槛，而是用市场化的标准去检验企业，使其奋发图强。同时，公开化的信息能给投资者一个更明确的指引，促进整个资本市场的健康发展。

第五部分：减持制度

老师介绍，在减持制度方面，科创板也进行了一些特别安排。

（1）保持控制权，保持技术团队的稳定性。控股股东、实际控制人、核心技术人员等股东（特定股东）应承诺上市后 36 个月不减持 IPO 股份。后续减持 IPO 股份应保持控制权稳定。

（2）严格限制特定股东减持。每人每年可在二级市场减持 1%以内的首发前股份。非公开转让、协议转让涉及控制权变更，受让方限售 12 个月。司法强制执行等方式减持，受让方限售 6 个月。

（3）创投等其他股东灵活减持。PE、VC 等可以通过二级市场、非公开转让[①]、协议转让等方式减持。

（4）未盈利不得减持。公司上市时尚未盈利的，在公司实现盈利前，特定股东不得减持首发前股份。公司上市满 5 个完整会计年度后，不适用欠款规定。

（5）强化减持信息披露。预披露：二级市场交易提前 15 个交易日预披露，并要求特定

---

① 通过保荐机构或者上市公司选定的证券公司以询价配售方式向符合条件的机构投资者进行非公开转让。

股东减持首发前股份前披露公司经营情况。减持进展：首次、1%、重大事项发生。减持结果：实施完毕或时间届满。

第六部分：严厉的退市制度

科创板实行严厉的退市制度，主要表现在以下几个方面：

（1）在退市环节，科创公司触及终止上市标准的，股票直接终止上市，不再适用暂停上市、恢复上市、重新上市程序。

（2）关于退市时间，科创板企业的退市时间缩短为2年，首年不达标ST，次年不达标直接退市；退市整理期为30个交易日，累计停牌时间不超过5个交易日。

（3）关于重大违法退市指标：重大违法"一退到底"，取消暂停上市，实施永久退市。

（4）在退市交易类指标方面，强制退市交易标准达到以下一项即终止上市。

1）连续20个交易日低于股票面值，也就是1元（与A股一致）。

2）连续20个交易日市值低于3亿元（新增）。

3）连续20个交易日股东数低于400人（新增）。

4）连续120个交易日累计成交量低于200万股（新增）。

（5）在强制退市财务标准方面，以下情形首年不达标实施*ST警告，次年不达标则直接退市：

1）最近一年扣除非净利润或净利润其中一个为负（含被追溯重述），且营业收入（含被追溯重述）低于1亿元（与A股相比新增了营收要求）；

2）最近一年净资产（含被追溯重述）为负值（与A股基本一致）；

3）研发型企业研发失败或被禁止使用（新增）。

后记

科创板开启了我国资本转型的时代，目标是把我国建设成技术资本大国。本专题学习的是科创板，但更深层的意义在于启发同学们，要通过研究上市公司的一些问题，关注公司领域的最新发展，研究资本这一重要的法律概念，而不是囿于对公司的想象去学习《公司法》和公司制度。

专题五：股东优先购买权

有限责任公司同时具有人合性和资合性。在进行股权转让时，为了维持股东之间关系的稳定，需要考虑原本股东之间的人合关系，保护既有股东一定的利益，故而产生了股东优先购买权制度。

股东优先购买权规定于《公司法》第七十一条,《公司法》第七十二条则补充了强制执行程序下股东的优先购买权,《最高人民法院关于适用〈中华人民共和国公司法〉若干问题的规定（四）》（以下简称《公司法解释（四）》）也对股东的优先购买权进行了相应的补充。

那么,股东优先购买权的具体规则是什么?在实务中如何应用?应用过程中会产生哪些讨论空间和解释余地?

在"商事法集成研修与实训"第五次专题课堂上,卓越法学的老师和同学们基于我国《公司法》对股东优先购买权的规定进行讨论,并对以上提出的问题进行解答。具体情况由前方记者进行介绍。

第一部分：基于《公司法》第七十一条的讨论

我国《公司法》第七十一条规定了股东优先购买权的主要规则,法条摘录如下,以此为基础,老师和同学们进行了交流和讨论。

《公司法》第七十一条 有限责任公司的股东之间可以相互转让其全部或者部分股权。

股东向股东以外的人转让股权,应当经其他股东过半数同意。股东应就其股权转让事项书面通知其他股东征求同意,其他股东自接到书面通知之日起满三十日未答复的,视为同意转让。其他股东半数以上不同意转让的,不同意的股东应当购买该转让的股权;不购买的,视为同意转让。

经股东同意转让的股权,在同等条件下,其他股东有优先购买权。两个以上股东主张行使优先购买权的,协商确定各自的购买比例;协商不成的,按照转让时各自的出资比例行使优先购买权。

公司章程对股权转让另有规定的,从其规定。

股东优先购买权规则如图 3-8 所示。

老师首先提出问题,《公司法》第七十一条第二款规定的"通知"必须和事实完全相符吗?不相符是否构成欺诈?

事实上,即使半数以上股东不同意,也不能阻碍欲转让股权股东的对外磋商,唯一能更改对外出卖的是同等出价之下的优先购买。

基于这一讨论结果,老师同样提供了供同学们进一步思考的拓展问题：其他股东过半数同意的程序是否有现实意义？直接征询其他股东是否购买是不是可行？或者,过半数股东不同意转让,则根本不得转让,这样的立法是否可行？或者,有证据表明,受让人与公司有竞业关系,其他股东一致反对转让,但又不主张优先购买权,是否应予支持？

```
                    ┌──────────┐
                    │  股权转让  │
                    └────┬─────┘
         ┌───────────────┼────────────────┐
         │               │                │
         │               │         ┌──────────────┐
         │               │         │ 章程另有规定   │
         │               │         │ 的，从其规定   │
         │               │         └──────────────┘
    ┌─────────┐    ┌─────────┐
    │过半数股东 │    │过半数股东│
    │  同意    │    │  不同意  │
    └────┬────┘    └────┬────┘
         │              │           ┌──────────┐
         │              │           │ 达不成    │
         │              │           │ 购买协议  │
         │              │           └──────────┘
    ┌──────────┐   ┌──────────┐
    │同等条件下  │   │达成购买协议│
    │享有优先购买权│ └──────────┘
    └──────────┘
```

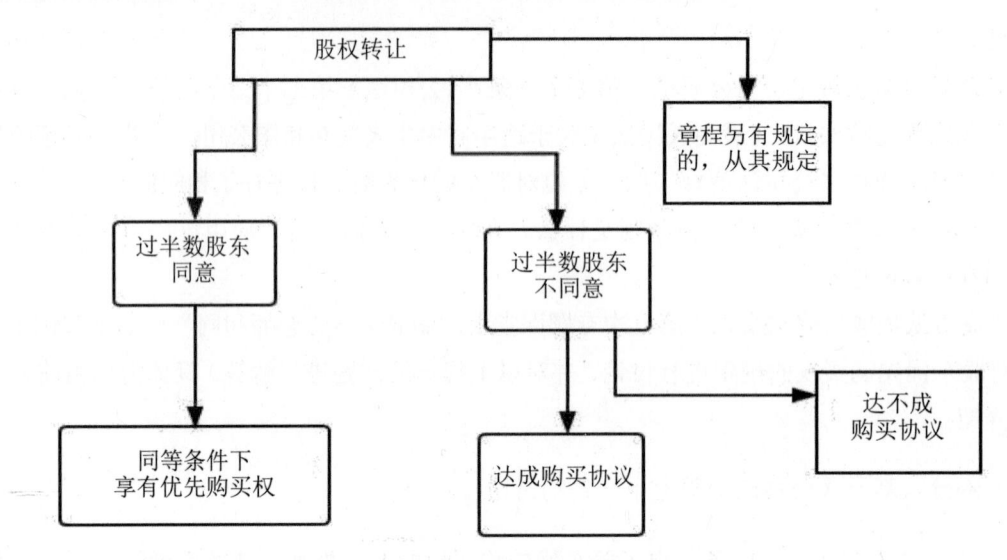

图 3-8　股东优先购买权规则

接下来，老师和同学们讨论了在第七十一条中规定的"过半数股东"具体含义："过半数"指的是人数还是股权份额？有同学认为一人一票，也有同学认为此处指股权过半数。

徐晓老师：如果公司章程规定公司成立 5 年内均不得对外转让股权，是否必须遵守？

A 同学：坚持按照七十一条对外转让的，其他股东不行使优先购买权，那么依据《公司法解释（四）》，不能根据公司章程主张违约损害赔偿。

徐晓老师：按照出资比例购买，是权利？抑或是义务？例如，某股东持股 45%，只愿意购买他人意图对外转让的 6%，同时主张优先购买权的其他股东要求其必须严格按照持股比例购买，是否支持？或者，其他股东看到控股无望，放弃优先购买权，是否可以？如果持股 45% 的股东坚持两人必须按比例购买，是否应当支持？

B 同学：按照出资比例购买是一种权利，股东可以选择购买股权的数量。但事实上，在他人希望转让时，即使出现了控制权溢价的情形，也必须要对股权进行足额购买。

第二部分：对优先购买权的征询

由于优先购买权的限制，有限责任公司股东在出让股票之前，一般需要对其他股东进行购买与否的征询。

针对这种情况，老师提问道：征询是否同意转让股权，与征询优先购买权，是否可以一并进行？或者必须一并进行？

C 同学：我支持两者"一并进行"，依据《公司法解释（四）》第十九条中"有限责任公司的股东主张优先购买转让股权的,应当在收到通知后,在公司章程规定的行使期间内提出购买请求"的规定,我认为"通知"包含了对优先购买权的征询。

D同学:我支持两者"不一并进行",参照了《公司法解释(四)》第十七条第二款中"经股东同意转让的股权,其他股东主张转让股东应当向其以书面或者其他能够确认收悉的合理方式通知转让股权的同等条件的,人民法院应当予以支持"的规定,我认为此处的规定显示了不同时的特征。

老师启发同学们,可以在课后进一步思考和讨论。

第三部分:优先购买权与公司章程

公司章程是公司自治性质的根本规则。那么,如果全体股东有约定5年内不得转让的,是否可以主张违约呢?如果约定公司存续期间股东均不得转让股权,是否可以呢?

老师进一步深化了这一问题:财产权的自由能够通过自我约束限制吗?接下来,老师提供了几个实例及对应的问题,要求同学们针对这一主题进行深入的交流和讨论。

实例一:某公司章程中规定,任何股东对外转让股权,同等条件下,应优先转让给由股东A独资的另一家公司F。若股东X坚持对外向Y转让股权。A能否代F主张"优先购买权",F能否主张?此时的"优先购买权"和章程什么关系?F不主张A能否代F主张?约定的优先购买权效力与法定优先购买权孰轻孰重?法定优先购买权能否以协议方式放弃?法定优先购买权能否转让?

实例二:公司的大股东A意图对外转让一定份额的股权给B,B为一名厨师,承诺如果成为公司股东,则跳槽到公司的酒店上班。但股东C对A的对外转让主张优先购买权。A要求股东C履行到酒店后厨上班的义务,并认为是同等条件,应否支持?

徐晓老师:上述案例中,如果A召集了股东会,修改章程为可自由对外转让股权,遂完成了对B的转让。C对该修改章程决议投反对票,并主张有限公司是人合性公司,不应允许自由转让而忽视人合性,认为该做法规避《公司法》第七十一条的立法目的?并坚持主张优先购买权,应否被支持?对优先购买权剥夺的章程修改,是否需要全体股东一致同意?否则是否构成一部分人剥夺了另一部分人的优先购买权?

实例三:如果某公司章程规定,"在公司每年定期股东会召开前2个月之内,不得对外转让股权",该公司每年3月15号召开定期股东会。但是某股东在2月1日发出通知对外转让股权,其他股东认为违反章程未作回应。该股东认为满足了《公司法》第七十一条中30日的规则,遂向外转让了股权。公司是否有权不承认该转让,并禁止受让人参加股东会?

第四部分：共有人的优先购买权

老师率先提问，股权为甲、乙二人按份共有时，共有人甲对外转让其股权，共有人乙及其他股东均主张优先购买权。此时的优先购买权是否优先于其他股东？

《中华人民共和国民法通则》第七十八条规定："按份共有财产的每个共有人有权要求将自己的份额分出或者转让。但在出售时，其他共有人在同等条件下，有优先购买的权利。"《中华人民共和国民法总则》则没有了这一规定。《中华人民共和国物权法》（以下简称《物权法》）第一百零一条有类似的规定，"按份共有人可以转让其享有的共有的不动产或者动产份额。其他共有人在同等条件下享有优先购买的权利。"

在此基础上，老师继续发问，代持是否享有优先购买权？同学们各抒己见，老师暂未对此问题作出回应。

第五部分：以股权进行让与担保

以股权进行让与担保时，是在转让股权时，履行《公司法》第七十一条，还是在实现担保权时，履行《公司法》七十一条？让与担保，是否必须遵守禁止流质规则？股权让与担保，是否应当有所限制？例如，担保权人在受让期间内，股权不当行使，会导致公司利益受损，如果双方对股权行使有约定，例如表决权仍由原股东行使，是否违反《公司法》？

为引导同学们思考，老师给出了最高人民法院（2017）最高法民第 100 号滕波、滕德荣股权转让纠纷案例，以供参考。

第六部分：以股权出质

以股权出质的，是否要遵循《公司法》第七十一条的程序？

同学们对此问题进行了讨论。有的同学主张依照 1995 年《中华人民共和国担保法》第七十八条"以依法可以转让的股票出质的，出质人与质权人应当订立书面合同，并向证券登记机构办理出质登记。质押合同自登记之日起生效。股票出质后，不得转让，但经出质人与质权人协商同意的可以转让。出质人转让股票所得的价款应当向质权人提前清偿所担保的债权或者向与质权人约定的第三人提存。以有限责任公司的股份出质的，适用《公司法》股份转让的有关规定。质押合同自股份出质记载于股东名册之日起生效"及第六十六条"出质人和质权人在合同中不得约定在债务履行期届满质权人未受清偿时，质物的所有权转移为质权人所有"的相关规定对股权出质行为进行规制。

也有同学主张援引 2007 年《物权法》第二百二十六条第一款"以基金份额、股权出质的，当事人应当订立书面合同。以基金份额、证券登记结算机构登记的股权出质的,质权自证券登记结算机构办理出质登记时设立;以其他股权出质的,质权自工商行政管理部门办理出质登记时设立"和第二百一十九条"债务人履行债务或者出质人提前清偿所担保的债权的,质权人应当返还质押财产。债务人不履行到期债务或者发生当事人约定的实现质权的情形,质权人可以与出质人协议以质押财产折价,也可以就拍卖、变卖质押财产所得的价款优先受偿。质押财产折价或者变卖的,应当参照市场价格"。

课堂进行至此,同学们的思路越来越开阔,课堂氛围非常热烈。

第七部分:一人公司的特别情形

老师提问:一人公司作为特别的公司类型,若将持有的股权转让给其股东,是否属于对外转让,还是不构成转让?

E同学:在这种情形下,一人公司推定财产混同,不构成转让。

老师进一步提问:股东转让股权,受让人为另一股东A的股东,股东A为一人公司,是否构成对外转让?其他股东能否主张优先购买权?

这个问题暂时没有同学有解答思路,老师在此提出了要求同学们课后进一步讨论的问题:

(1)股东优先购买权是什么权,形成权,请求权,期待权?

(2)股东A对外向B转让股权,股东C主张优先购买权。A与B的合同效力如何?是否为效力待定?合同因优先权行使而撤销,或者合同一直有效?C行使优先权后,B提高价格,A能否以同等条件发生变化,要求C以B提出的较高价格购买?这时,B提高价格是否为邀约?如果C因为价格提高放弃优先权,B得知后,在A向其表明同意转让的意思之前,立刻向A主张不再购买。这时,A是否有权要求B购买,或者要求C购买?以什么价格?

(3)某股东意图对外转让股权,担心其他股东主张优先购买权,遂以极高的价格出让一小部分股权,受让人成为股东后,无须考虑其他股东优先购买权,而将剩余大部分的股权让与。其他股东能否依据《公司法解释(四)》第二十一条,主张欺诈、恶意串通?或者还能提出其他的救济主张?

后记

"商事法集成研修与实训"第五专题的课程到此告一段落,对于股东优先购买权的问题,老师和同学们旁征博引,从《公司法》到《物权法》《担保法》,从股权转让的程序问题到法理问题,从法条到案例,展开了一次深入的探讨和交流,但仍有不少问题还未得到很好的解答,这也鞭策同学们要善于思考,不断提高自身解决问题的能力。

第 4 章　司法原理与应用技术

4.1　课程简介

1. 课程简介

"司法原理与应用技术"课程是"司法学"课程的应用版,集中关注当前司法体制改革的政策走向、审判程序的结构与功能、事实和法律裁判的形成机制、控诉策略与控诉技术、辩护策略与辩护技术、审理和裁判的策略与技术、司法过程中的逻辑与经验、司法公正等应用课题。课程坚持以实务问题为导向,验证理论的实践解释能力,引导学生掌握现代司法的基本原理、控辩审角色意识和规则意识、可以直接实践应用的诉讼和司法策略及其对应的法律应用技术,建立系统的司法理论与司法技能,培养适合我国实践要求的司法专业人才。

2. 课程导师

宋显忠
吉林大学法学院教授、博士生导师
牛津大学法律社会学研究中心访问学者
最高人民法院首批研修学者
吉林省政法委司法改革顾问组专家

4.2 导师寄语

永不下课的"司法学"

吉林大学法学院教授　宋显忠

2019年的秋季是我在时隔9年之后，第一次给法学院本科生上课。在经历了多年的研究生教学和论文指导之后，第一次看到一屋子求知若渴的大眼睛，听着整个房间此起彼伏的键盘敲击声，这种场面让我回忆起给2007级、2008级同学讲授法理时课堂的场景和牛津访学时的往事，更让我一下子找到了给一流学生授课才有的激情！整个秋季为2016级应用复合型实验班全体同学授课的经历，给我留下了深刻的印象，我也要感谢你们带给我不一样的授课感受！

"司法原理与应用技术"是我开发的"司法学"课程的一个应用分支，是面向司法实践的应用技术培训课程。我也是意外地发现这门课程的专业定位竟然与应用复合型实验班的培养定位一致，所以，这是第一次为本科同学讲授这门课程。课程的内容难免会与同学们静态的理论背景有一定的落差，只有消除这个落差，才能帮助同学们进入法学的实践性维度，建立健全的司法理念和专业的角色意识，养成初步的法律实践思维，掌握基本的司法操作技能。相信2016级实验班的每一位同学都跨越了这个落差，并从这门课中得到了那一份迟来的收获！任何一门有价值的法学课程所开启的理论和技术探索，不可能止于7~8次的课堂讲授。相对于即将在同学们面前铺开的法律职业蓝图，这门课程仅仅是起了一个头，做了一个铺垫。2016级实验班的每一位同学即将进入自己已不再陌生的职业角色——我在课上反复提到的诉讼律师、检察官、法官以及非诉律师、公司法务、公证员等职业角色，开启自己的司法或者以司法为标准的职业生涯。我坚信这门课程讲授的司法原理与应用技术能够经受得住实践的检验，也必定会伴随着每一位同学的职业演绎不断地得到充实和发展！

衷心希望这门课程为同学们的职业抱负插上翅膀！也热切地期待听到你们不断进取的好消息！

4.3 课程实录

第一讲：司法、司法改革与中国的司法模式

1. 司法与司法学

（1）司法是一个多方的互动框架。司法的微观用法与诉讼一词的指称范围存在着交集。不论是诉讼一词，还是司法一词，指称都是同一个多方互动的纠纷解决框架。诉讼是对争议的曲直作出裁决。

诉讼与司法的角度有所不同。诉讼侧重纠纷双方，司法侧重纠纷的裁决者。诉讼是从纠纷双方的角度界定司法，司法则是从法官的角度界定诉讼。

小贴士：审判权和检察权主要来自两部组织法，而非诉讼法。

（2）诉讼与司法的乖离。清末改制，诉讼与司法两个法律序列即告分离。清代法律史学家沈家本曾为了尽快推行诉讼法，上奏《奏拟编审判章程折》："臣等伏思诉讼事宜与审判相为表里，诉讼法者关于起诉之事……二者相对而立而实相须成。……惟裁判以诉讼为依据，诉讼以裁判为归宿，分之为两端，合之为一事。"

（3）司法学。司法学是研究司法权与诉权、实体权利、侵权与司法救济、司法机构、司法制度、司法程序、事实认定和法律裁判的形成机制、司法公正、控诉、辩护和裁判技术等问题的学科。

诉讼法也是司法学的研究对象，司法学的研究范围远大于诉讼法学，弥补了诉讼法学对司法权及其相关问题研究的盲区，对于司法制度的建设与完善具有十分重要的意义。

2. 当下中国的司法改革

当下中国的司法改革是建设法治国家的一项核心工作。司法改革就是适应当前经济与社会发展的新常态，满足人民群众的权利救济与公正审判要求，实现司法制度的现代化。

（1）司法权重塑。

1）当事人启动司法救济。

a. 立案登记制。诉权作为一项人权得到了保障。立案登记制模式的意义在于，按照保障诉权的要求，重塑中国的司法权。此前的中国司法权并不是现代意义上的司法权，更像是私人的司法权。

P.s.：司法权的现代性从权利的救济开始，诉权是最早的一项人权，与司法权相对应。

小贴士：现代司法制度产生的标志就是对权利的救济，其中侵权法的权利救济职能是权利救济的起点。这产生于日耳曼王权时期，王权的合法性在于提供司法救济，这也是王权最早的职能。"有权利有救济，没有救济则没有权利"，这就是侵权法的产生。

立案登记制的问题：仅仅是见到原告人，见不到被告人，因此立案通知无法送达，不能开庭。"制度的设计要有效安排利益结构，这种利益结构不是来自上层，而是来自民间。"

b. 立案阶段的检察监督。

c. 线上立案。

2）被害人权利保护。认罪认罚从宽的一个重大突破，是把赔偿和取得被害人谅解作为适用的"从宽"的条件，保障被害人的赔偿权。诉讼法中的新主体：受害人。

认罪认罚从宽制度属于中国式的辩诉交易。在过去，中国法律中的"估堆+打折+限制最高消费"限制了中国无法形成英美式的辩诉交易。中国的方向是强调被害人的权利保障。从实体法上破解了对被害人赔偿的难题，通过认罚和谅解换取被害人权利救济和法律秩序的维护。

3）被告人权利——辩护权及律师执业权利——保障。中央政法委和两高、公安部、安全部、司法部均发布相关文件保护被告人的辩护权、律师的会见权及其他执业权利。

（2）机构改革。

机构改革表现为员额制、去行政化与地方化、司法责任制、以审判为中心的司法体制重塑、监察委员会五个方面。

1）员额制。

2）司法责任制。

a. 主办人员承担过错责任——故意违法或重大过失。有关理解和事实认定存在偏差的，在专业认知范围内能够予以合理说明的；根据证据规则能够予以合理说明的。这两种情形除外。

b. 司法人员独立行使职权。"非因法定事由，非经法定程序，不得将法官、检察院调离、辞退或者作出免职、降级等处分。"

3）监察委员会出现。改变了我国顶层权力格局，将进一步完善司法权的监督和控制体制，推动侦查、控诉和检察监督、辩护与审判之间的权力结构优化，落实以审判为中心的刑事诉讼制度改革的基本目标。

（3）程序优化。

1）修改法庭规则。原诉讼法当中有关规则得以进一步细化和完善，赋予法官维护法庭秩序的职权。

小贴士：法社会学（马克斯·韦伯）。生命建立在经验层面。实践强调经验，法社会学的基础就是经验。注释法学的问题就是仅仅有规则，没有规则的实践效应。

研究制度—法学方法论—制度研究在规则层面上，不是研究一个规则，需要研究一丛规则。其次是在制度处理相关资源的基础上研究资源配置问题。

2）完善诉讼程序。推进繁简分流，完善普通程序和简易程序的适用条件。开展认罪认罚从宽试点，同时，推行立案会商、庭前会议、审理、裁判和上诉。

3）认罪认罚从宽制度。

4）三规程。《以审判为中心的刑事诉讼改革三项规程》：《人民法院办理刑事案件庭前会议规程（试行）》《人民法院办理刑事案件排除非法证据规程（试行）》和《人民法院办理刑事案件第一审普通程序法庭调查规程（试行）》。

（4）实体法律重塑。司法改革中的过度下放权力否定了法院自身的权力。

1）民法典制定。缺乏调研，中国化和民族化不同。

2）刑法以及环保法等法律的修改完善。法律的科学化、理性化历程已经开始。

3）案例制。突出案例制对于填补法律的漏洞和统一法律适用的作用，此后将建立通畅、连贯的案例输送制度，研究编选成果作为法官业务能力考评参考。

第二讲：审判程序的结构与功能

小贴士：结构功能主义（帕森斯的结构功能主义）是指侧重对社会系统的制度性结构进行功能分析的社会学理论。形成于第二次世界大战后。主要代表为美国的帕森斯、默顿等。由社会有机体论和早期功能主义发展而来，主张用功能分析方法认识和说明整个社会体系和社会制度之间的关系。认为社会生活之所以能维持下去，是因为社会找到了一种手段（结构）去满足人类的需要（功能）。其最重要的理论是社会均衡论。

制度主义的基础是通过有关要素的配置关系使之发挥一定的功能。

1. 审判程序的功能

审判程序的功能就是认识。根据目标不同，又区分为一般的单方认知和对他方认识的判断两类①：

（1）一般的单方认知功能（主客维度的单方认知，即观察）。

通常存在于讯问式的审判程序。法官根据原告一方的指控和两方的证据材料，启动案件的调查程序，可以讯问原被告、证人，通过自行调查，形成对案件事实情况的认知。

这一功能一般不依赖其他程序单元的支持，比如自诉案件。这类单向认知仅可能发生在基层法庭（法院不是认知的工具，而是验证的角色）。

小贴士：《周礼·秋官·小司寇》"以五声听狱讼"。这些都和人的情绪和生理反应有关。自西周起，历朝历代均将"五听"作为刑事审判的重要手段，如《唐六典》。直到清朝，"五听"仍然是审讯必备的要求。

（2）验证指控（一种认知，是对别人认知的再认知）是否成立的判断功能。

宋显忠老师指出，司法绝对不是认知的过程，而是对他人认知的确定，核心在于提供确定性而不是提供真实情况。

1) 认知争议：验证的前提。与前一种功能不同，审判程序的这一功能目标依赖其他程序阶段的支持。通常是之前的侦察或调查获得的事实认定无法得到对方的确认，因而留给审判程序的，是比认知更高的指控事实是否成立的判断。

2) 法官认知的难题——由法官进行初级认知，等于让法官成为上帝。局部如何推出整体？单方的调查不足以形成结论，原因在于认知局限②、利益冲突③、价值或情感干扰④。

2. 审判程序的两类结构

（1）讯问式审判程序。

众所周知的事实⑤和现行事件的事实⑥是所谓的客观事实。

宋显忠老师指出，过去法院将农村里与不够年龄的女孩子结婚认定为非法同居关系，离婚不承担责任，但目前不会认定为非法同居关系。国家赋予了农民司法特权地位，即农民不存

---

① 帕森斯认为，制度能否发挥功能必须分析有关规则、规则体系所分配的资源、资源之间的关系能否实现目标、其资源之间的相互作用能否产生预期，能否指向制度的功能。宋显忠老师指出，制度科学所研究的对象不同于自然科学，其研究的对象是能动的、有意识的，国家机器的每个零部件是有意志的。所有的人文社会科学都服务于制度设计，都服务于制度设计中的环节，包括国家机器、公司治理和不典型的社会组织。
② 盲人摸象，哈耶克的理性不及。法官是通过验证来实现从局部到全部，而非通过认知。
③ 拒不承认或以诉牟利。即使在对抗制的国家，法官仍然受利益导向，仍然存在利益冲突。一旦由法官认知全部事实，很可能会导致腐败。
④ 各种偏好不同，即兽性。
⑤ 众所周知的事实指通过司法认知来认定的事实。
⑥ 现行事件的事实指发生之后一直到开庭，事件仍然存在，例如农村中大家都互相知道同村人的事实，几间房、几个孩子。

在可以执行的空间，但是没什么大用，无法变现。在乡镇的派出法庭错误地采用了普通程序，造成了马彩云的惨案。

（2）对抗式审判程序。

针对的是仅有"事实推断"的案件类型，目前通常是一审普通程序的必备程序。

适用的案件类型：既往的隐秘事件，即事实发生之后，即消失在历史的时空当中，仅存在事件的局部信息或碎片——证据，控辩双方均可能依托个别证据提出己方的"事实推断"。

宋显忠老师指出，作为一个法律人，一定要从现实来验证理论。有证据支持的质疑才是质证，而不是仅仅提出空洞疑问，证明包括证实和证伪。辩护最核心的在于有证据的辩护。

1）控方的推断得到辩方事后确认的，法庭可以直接依据该确认认定事实。

2）控辩双方无法达成一致的，只能依靠控辩的法庭交锋，形成事实认知。

宋显忠老师指出，裁判事实是考古范畴的事实。由于在审判中缺少要件事实，因此无法认定或还原事实；而只要审出部分事实，但具备全部的要件事实，即可推断出全部的事实，尽管与客观事实不同。司法审判不是事实的认知工具，而是对别人的认知进行检验的过程，仅仅是提供确定性。

因此，不论是控辩审裁还是证人，任何一方的证词都不能不加严格地检验即成为审判的结论！必须让控辩双方的指控或辩驳均接受必要的检验。而这需要确保控辩审裁以及证人之间形成一种有效的利益博弈。

3. 对抗制的制度结构

（1）两组博弈均衡。

1）控辩博弈。即偏见对抗偏见。控辩可以各抒己见（偏见的合法化），各负担证明责任。

a. 控方：定罪取向，寻找有罪证据。

b. 辩方：无罪或者罪轻的倾向，寻找无罪或者罪轻证据。

双方证据对证据决出胜负。（裁判者中立，程序机会均等分配）

2）控辩与审判者的博弈。

控辩双方通过：

a. 程序异议权（以审判为中心的改革赋予了律师这一权利）。

b. 上诉权（特指程序性违法的上诉）。

控制审理与裁判权的运用，限定审理和裁判必须严格按照程序和实体法律规定进行，审理与裁判则必须中立，做到严格按照程序和证据规则"兼听"，而后依照程序和实体法律规定作出裁判。

宋显忠老师指出，动态博弈论是社会科学最为前沿的领域，而经济学仅限于静态博弈论。

在拉兹的法律体系理论中诉讼法与实体法的对应关系和体系地位，在某种意义上是一个体系的。现代法实证主义已经完全背离了涂尔干的实证主义哲学，已经脱离了实在的知识。

（2）裁判结论的客观性与确定性。

1）客观性。庭审过程严格遵循两项规则：

a. 使用证据和证据规则。

b. 控辩交锋的结果确保结论的客观性。

除非特定情况，审理与裁判严格按照双方的举证和质证认定有争议的证据和事实，确保结论的客观性。

2）确定性。

第三讲：事实认定与法律裁判的形成机制

事实争议是诉讼争议的关键要素，事实不清，法律定性自然不明。为了快速查清事实争议，主持庭审的法官要科学地利用对抗制的庭审的程序手段，合理编排庭审日程，分担诉讼的成本，快速形成无争议的事实认定，或者让审理过程产生未审自明或未判自明，促进和解的结果。

1. 事实形成的两种程序路径

（1）调查式程序（成本最低）。调查式程序针对的是存在客观事实的案件类型。

1）众所周知的事实。

小贴士："众所周知的事实"来源于罗马法中"不言而喻之真相毋须证明"的司法格言。某事实状态的确定程度应当达到"众所周知"或"不言而喻"，社会中一般民众凭常识和生活经验即可确信，满足此项条件，该事实才能免于证明。判断一项事实是否为证据法上的"众所周知"，应当满足两个条件：一是认识主体应是具有一般认知能力、不特定的多数民众；二是民众对相关事实的判断应达到确信而不置怀疑的程度。

2）现行事件的事实。

3）控方主张的事实得到被告方事后确认的。

法官对案件事实负责即可，通过简单的调查即可获得法律层面的事实认定。（讯问制审判只能用在有客观确定事实的案件中）

（2）对抗式程序。既往的隐秘事件若无法得到被告方事后确认的，只能依靠控辩的法庭交锋，形成事实认定。

2. 庭审的逻辑结构

（1）控方的事实主张。

事实主张是隐含于控方诉讼请求之中的事实条件，譬如，控方指控对方的行为构成故意

杀人罪，要求刑法特定条款追究其刑事责任，即意味其主张对方实施了符合刑法故意杀人罪构成要件的行为。（原告方塑造了案件）

1）控方的事实主张限定了庭审的基本框架。

法庭审理和裁判的基础是控方主张的事实是否成立，即事实命题的合法性、自洽性和真实性。

a. 事实主张的合法性——主张的事实是否符合适用的实体法律规则及其内涵的构成要件。

b. 证据——相关性、合法性、真实性。（递进关系）

c. 证明——证据确实充分和推理逻辑一致，达到证明对象——事实命题的令人确信的成立或排除合理怀疑的成立。（经验层面上的证明）

2）控方的举证和证明。

a. 控方证明就是控方解释其主张的事实是否成立的过程。——证明是举证的背景和基本线索。

b. 控方的举证是证明的一个必备环节，是控方针对对方可能做出的反驳、反证和质证，就焦点问题逐一展示相应的证据，说明证据信息及其证明关系，回应对方对证据和证明的质疑。

控方当庭举证和证明的意义，是在对方的反驳、反证、质证的狙击下，令其用以支持有关事实主张的证据和证明逻辑从私密状态走向公开，说服法庭和公众认可自己主张的事实，否则就要承担举证不能的风险。

小贴士：证据清单的形式

格式要求：标题写明是〈***与***间***纠纷案件原告（被告）证据清单〉。如是被告的，写上法院的案号。下面是一个表格，内容包括证据编号、证据名称、证据来源、页数、份数、复印件/原件、证明内容。有的时候是几个证据证明同一个事实，可以编为一组，共同证明一个事实（如合同、交货单、发票等均证明双方间合同关系、发生金额的事实）。证明内容要条理分明，有时一个证据不光证明一个事实，对于证明的多个事实应当写明，采用1、2、3的形式，以便让审判人员一看就清楚。如约定管辖的货款支付纠纷的案件，合同这个证据，特别要写明：1.双方间**合同关系；2.合同约定的付款时间与方式是什么；3.合同约定由**法院管辖。至于顺序问题，有律师认为应当是：主体证据（包括变更的）—事实证据（发生时间的先后顺序或按诉讼请求来提交）—其他程序证据（如管辖）。

（2）辩方验证：反证[①]与质证。

[①] 反证，是按照举证双方对所举证事实是否负有客观证明责任而进行的划分。本证是指对待证事实负有证明责任的一方当事人提出的、用于证明待证事实的证据；反证则是指对待证事实不负证明责任的一方当事人，为证明该事实不存在或不真实而提供的证据。

辩方诉权的基础是英美法"任何一方的辩解必须被平等地听取"。辩方在对抗式庭审中的作用是对控方提供的证据进行检验，以支持己方对有关事实指控的反驳，否则就要承担反驳不成立的风险。

1）辩方的程序手段。

a. 反证。与控方提出的证据相反，证明控方证据不成立的证据。反证提出后，控方即获得对此质证的权利。

b. 质证。质证包含两个含义，一是辨别、勘验；二是盘问，即物证、书证、视听材料等证据要承庭让当事人、专家现场辨别、勘验；同时，目击证人、受害人、被告人和原告人、专家证人——勘验、鉴定以及侦查、预审环节的参与者均要出庭接受对方或其律师、检察官、法官的盘问，以便与之前的陈述进行对比和检验。

小贴士：证人证言是否可靠？

2001 年，厦门市思明区人民法院在启动"证人宣誓"司法改革项目时做了一项街头无记名随机调查。受调查的人中，百分之八十的人表示，即使已经经过宣誓程序，但证词关系到自己友人或亲人的利益的话，他们的立场肯定站在自己人一边。

无独有偶，英国人刚占领香港时，英国法官对中国证人在法庭上宣誓后仍毫无顾虑地根据自己的立场而不是事实作证，对上帝和大不列颠帝国的法律无丝毫敬畏之心，深感头大如斗。最后，英国法官发现中国人崇拜祖宗，于是让中国籍证人在法庭上对自己祖宗的在天之灵发誓，这一招挺管用，睁眼说瞎话的人少了。西方的法律又一次成功地对接了中国本土文化。

控方要进行再质证或直接回应对方的质疑。

2）辩方反证和质证的意义。

a. "非经质证，任何证据不得作为定案的根据"。控方提供证据材料的证据能力和证明能力都要受到反证和质证过程的检验，指出控方证据和证明过程的非确定性的、不可信和主观想象的因素，使证明过程、支持事实认定的证据客观、真实。

b. 庭审的核心和副线。辩方的反证和质证是庭审的核心。不听庭审方每一个质疑和反证，就属于庭审不充分，即不能够充分排除合理的质疑，就缺少确信形成的根据，尤其是无法形成排除合理怀疑的确信。

控方的证据和证明是庭审的明线，辩方的质证和反证是庭审的副线。辩方拒绝辩护，并不能妨碍控方的举证、证明和法庭的裁判。

（3）事实认定。

裁判的制定者根据控辩双方的交锋，以第三方视角描述庭审交锋过程，运用相应的规则对争点逐一作出裁判。

1）质证的有效性判定。根据质证的根据和对方的回应判定质证是否有效。

2）证据（包括本证和反证）的有效性判定。根据对方有效的质证及回应和各自的根据，认定有关证据是否有效；反证有效，本证无效。

3）针对不同的对象运用实体法律规则、程序规则、逻辑规则和经验规则：

  a. 针对证据、证据链和因果关系及相应的质证要运用经验规则；

  b. 针对证明关系及相应的质证要运用逻辑规则；

  c. 针对证据的合法性及相应的质证要运用程序规则；

  d. 针对要件事实及其质疑，要运用实体规则及其中的构成要件理论。

（客体决定对行为的定性问题）

小贴士：法庭辩论的谋略及具体运用

- 先声夺势法

此法是法庭辩论一方对另一方可能提出的问题避而不谈，而对己方极有利的问题，先在论辩发言中全面论证，以达到先入为主，争取主动的庭辩战术。实践中，应用此法须在庭审前做好充分准备，且在庭审调查阶段对己方有利的事实、证据逐一认定。然后根据事实和证据，针对对方不正确的观点主动出击进行反驳，以期掌握辩论主动权，夺取制高点，促使对方陷入被动。

- 避实就虚法

庭审辩论中，对方的弱点往往是对方力求回避的地方，甚至对方会采用偷换论题、偷换概念、答非所问的方式，企图达到转移对方视线，扰乱视听的目的。因此，运用此法首先应善于抓住对方之"虚"，选择其薄弱环节连连进攻，一攻到底，直到把问题辩论清楚为止。

- 设问否定法

律师在设问时要把辩论的目的深藏不露，绝不能让对方察觉设问的真正意图。尤其是第一问，一定要让对方在尚未了解发问意图的情况下予以回答，只要回答了第一个问题，下个问题就由不得他不回答了。等到对方察觉难以自圆其说时，后悔也来不及了。这种使对方处于被动、自打嘴巴的战术，不失为一种极有效的辩论手段。其结果只能是让对方在不自觉中接受律师（或设问方）的观点，出其不意而辩胜。

- 间接否定法

间接否定法是指在辩论中不直接把矛头指向对方，而是若无其事地将辩论对手的错误观点搁在一旁"置之不理"，郑重地从正面提出自己的独特见解，并充分论证。运用此法应注意两点：自方所持观点应与对方所持观点势不两立；自方观点应有理有据，绝不能牵强附会，哗众取宠。

- 以退为进法

它是形式逻辑的归谬法在法庭辩论中的使用。自方先将对方提出的论题（或观点）假设为真，然后从这个假设为真的命题推导出一个或一系列荒谬的结论，从而得出原论题为假的辩论方法。此法是一种辩论性、反驳性很强的法庭辩论方法，因而推导得出的必然性结论容易被接受，从而获得较好的辩论效果。

- 后发制人法

先发制人可以产生优势，后发制人则可以变被动为主动。由于后发，自方可以知道对方的基本观点，发现矛盾和弱点，然后以自己掌握的材料有针对性地集中进行反驳，有时可以导致对方措手不及而险象丛生。运用时应掌握：第一，暂避锐气，不仓促应战；第二，精听细解，等待时机；第三，抓住破绽，全力反攻。

3. 法律裁判的形成机制与事实认定基本一致

（1）裁量听证。听取双方定性与定量的意见。

小贴士：旧时以替打官司的人出主意、写状纸为职业的人称为讼师。中国讼师制度的发端可以追溯到春秋末期。《吕氏春秋》中记载："子产治郑，邓析务难之，与民之有狱者约：大狱一衣，小狱襦袴。民之献衣，褚袴而学讼者，不可胜数。以非为是，以是为非，是非无度，而可与不可日变。所欲胜因胜，所欲罪因罪。"故此，中国古代历史上第一位"诉师"即春秋末期郑国士大夫邓析，他经常运用自己的法律知识和技能，传授法律知识和诉讼方法，帮助新兴封建地主阶级以及平民百姓进行诉讼，并以大案成衣一套、小案收上衣或者裤子一件作为报酬收取"律师诉讼费"。在诉讼的过程中，他敢于提出自己的独到见解，"以非为是，以是为非。"在他的倡导下，郑国出现了一股新的思潮，"郑国大乱，民口欢哗"对当时的统治者造成严重威胁。继子产、子大叔而任郑国执政的姬驷歂对付不了这种局面，于是"杀邓析，而用其竹刑"。

（2）根据法律的原则、规则和案例，确定相应的法律措施，必要时可以创制新的案例——认可已有的公序良俗①或创制新的规则。

第四讲：控诉策略与控诉技术

控方的事实主张是庭审的基础和目标，同时也决定了控辩交锋的基本线索和裁判的基本框架。控方事实主张和诉讼请求的形成依赖控方立场这一或明或暗的主观因素，控方立场又会

---

① 公序良俗，即公共秩序与善良风俗的简称。所谓公序，即社会一般利益，包括国家利益、社会经济秩序和社会公共利益。所谓良俗，即一般道德观念或良好道德风尚，包括社会公德、商业道德和社会良好风尚。法国、日本、意大利等大陆法系国家以及中国澳门和台湾地区的民法典中常使用此概念。

通过控方策略，左右控方诉讼技术的应用，通过控方诉讼技术左右控方诉讼目标的实现。

1. 控诉与控诉策略

（1）控诉。控诉即控告、指责、陈述（受到侵害的事实），请求法院确认被告的法律责任等。控诉既可指刑事指控，也可以指民事以及行政指控。

1）指控的条件。明确的被告、权利受到侵害的事实（形式举证）。

2）指控的构成。两方面的内容：提出法律诉求和附带提出一项用以支持法律主张的事实主张。

（2）控方立场。控方立场涵盖控方指控的角度、态度、价值观、利益出发点及其他预设前提。

1）控方立场的构成。

a. 控方基于自己一方掌握的证据对事实作出的推断。

b. 委托人的利益。

c. 控方的心理和价值取向。

2）典型的和非典型的控诉立场。

a. 典型立场。根据己方认定的有效证据指向的事实、委托人的利益要求和辩方自身的价值取向，提出事实主张和诉求。

b. 非典型立场。

小贴士：非典型控方立场是指基于法定的刑事政策抑或针对办案人员徇私舞弊的，裁剪事实，提出减轻、从轻或法外减轻、免诉处罚诉求。

3）控诉策略。控方立场决定了控方的诉讼策略。策略是互动的一方根据对方对有关行为可能做出的反应，确定己方的行动方案，达成克敌制胜的行动方略。控方策略形成于控方对矛盾的把握，即指控事实、诉求及其证明的基本框架；对方"可能采取的"辩护策略及其具体行动——可能采取的质证或反证的行动。

小贴士：控方应针对辩方的诉讼策略，即辩方的质证和反证两种应用方案，仔细调查和核实每一证据的相关侧面，反复推敲证明的每一个逻辑环节和相关的法律应用，去除缺少经得起考验的证据及其指向的事实和法律定性，力争向法庭提供一个经得起检验的证据列表及其相关的有效证明和事实主张。同时，还要确定简洁有效的举证、质证或再质证、回应对方质疑的行动预案，从而让控诉走向技术化。

2. 控诉的基本要求

控方立场决定了案件的基本框架。控方不仅要提供事实主张，还要提供具体的法律诉求，以及证据、证明和法律渊源、基本论证。

指控的基本要求如下。

（1）知识和技能必须全面。所有的证据及每一个证据的信息的掌握必须全面；实体法律的规定和原理、程序规则、证据规则、证明基本要求必须全面掌握。

（2）证据确实、充分和推论客观。准确掌握证据及其信息：调查每一证据的背景，准确掌握其基本信息，寻找证人或其他证据进行核实，确定其相关信息的准确性。建立可靠的证据链：逐一理清证据之间的印证关系，确定推论的目标。推论客观：推论是根据证据和证据链就事实轮廓所作的推断，推论须有确实充分的证据支持。

（3）事实定性准确、适当。

1）定性准确是基础。

小贴士：事实定性要基于下述方面判定：主体及其相应的法律关系；受到侵害的客体所属的法律类型；行为或事件的客观方面；行为人主观方面的类型化特征。

2）定性适当是目标。根据需要剪裁事实。和解的事实、诉讼的事实各有不同。

（4）效率优先。

小贴士：效率优先是指单位时间了结更多案件，主要体现在如下四个方面。优先和解：尽快结案，尽快获得赔偿。速战速决：分段起诉、择一重罪起诉、便于证明的起诉。控制分歧：诉前会议和庭前会议，锁定无争议证据和事实。剪裁事实：降低诉讼成本，提高诉讼利益。

（5）公允、公正。公允、公正是律师和检察官基本的职业形象。要求法律从业者用证据和法律说话。所有的判断不脱离证据的支持和法律的轨道，避免明显的主观判断，避免先入为主和情感、利益的卷入。站在公众立场，适度换位思考，既有公正的立场还有同情的视角，便于公正地与旁听席的被告方进行角色交流。

3. 控诉的基本技术

询问和谈判的技术如下。

（1）临时模糊事实定性和同情的立场。

小贴士：该技术是指保持事实的模糊性，不要先给事实定性，在不激化矛盾的前提下，寻找双方就有关证据和事实的共识；基于原告方受到侵害的权利与相互同情的沟通，寻求可行的解决方案。引导对方供述或自认，在此基础上寻求达成和解的方案。

（2）火力侦察的技术。诉前或庭前阶段，通过披露证据目录和初步的事实定性，了解对方的证据和对方对本方证据的意见（证据目录：形式举证）。

小贴士：了解对方的证据尤其是反证情况；了解对方对己方证据的意见、理由和根据；了解对方可能的质证方向；掌握对方与自己一方无争议的证据和事实情况；寻求与对方的一致。

（3）举证的基本技术。举证是当庭出示争议证据，说明证据基本信息的活动。举证的基本方案是一事实或一要件一证明单元，根据证据情况和效果决定举证顺序。

1）直接证据+物证和鉴定报告：质量好的言辞证据（供述、自认和证人证言）优先，继之以有印证关系的物证和鉴定报告（如通化王成忠案）。

2）勘验报告+物证和鉴定报告。缺少高质量的言词证据（被告人供述、目击证人证言或其他直接证据）的，可以优先出示勘验报告，然后是出示质量好的物证，继之，出示和宣读鉴定结论，而后是鉴定专家出庭接受询问。

3）直观示证。尽可能以沙盘模型或草图等直观方式，再现案件现场和证据之间的联系，以增强说服力。

原则上是步步为营，优先使用争议小、质量好的证据，限缩辩方的异议范围。

（4）质证的基本技术。质证即对证据和证明的质疑与检验活动，包括下述内容：

1）要求对方当庭出示证据（原则上是原件），并当场勘验（包括盘问证人）。

2）对证据资格的相关性、合法性和真实性（递进关系）提出质疑，并能够提供有效的理由和依据。

3）从证明关系、证明效果角度对有关的证据材料提出质证，及相应一致的理由和依据。

小贴士：控方使用质证主要是针对辩方的反证和质证。针对辩方的反证，控方可以在庭前对辩方证据调查核实的基础上，对其证据资格和证明力提出质疑，并提供有效的理由和证据；针对辩方的质证，控方可以发起再质证，即对对方之一的理由和依据进行当场验证。

（5）回应质证的技巧。回应是对辩方提出的质疑做出的应答。应答的基本要求是回答不能偏离证明的整体逻辑框架和线索，要避免被对方误导。

4. 法律与政策的应用技术

（1）要求定性准确，诉求定量化。事实的基本特征要与拟使用的规则有关事实的基本概念——类事实相符合。

（2）诉求适当。请求追究的责任幅度，除了要根据拟使用规则的裁量授权确定之外，还要参照相关的典型案例、司法解释、司法政策予以确定。

第五讲：辩护策略与辩护技术

辩护既是维护被告权利的基本途径，也是法庭验证指控及其证据和证明有效性的重要手段。控方主张的事实及其证据和证明，只有经过辩护的检验才可以认定是有效的，两者一正一反。如果说控诉是建构的，那么，辩护就是解构的，两个方向相反的逻辑线索构成了庭审的基本脉络。

1. 辩护

(1) 辩护及其基本含义。辩护、辩解，是被告方用以对抗对方控诉及其证据和证明的辩解（抗辩）、反驳以及对对方证据和证明的质证、反证等行动。比之于控诉，辩护是"破坏性的"。辩护不是"建构性的"工作，而是针对指控及其证据和证明的反驳、质疑、反证和证伪，是对控方的指控及其证据和证明的反方向的解构。

1) 辩护权。辩护权来源于英国的自然正义原则，即任何一方的辩解均应该被平等地听取。现为公民权利与政治权利国际公约第十四条，即"出席受审并亲自替自己辩护或经由他自己所选择的法律援助进行辩护；……"所确认，属于"获得公正审判权"的必备内容。就自然正义而言，辩护权是与控诉权对等的一项权利，是公正审判的必备措施。

小贴士：自然正义原则在西方有着悠久的历史。作为一种古老的正义观念，自然正义原则起源于自然法。作为正式的法律制度，一般认为其历史可追溯到1215年英国的《自由大宪章》。"自然正义植根于英国普通法，乃由大宪章所衍生之原则。"1215年英国《自由大宪章》第39条规定："凡自由民，如未经其同级贵族之依法裁判，或经国法判决，皆不得被逮捕、监禁、没收财产、剥夺法律保护权、流放或加以任何其他损害。"这一条首次确认了自然正义原则。

2) 辩护的功能。辩护是现代审判的重要内容，辩护在维护被告人权利的同时，也是法庭审理过程中用以检验控辩的事实主张及其证据和证明是否有效的工具。刑事审判因为涉及被告人的人身权利和更为严格的司法责任，且被告可能被羁押，因此，必须由专业的法律人员给予帮助。所以，刑事诉讼实行强制辩护。

小贴士：所谓强制辩护是指对于某些特殊的案件或者特殊的犯罪嫌疑人在其有困难无法得到律师或其他人的法律帮助的时候，国家提供的必要的法律帮助。强制辩护制度的确立是以嫌疑人的利益保障为出发点的、以国家的强制力为后盾的一种国家救助的形式。它是建立在这样的理论基础——律师参与诉讼不仅有助于维护被告人的利益，而且有助于实体正义的实现之上的。

(2) 辩护权利的内容。辩护可以区分为事实部分的辩护和法律的行使，包括反驳、质证、反证等。程序的阶段不同，内容也不同。

1) 答辩。辩护开始于答辩。

a. 刑事诉讼：三种答辩——有罪、无罪和不答辩（沉默），各自对应不同的程序。

b. 民事答辩：答辩需对指控事实作出自认、局部自认和不认（非标准术语）三种选择，以便确定后续的程序和辩护策略；管辖异议、回避及其他程序请求和各类抗辩（一种固定的辩解而已）均应在答辩中提出。

2）审前阶段。

a. 启动羁押必要性审查程序——诉前会议、财产和证据保全程序、先予履行程序等。

b. 庭前会议：排除非法证据；确定双方无异议的证据，准确说明对对方证据的异议及依据，简要说明己方的基本信息和回应对方的异议。

3）事实审阶段。

a. 概括性提出辩护框架意见。

b. 对对方的事实主张（事实定性）进行反驳，并提出理由和依据。

c. 针对对方的举证和证明的薄弱环节，逐一进行质证。

d. 举证或提出反证，举证证明己方事实主张，反证要有针对性，并准确回应对方的质证。

e. 控制程序，确保己方的质证和反证能够提交法庭并对对方的举证形成对应关系。

小贴士：根据我国《刑事诉讼法》第一百九十二条之规定，公诉人、当事人或者辩护人、诉讼代理人对证人证言有异议，且该证人证言对案件定罪量刑有重大影响，人民法院认为证人有必要出庭作证的，证人应当出庭作证。

人民警察就其执行职务时目击的犯罪情况作为证人出庭作证，适用前款规定。

对比下面一款规定，看此条规定的漏洞：公诉人、当事人或者辩护人、诉讼代理人对鉴定意见有异议，人民法院认为鉴定人有必要出庭的，鉴定人应当出庭作证。经人民法院通知，鉴定人拒不出庭作证的，鉴定意见不得作为定案的根据。最后一句话，就是对前面规定的保障措施。

4）法律审阶段。

a. 概括性提出辩护的框架意见。

b. 对对方的法律主张及其理由和依据进行辩驳。

c. 针对对方理由、论据和论证的薄弱环节，逐一提出质疑和辩驳，并提供有说服力的理由和依据，比如已经查证有效的证据和法律条文或案例。

d．陈述己方的法律主张和意见，并提供有利的证据、法律条文回应对方的质疑。

（3）辩护的程序保障。

1）有效辩护的支点。辩护的程序保障指的是基于被告人获得律师辩护的权利、获得公正审判的权利、获得无罪推定的权利、质证权以及衍生的律师执业权、会见权、调查权以及当庭发表辩护意见的权利等形成的一套制度措施。其中，最典型的就是"证据非经质证不得成为定案的根据"这一通用的程序规则。

2）作为工具的程序规则。现代的诉讼程序规则，不仅承载着控辩双方的权利保障，还要承载着监督和控制审理与裁判者职权的职能。程序规则明确赋予辩方的权利或明确限定审判人员、控方履行的行为，都是辩方可用以实现本方诉讼目的的程序工具。

小贴士：刑事诉讼一审庭审规则的功用

- 《刑事诉讼法》第一百九十五条的功用

第一百九十五条 公诉人、辩护人应当向法庭出示物证，让当事人辨认，对未到庭的证人的证言笔录、鉴定人的鉴定意见、勘验笔录和其他作为证据的文书，应当当庭宣读。审判人员应当听取公诉人、当事人和辩护人、诉讼代理人的意见。

- 第一百九十七条与第二百零四条的功用

第一百九十七条 法庭审理过程中，当事人和辩护人、诉讼代理人有权申请通知新的证人到庭，调取新的物证，申请重新鉴定或者勘验。

公诉人、当事人和辩护人、诉讼代理人可以申请法庭通知有专门知识的人出庭，就鉴定人作出的鉴定意见提出意见。

法庭对于上述申请，应当作出是否同意的决定。

第二百零四条 在法庭审判过程中，遇有下列情形之一，影响审判进行的，可以延期审理：需要通知新的证人到庭，调取新的物证，重新鉴定或者勘验的；检察人员发现提起公诉的案件需要补充侦查，提出建议的；由于申请回避而不能进行审判的。

2. 辩方立场与辩护策略

（1）辩方立场。

辩方立场的基本要素如下。

1）辩护的出发点：基于规则和个别证据的事实主张和法律意见；受辩护人的利益影响；辩方的心理和价值取向。

辩护人应基于己方的事实预判和心理或价值取向、受辩护人的利益，选择最佳的法律策略。

2）辩护人与受辩护人的关系。辩护人是一种受辩护人的代理人，只能根据法定或委托的代理权限，行使其受辩护人的诉讼权利，在法律许可的范围之内，采取适当诉讼行动，支持受辩护人的事实主张和法律要求。辩护人坚持人格独立，必须清醒地处理好自己的职业立场、职业道德、职业声誉与受辩护人的事实主张、权利、代理权限以及法律许可范围之间的关系。

小贴士：规则的工具主义立场

工具主义是辩方的基本立场。马克斯·韦伯认为，法律规则必须是有用的，才是可信的。控辩双方是审判程序的参与者和主体，他们依据规则参与审判，运用规则控制程序是其主体地位当然的要求。程序规则建构审判秩序的同时，必须根据现代审判程序的特点，赋予控辩双方运用规则的权利。

（2）辩方的诉讼策略。辩方立场决定了辩方的诉讼策略。

3. 辩护的基本策略与技术

（1）辩护策略决定着辩方的诉讼行动、诉讼技术应用和效果。

1）积极防御与法庭游击战。

a. 积极防御：攻击是最好的防守，只要没有选择确认对方的事实主张，辩方就不能采取消极防御，而是调动所有的程序工具针对控方证据和证明的薄弱环节发起攻击。

b. 法庭游击战。

2）明打明防——公开隐秘的证据与事实。与控诉不同，辩护不需要一个完整的事实主张，也不承担证明事实主张的任务，其法庭行为无须形成前后一致的逻辑结构，因而庭审过程中，辩方可以选择控方的软目标，自由发起攻击，阻断、摧毁控方的证据、证据链、证明和事实主张。前提是必须调查核实每个证据及其基本信息：核实证据之间的印证关系，即间接可靠的证据链是否成文，核实争议事实的轮廓是否形成。

3）学会用"包袱"。用"包袱"就是要在充分的庭前调查掌握案件某些真实的细节的条件下，在庭审询问证人的过程中，要使用情感的铺垫、思路的引导，然后撤包袱，把虚假证词曝光出来的一套询问方法。

小贴士：林肯的月光辩护：林肯得知他青年时代的好友、已经去世的老阿姆斯特朗的儿子小阿姆斯特朗被人诬告图财害命，并且已被法庭判定有罪。出于对老阿姆斯特朗的友情，林肯决定以小阿姆斯特朗律师的身份提请复审。林肯首先查阅了法院的全部卷宗，然后又到案发现场进行了实地勘察。经过勘察，林肯发现法庭据以定罪的主要证据是虚假的。本案中的关键人物是证人艾伦，他在陪审团面前发誓说：1857年10月18日夜11时，他曾亲眼看见威廉和一个名叫梅茨克的人殴斗，当时皓月当空，月光下他看见威廉用枪击毙了梅茨克。按照美国法庭的惯例，林肯作为被告的辩护律师与原告的证人艾伦进行了对质：

林肯：你发誓你看见的是被告？

艾伦：是的。

林肯：你在草堆后面，被告在大树下，相距二三十米，能看清吗？

艾伦：看得很清楚。因为月光很亮。

林肯：你肯定不是从衣着等方面辨认的？

艾伦：我肯定看清了他的脸，当时月光正照在他脸上。

林肯：你能肯定是晚上11点吗？

艾伦：完全可以肯定。因为我回屋看了时钟，那时是11点15分。

林肯：你担保你说的完全是事实吗？

艾伦：我可以发誓，我说的完全是事实。

林肯（对众人）：我不能不告诉大家，这个证人是个彻头彻尾的骗子。接着林肯出示了美国的历书，证明10月18日午夜前3分钟，即当晚10点57分，月亮已经落下看不见了。这个铁的事实已明白无疑地说明艾伦是在说谎。林肯依此做了激动人心的辩护："证人发誓说他于10月18日晚11点钟在月光下看清了被告阿姆斯特朗的脸，但历书已证明那天晚上是上弦月，11点钟月亮已经下山了，哪来的月光？退一步说，就算证人记不清时间，假定稍有提前，月亮还在西边，而草堆在东大树的西，月光从西边照过来，被告如果脸朝大树，即向西，月光可以照到脸上，可是由于证人的位置在树的东面的草堆后，那他就根本看不到被告的脸；如果被告脸朝草堆，即向东，那么即使有月光，也只能照着他的后脑勺，证人怎么能看到月光照在被告脸上，而且能从二三十米的草堆处看清被告的脸呢？"

艾伦在这无懈可击的辩驳面前，灰溜溜地败下阵来，在众人的咒骂声中，承认是被人收买来陷害被告的，小阿姆斯特朗被当庭释放。

（2）反证和质证的基本技术。

1）反证的技术要求。

a. 推翻控方主张的事实（运用可靠的反证）。

b. 推翻对方的关键证据或证据链。

c. 推翻对方的证明关系（证据资格）。

2）质证的技术要求。

a.要求控方当庭呈现证据，并当场勘验。

b.对证据资格提出质疑，并能够提供有效的理由和依据。

c.对有关的证明关系、证明效果及其证据材料、法律和逻辑等因素提出质疑，并能够提供有效的理由和依据。

第六讲：审判原理、审判策略与审判技术

审判是司法两个阶段的两种行为，分别是审理和裁判。两者是两个相互牵连，前后相继的司法环节。审理的质量决定了裁判结果的质量。事实审与法律审都可以分别划分出审和判两个环节。

审判策略的关键是法官的庭审指挥权。策略性地编排庭审日期，庭审过程引导控辩就每一争议点进行辩论。对抗制庭审过程中的法官所扮演的角色更像是一名教授，凝练争议焦点、引导双方在此进行辩论。而询问制下法官会向各方进行设问，设问背后法官有一定的答案，在不断的设问—回答这一动态过程中，逐步发现法律事实。

1. 审判原理：审与判的区别和联系

审与判尽管通常合并构成一个合成词，但其实两者是需要区分的两个不同的行动。

小贴士：审判一词为日本舶来语。在中国传统法律制度中，审与判是两个行为，由推司与法司分别执行。清代法律史学家沈家本在《历代刑法考》中对此有所论述。"獄司推鞫，法司檢斷，是分審、判為二事，與今日政、法二權分立之說固不相同，然實非混合之制也。蓋宋大理職分左、右，左斷刑，右治獄，同在一署，而各司其職。審、判二者不容混合，司法、行政更無論矣[①]。"

（1）审与判的含义。

审判是法庭和法院的基本职能。但是，审理与裁判两个词的指称对象并不相同。两者是相互牵连前后相继的两个阶段，分别存在于审判程序的两个不同时段，前者是法官主持下控辩双方为查清事实和法律问题展开的庭审交锋；后者则是裁判者的独立裁判行为。两者分工不同，存在着重要的制度区别。审的时候，事实不清或者法律认定不清；判的时候，有了清晰的事实或明确的法律认定。由此，法官是观察者，审判成为客观化活动。而在询问制下，审判是主观化活动。

1）审理。审理是法官主持庭审，指挥控辩双方按照法定的顺序，就争议事实交互进行陈述—反驳、举证—质证，或举证—反证—质证，对控方证据和证明后辩方反证进行针对性的检验的过程；或者就法律争议交互陈述—反驳，交替说明理由和依据的过程。

审理是裁判的基础。庭审事项和日程安排不当，审理阶段的职能——澄清每一争议焦点就无法完成，裁判者也就无法形成确定的裁判结论。

2）裁判。裁判不是裁定，是针对案件的实体诉求和争议，包括事实和法律争议，所作出的裁定和判决。

裁判是审理的目标，审理是通向裁判的路径。因而裁判也限定了审理的逻辑框架，亦即，审理首先遵循就达成某实体结论所必需的逻辑框架，必须在限定的逻辑框架与给定的证据和案件情节范围之内，为查清特定的争议焦点而展开。宋显忠老师认为，在英国的普通法传统中，控辩双方的争议聚焦于经验层面的事实问题，而这在某种程度上与中国传统的审判过程有一定相似性，两者均重视事实层面的逻辑，而非法律适用问题。

（2）审与判的区分和联系。审理与裁判不可同时进行，必定是前后相继、相互依赖的两个阶段。

1）审与判的联系。

a. 时空先后。审与判是时间上前后相连接的两个阶段。先审，后判；审理在前台，裁判在后台。

---

① 参见沈家本：《历代刑法考》，中华书局1985年版，第2017页。

b. 手段与目的。审理的目的是形成确定的裁判，是为了让裁判者以及旁听席的观众旁听或旁观控辩双方的交锋，理清争议的焦点。

c. 审理者和裁判者基本立场一致。

审理和裁判均是以第三方的角度介入矛盾冲突，目的是避免审理者和裁判者卷入矛盾冲突形成次生矛盾，审理和裁判者必须严守第三方的中立立场。在此，宋显忠老师对比了中英两国司法制度中审判者的角色定位。在普通法系国家，由于陪审团的存在，实际上形成了法官审理与事实认定分离的情形。普通法国家中的法官平等地尊重每一个人，保持良好的中立。而正由于其在审判的各个阶段保持中立立场，因此犯罪者并不会将仇恨指向法官。相反，在我国革命政权建立初期，曾有一段时期法官是配枪的，其预设了法官主动纠问式的形象，法官的职责在于主动发现犯罪，打击犯罪。在此条件下，从制度赋予法官的角色与法官行使职权的方式两方面来看，法官都难以保持中立立场。

小贴士：As for the procedural safeguards to be employed, unless other fully effective means are devised to inform accused persons of their right of silence and to assure a continuous opportunity to exercise it, the following measures are required. Prior to any questioning, the person must be warned that he has a right to remain silent, that any statement he does make may be used as evidence against him, and that he has a right to the presence of an attorney, either retained or appointed. The defendant may waive effectuation of these rights, provided the waiver is made voluntarily, knowingly and intelligently[①]（米兰达警告）.

宋显忠老师在提及我国曾经存在的法官配枪制度时，将此类情形与美国警察配枪执行公务的情形进行对比，两者均以外部的、可明显感知的特征对被执法人提出警示。而上述米兰达警告的内容也是基于同样的理由，警方在执行公务之前所告知公民权利的行为正显示着警方的立场是站在被逮捕者的对立面的，其追诉者的角色必然导致其非中立性。

2）审与判的分化。审与判的分化，一方面是指审理者与裁判者代表着两个不同的制度角色，双方各有分工；另一方面是两种不同的制度情境。

a. 审与判的角色分化。

b. 两种制度情境的分化。

审理阶段的制度情境是审理程序。控辩双方均应按照程序要求采取相应的诉讼行动，行为的效果首先取决于程序规则。

审理阶段的制度情境：案件结果不取决于法官，双方的程序机会是平等的，法官对裁判

---

① Miranda v. Arizona, 384 U.S. 436, 62 Cal.2d 571, 400 P.2d 97, affirmed.

结果持开放态度,强调程序公正。宋显忠老师在此处将法官与拳击赛场边的裁判进行类比,两者均对结果(审理结果与比赛结果)持开放态度。

裁判阶段的制度情境:裁判所处的情境则是双方就争议问题的证明与否展开交锋形成的形式语境。裁判的制定者无须关注程序之外的争议,而仅需在针对控辩双方交锋过程的客观描述的基础之上,形成自己一方的案件叙事和对控辩交锋结果的认定,即控方主张的事实和法律诉求是否成立。

3)两种程序中立。

a. 审理者中立,即审理者必须在争议双方的交锋过程中严守中立,与审判结果无涉。均等分配程序机会,做到任何一方的辩解都能得到平等的听取。

b. 裁判者中立,即不参与双方的庭审交锋,避免先入为主,耐心听取双方就争议的是非曲直各自沿着证成与证否两个逻辑线索展开的交锋,并在必要的时候提出第三方问题,要求控方或辩方回答,最后依据逻辑对控方的证据及其事实主张进行判断。

2. 裁判策略与裁判技术

事实审的终局裁判就是事实(主张是否成立)认定。

(1)裁判者策略。

1)裁判者视角。裁判的制定者是以第三方视角,"冷眼旁观"庭审交锋过程。

2)裁判者中立。客观地描述控辩双方的庭审交锋,基于控辩双方就每一个争议焦点的交锋,运用相应的规则对争议点逐一作出裁判。

3)裁判有效性标准。

a. 客观性,即事实主张以及证据、质证或反证都应该是双方提出的,每一个有效的事实主张都应该经过对方质证或反证检验的证据加以证实。

b. 相对性,即每一个争议问题都应该听取双方的意见,也就是主张—辩驳,举证—质证,而双方的一系列诉讼活动,都只对这一特定的案件事实发生意义。在这个层面上来讲,最终形成的法律事实,完全是双方不断进行诉讼对抗所产生的,而法官最终的裁判,也仅仅针对双方经过论证而确定的法律事实。

c. 确定性,即事实主张的证成或证否的认定应严格地遵循形式逻辑,形成必然性结论。仅仅依靠事实和证据,得出的往往是或然性结论,但裁判者必须将证据置于形式逻辑之中。在此,宋显忠老师举例最著名的辛普森案,由于带血的手套无法被辛普森正常穿着,逻辑上的闭环无法形成,所有的事实和证据一旦不能在逻辑框架内推导出必然性结论,那么,控方的诉求也就必然得不到支持。

(2)裁判技术。

1）分总结合。先局部，后整体。即，先就各个争议焦点的交锋情况，逐一作出裁判；而后结合无争议的证据和事实，对控方主张事实整体上是否成立作出裁判。

2）反向回溯。就每一个焦点的陈述－反驳，举证－质证或反证－再质证……形成的"Z"字形路径，从最后一个有效的质证或回应开始。

a. 质证有效性判定。根据质证的理由和依据与对方的回应判定质证是否有效。

b. 本证的有效性判断。根据反证经历质证的检验之后是否成立予以判断，反证有效，本证无效；反之，本证有效。

3）多元规则。

针对不同的对象运用实体法律规则、程序规则、逻辑规则和经验规则。

a. 针对证据、证据链和因果关系及相应的质证，要运用经验规则；

b. 针对证明关系及相应的质证，要运用逻辑规则；

c. 针对证据和证明的合法性及相应的质证，要运用程序规则；

d. 针对要件事实及其质疑，要运用实体规则及其中的构成要件理论。

3. 审理策略与审理技术

（1）筛选争议事项。为了保持庭审的高效，在庭前证据交换过程中，双方进行无争议事实的确认，此类事实在庭审中将不再进行讨论，而经过筛选，双方有争议的事实部分将作为庭审重点。

（2）制定庭审日程。

1）事实和法律分列。先审事实争议，事实认定形成之后，再听审法律争议，除非双方对事实无争议，仅争议法律问题。

2）焦点排序。

a. 要件排序。客观要件在前，主观要件在后。

b. 证据排序。物证和有实物载体的证据在前，电子证据和证言在后。

3）协调双方意见。听取双方对庭审日程的意见，协调双方的日程安排。原则上，以控方的事项为主；因为控方（或原告）是基于其事实与理由认定被告的行为成立犯罪（或者请求被告为或不为一定行为），其应首先形成诉求与理由的逻辑闭环。而在此基础上，被告的目的则是解构其体系，从事实与逻辑两个层面对控方（或者原告）进行反驳。

a. 属同一焦点的本证和反证排在同一单元；

b. 属同一证据的质证或同一质证的所有证据排在同一单元，以便节约司法资源，降低审判成本。

第 5 章 刑事法集成研修与实训

5.1 课程简介

1. 课程导论

本课程以真实案例为引导，理论知识为工具，以提高学生分析案例与法条解释能力为主要目的，同时力求让学生做到论证逻辑严密，表达清晰合理。选取八个聚焦社会热点问题与学界理论争议的案例作为研讨对象，具有高度的实践性及知识性。以疑难案例反思既有刑法理论，以新类型案例思考刑法发展趋势，让学生在目光往返于刑法规范与生活事实之间时体会刑法学的魅力。

2. 课程导师

陈劲阳
吉林大学法学院副教授
吉林大学法学院刑法学教研部主任
中国法学会反腐败法治研究方阵常任专家
日本关西学院大学客座教授

5.2 导师寄语

走出思考的群居部落，勇于打破思想安乐窝

吉林大学法学院副教授　陈劲阳

疫情期间，居家隔离。隔离的日子虽没写日记，但也偶尔记录下一些头脑中闪烁出的文字。写下这么一段感想，作为寄语，送给实验班同学们吧。

20世纪以来，人类进入了"主义时代"。百年间，逾千种"主义"各踞井宇，互相扞格。由是观之，当今世界一个越来越明显的特征是，人们依据自己的"主义"作出"价值判断"，远重于评估真相的"事实还原"。不假思索地"站队"，党同伐异的攻讦，人们更易沦为立场的奴隶。一个人价值系统形成的过程中，年轻时的重点是汲取知识，形成完备知识体系，年长以后的重点是磨炼独立思考的能力，是不断去发现自己正在达成一种怎样的思维方式。判断力不行，接受的信息越多越容易出问题。

互联网时代，形单影只的个体以互联互通的方式结群以游，人们总能在虚拟的世界找到同道中人，发现彼道不孤。当缺乏独立思考之能力的个体彼此碰撞结合时，个体思考就开始被群居性、部落性思考所替代。群居性思考的"好处"就是：群内个体经过彼此认同的加持，顿觉自己头脑中的思想更加巩固，思考更加正确。部落内部日益缺乏相互批判，缺乏批判必致思考怠惰，思考怠惰却能带来群内交往精神成本的降低，部落内部也就成了思想的安乐窝，每个人都在享受这个思想安乐窝带来的鸦片般的舒适感，惬意得很。当每个部落因缺乏思想批判的原动力而变得安乐时，部落也就无法为人类文明进步提供思想推力了。而部落之间也无法形成真正的批判，因为批判是建立在反思之上的。没有反思的批判，部落之间甚至无法形成有效的思想交换，只能是彼此口号式的思想争斗。这种争斗更多以贴标签的方式进行。因为贴标签历来是省时省力的斗争方式。从这个角度而言，互联网达成了长期以来人类的话语权由个体而至部落的新过渡，同时也带来新的困境，每个部落都利用互联网解构和蔑视任何其他部落或不属于任何部落的独立思考者，设法将他们拉与己齐。

科技的发展，使专愈专，但人类"以通驭专"的能力显著下降。也就是说，科技力量的进步无法弥补人文思想的下坠，这是肉眼可见的危机。人类认知能力的整体平均水平可能正在降低，蒙昧者可能更加蒙昧。那么，如何走出这个蒙昧的危机呢？那就是要重拾反思批判的武器，走出思想的群居部落，勇于打破思想安乐窝。

一点孔见，不当之处，请同学们批评。

5.3　课程实录

案例一：偷租他人房屋行为定性

1. 案情简介

行为人甲是某小区保安，某日得知该小区住户乙出国在外，其房屋长年空闲无人居住，于是撬门进入该房屋并换锁。后甲谎称是本房房主，委托中介将其出租给租客丙，出租后收取的租金据为己有。问：甲的行为应该如何定性？

2. 课堂展示

在小组展示环节，各组同学分别讲述了本组的讨论结果，分别有盗窃罪、非法侵入住宅罪与诈骗罪、盗窃罪和诈骗罪想象竞合、不构成犯罪几种观点。

（1）盗窃罪观点展示。

第一组同学：行为人构成盗窃罪，侵犯的是权利人对财物的占有。行为人通过撬门换锁，侵犯了房主对房屋的占有。

陈老师：如果构成盗窃罪，那么盗窃的对象是什么？金额又是多少？

第一组同学表示这也是他们的疑问，对于是否构成盗窃罪仍需要进一步的详细论证。在第一组留下的疑问中,同学们继续进行思考。

第五组同学:本案应当构成诈骗罪,关于老师提出的盗窃对象问题,财产性利益可以成为盗窃的对象。房主不知情不代表权利不存在,行为人侵害了房主的租金请求权,本案中抽象的租金请求权已经转化为租金,行为人侵害了房主的租金请求权,所以构成盗窃罪。

第六组同学:我们认为盗窃对象是房主对租户的债权请求权这一财产性利益,并且在此基础上进一步提出盗窃罪和诈骗罪从法条描述和构成要件两方面来看无法形成想象竞合。

陈老师:在实际的案子中,可以说行为人的行为构成某两罪的想象竞合,但不能在没有以现实案子为基础的情况下说某两罪是否为想象竞合,从规范意义上讨论的是两个罪名在法条上存不存在竞合空间。

(2)非法侵入住宅罪与诈骗罪观点展示。

第二组同学主张,行为人在此案件中有两个犯罪行为,构成非法侵入住宅罪和诈骗罪,应当数罪并罚,其中诈骗罪的受害人是租客而非原房主。

陈老师:此时应当根据具体案情分两种情况讨论:第一种是租客交一年房租还没有住满一年即被原房主赶出;另一种是租客交一年房租并住满了一年。那么,在第二种情况下租客是否还受到了损失?还能认为构成诈骗罪么?

第二组同学:我们认为第二种情况下原房主也可以向租客主张房屋使用损耗的维修费用,因此还是受到了损失。

陈老师:正常情况下房屋的使用损耗属于原房主的损失,不是租客的损失。

(3)盗窃罪和诈骗罪想象竞合。

第七组同学主张行为人的行为构成盗窃罪和诈骗罪的想象竞合。盗窃罪的受害人是原房主,诈骗罪的受害人是租客。

第七组同学:首先换锁是为了出租,盗窃了房屋的使用权,是一种财产性利益。租金是对这种利益的变现,租金就是盗窃的数额。关于是否构成诈骗罪,根据《城市房地产管理法》第五十四条的相关规定,指出租客没有向房产管理部门登记备案,租客主观上并非善意,由于其没有调查房屋的所有权归属,无法善意取得承租权,户主对租客有返还请求权,租客获得的是有瑕疵的权利,所以构成了财产损失。

陈老师:从一般现实生活经验来看,租房子很少有能够向房产管理部门登记备案的,要求其备案才是善意,对租客的要求过高,因此仅仅因为租客没有备案就认定租客产生了损失也是不充分的。

(4)不构成犯罪观点展示。

第三组和第四组的同学经过分析后认为,行为人并不构成犯罪,主张以民法或行政法的手段进行规制。

第三组同学：房主的损失是在不知情的情况下。如果没有行为人出租，房主本身也不会出租。从诈骗罪的要件看，本案中虽然行为人欺骗了承租人，但是承租人实际住了房屋，没有什么财产损失，真正受到损失的是房主，房主是没有错误认识的，所以不构成诈骗。

第四组同学针对行为人的撬锁行为是否侵犯了非法侵入住宅罪保护的法益提出了四个学说，分别是居住权说、住居安宁权说、占有权说、综合权说。最终选择住居安宁权进行评价，认为长期无人居住的房子被打开，没有侵犯原房主的住居安宁权。

陈老师：入户盗窃和入户抢劫中对户的判断标准主要有两方面：一是供家庭居住生活，二是与外界隔离。常见争议集中在第一点，供家庭居住生活构成户，可以供家庭居住生活房屋，从这种应然意义上也应当属于入户盗窃中的户。森林里十几年没有人用的小木屋丧失了住居安宁权，但城市里一年两年没有人住的房屋，还是有住居安宁权的。

3. 总结点评

各组观点展示完毕后，陈劲阳老师进行总结点评。陈老师首先向大家展示了自己师门对本案的热烈讨论，主要观点有盗窃罪、诈骗罪和不构成犯罪三种，讨论的焦点主要集中在行为人的行为是否构成盗窃罪。

针对如果嫌疑人不把房屋出租，原房主的房屋本身也不会产生租金，原房主并没有产生损失，所以不成立盗窃罪这一观点，陈老师提出了一些自己的思考。

陈老师：也许按照空房子的本来状态不会产生什么孳息，但是行为人制造了一个促使房屋产生孳息的状态后拿走这笔钱，达到了数额标准，也相当于盗窃。虽然这份孳息对原房主原本不是"现实"的利益，但这利益被行为人激活了，也就现实了。例如，行为人看果树的主人有一棵果树，趁主人不在使劲摇晃果树把落果捡走，本来没有孳息的情况下，行为人的实行行为制造了孳息并将其占为己有，这种情况是否属于盗窃？

案例二：雇凶杀人转包案分析

1. 案情简介

覃某因商业纠纷雇凶杀魏某，但从雇凶者到最后的执行者中间"转包"5次，价格从200万元缩至10万元。最后一名受雇人凌某不满价格，让魏某配合"演戏"骗酬金。魏某随后报警，将嫌疑人全部捉拿。问：对覃某、凌某等人的行为如何定性？

2. 课堂展示

在小组展示环节，各小组对本案的行为人分成两部分——覃某等前五人和凌某，并分别进行了探讨。对覃某等前五人行为的定性观点有故意杀人未遂、故意杀人预备；对凌某行为的定性观点有故意杀人中止与诈骗罪数罪、诈骗罪一罪。

（1）对覃某等前五人行为的定性。

第一组同学认为前五名被告构成故意杀人未遂。对于被告行为的认定，第一组同学重点展开了教唆犯的讨论，并结合司法案例和教唆犯的学说进行分析，根据从属性说、独立性说、二重说（通说）和区分共犯教唆与非共犯教唆几部分内容具体论证了本组观点。

第三组同学认为前五人属于故意杀人未遂，雇主覃某为主犯。该组主要采取张明楷老师关于共同犯罪的观点进行分析，并具体阐述了雇佣犯罪、连续雇佣犯罪和纯粹雇佣犯罪之间的区别。

对于前五个人行为的定性，老师和同学们产生了一定的疑惑。

第四组同学：为了 200 万杀人，和为了 10 万杀人，哪个更危险？个人认为显然后者更危险，因为社会危害性应是递增的。

陈老师：这个问题的提出思路很有意思，我们一般认为教唆者主观犯意更大，所以雇主比凶手的罪刑应更重。

第六组同学：前五个被告为教唆犯罪未遂，本案的共同犯罪应是两两构成共同犯罪。

陈老师：如果该案被告两两构成共同犯罪，那么是认为其意思联络被切断了吗？

第五组同学则针对覃某等前五人行为的定性提出了与其他组不同的观点。该组认为，前五人的行为属于故意杀人罪的预备行为，没有进入实行阶段。

（2）凌某行为的定性。

第三组同学：凌某的行为属于故意杀人预备阶段的中止，并构成诈骗罪，应数罪并罚。针对凌某的行为，高昕同学补充了案情，表示凌某接受委托后有实行踩点等行为，所以属于故意杀人预备阶段的中止。

陈老师：本案终审判决将凌某的行为评价为故意杀人罪的犯罪中止，并减轻处罚，只判决两年七个月。根据《刑法》第二十九条的规定，为何凌某只是减轻处罚，而不是免除处罚呢？

第五组同学：我们同样认为凌某犯故意杀人罪的犯罪中止和诈骗罪既遂，从《刑法》第二十四条出发，主要应考虑犯罪中止的时间性。凌某接受委托并从上家手中获取魏某信息，当时并未拒绝杀魏某，而是事后反悔。这种情况属于不太紧迫的危险，为其实行犯罪制造条件，所以应是犯罪中止。

接着，第五组同学从诈骗罪构成要件和贩卖毒品罪的案例入手，认为对某种法益的损害是保护另一法益所必需的手段时，需要进行法益衡量，而凌某所进行的诈骗行为不是保护某一法益所必需的手段，因此构成诈骗罪既遂。

第七组同学同样认为凌某构成故意杀人罪犯罪中止和诈骗罪数罪并罚，该组认为需要考虑认定犯罪中止的自动性，并认同犯罪中止的主观说。

第七组同学：我们认为，受害人是否具有不法给付意图不影响诈骗罪的成立，而刑法与民法保护的法益不完全相同，即便该给付者是为了实现法律所不允许的目的而为特定的给付行为，但给付财物的合法性使得该物的相关权利也应当受到保护。

第一组同学：那赃款是由检察院没收还是应该退还给第五个人呢？诈骗罪的受害人又是谁？

第二组同学：凌某的行为是否属于降低危险行为呢？

第七组同学：对于凌某的诈骗行为和降低危险行为需要分开评价，因为其侵害了两个法益。凌某反悔的行为将危险降到零，是犯罪中止，而与魏某配合"演戏"骗酬金的行为则属于诈骗行为。

第一组同学均认为凌某不构成故意杀人罪而构成诈骗罪。第四组同样认为凌某应构成诈骗罪，并且主张从雇主到凌某的量刑上应有所偏差。第四组认为判决书中未将凌某定为诈骗罪，显然是在法律上对他没有实施杀人的行为作出了否定和负面评价,这有违法律的指引和评价功能，因此并不认同判决书未将凌某以诈骗罪定罪处罚。

第六组同学则认为凌某为诈骗罪既遂且不构成故意杀人罪，并赞同第七组同学对于凌某行为是否属于降低危险行为的判断，也提出"非法的 10 万元能不能成为诈骗罪的对象"的疑问。

陈老师：故意杀人罪追究预备犯罪是因其影响十分重要，将凌某接受上家委托并接收魏某相关信息材料的行为评价为不是故意杀人的预备行为是否过于轻了？该案被告两两构成共同犯罪是认为其意思联络被切断了吗？

第二组同学：如果两两构成共同犯罪，那中间的人是不是有两个共同犯罪？

第三组同学：如果将凌某诈骗前后的行为割裂开，能认定其后面的行为降低了前面行为的危险性么？

3. 总结点评

各组观点展示完毕后，第二组主持人总结了本案争议焦点，并针对凌某是否属于诈骗罪、是否属于犯罪预备中止，以及几人构成共同犯罪进行评述。同时，对于本节课的讨论，陈劲阳老师表示同学们认真钻研和积极准备的精神值得鼓励，但讨论还可以更进一步，观点还应更加清晰。

陈老师：本案当中还有许多具体问题值得进一步探讨，比如，凌某的行为究竟是故意杀人还是诈骗？他的犯罪行为是中止还是未遂？是预备中止还是实行中止？为何判决书不以犯罪中止免除凌某的刑罚？凌某造成的损害到底在哪里？其行为属于降低危险的行为吗？属不属于紧急避险呢？

听完陈老师的一系列疑问后，同学们对本案又有了新的认识和理解，展开了新思路，也发现了自己的思维局限性，表示在之后的课程中会加强问题意识，进行更加深入的思考和探讨。

案例三：代人实名抢火车票牟利行为定性

1. 案情简介

2017年7月，刘金福以1500～4500元不等的价格在网上购买抢票软件，以30元/万个的价格购买"打码"，以2740元的价格购买了12306网站实名注册账号935个，用于在12306网站上进行抢票操作。此外他还购买了两部手机，用于接单和打广告。抢票成功后，刘金福根据所抢购火车票的车次、乘车时段及运行到达车站等不同情况，向购票人分别收取50元到200元不等的佣金。从2018年4月至2019年2月，刘金福先后倒卖火车票3749张，票面数额123万余元，获利31万余元。

2019年9月13日，南昌铁路运输法院一审判决刘金福犯倒卖车票罪，判处有期徒刑一年六个月，并处罚金124万元，没收犯罪所得31万元和手机、电脑等作案工具。

2. 课堂展示

在小组展示环节，各组同学分别讲述了本组的讨论结果，分别有构成倒卖车票罪、构成侵犯公民个人信息罪和倒卖车船票罪数罪并罚、侵犯公民个人信息罪和倒卖车船票罪择一重处、或构成倒卖车票罪或不构成犯罪几种观点。

（1）倒卖车票罪观点展示。

第一组同学：在"倒卖"的具体含义上，传统定义为低价买进后高价卖出。此概念说明了倒卖行为至少具有两个特征：一是顺序性，即先购进后卖出；二是牟利性，即赚取差价。行为人实施的"倒入"行为，属于为实行犯罪创造条件的预备行为，只有售卖车票的行为才创设了法所不允许的危险，从而成为实行行为。也就是倒卖不需要先买后卖。而对于实名制下有无倒卖这一核心争议问题，实名制没有消除倒卖车票现象，只是改变了倒卖车票的方式。

由此，第一组同学得出结论：此案中，刘某的行为确实构成了倒卖车票罪。不过认为对刘某判处有期徒刑一年六个月有待商榷。

第二组同学：首先倒卖行为本身要强调获取车票手段的违法性，例如囤票。倒卖车票罪的行为结构根据《刑法》第二百二十七条的规定，应当包括两个行为：一是形式上，行为人要实施买入卖出以赚取差价的违法倒卖行为，以此否认义务免费帮助他人购票的行为构罪，同时排斥合法的倒卖行为；二是行为人实施倒卖行为的社会危害程度和情节严重应当达到司法解释和《刑法》所规定"情节严重"，即"票面数额在五千元以上或者非法获利数额在二千元以上"。本案中，行为人与车票出售部门没有代售协议，其出卖车票的行为是自己实施的违法行为，不同于其他代售网点和售票软件，即行为人实施的"代为购买"的代理行为同时结合数额具有违法性。而以本案为例，实名制下行为人的倒卖行为亦存在严重违法性，其行为涉嫌侵犯计算机信息系统和侵犯个人信息（此处是指其利用900多个12306账户和个人信息），并形成了强力的优势地位，从而借"劳务费"的名义变相高价售出，其本质仍然是一种违法的倒卖行为。

（2）侵犯公民个人信息罪和倒卖车船票罪数罪并罚观点展示。

第七组同学：12306注册需要身份证号码、手机号码和真实姓名，因此12306账号应当属于上述部门规范性文件中所称的"能够识别公民个人身份的数据资料"，行为人行为符合"以购买等方法非法获取公民个人信息数量较大"的描述，且最终非法获利31万余元，应属数额巨大，应当根据《刑法》第二百五十三条之一将其行为评价为侵犯公民信息罪（非法获取公民个人信息罪）。倒卖车票罪的保护法益为车票购售秩序说，即铁路客运票源公平分配秩序。本罪法益侵害的重点在于公共福利平等享受，票面金额和非法获利标准只是立法技术的选择，用数额评价行为的社会危害性大小，不到情节严重的程度不构成犯罪，因此，应当认定构成倒卖车票罪，数罪并罚。

（3）侵犯公民个人信息罪和倒卖车船票罪择一重处观点展示。

第六组同学认为刘某不构成非法经营罪；该组认为倒卖必须具备"购买"和"转卖"两个基本要素。以牟利为目的不应简单理解为高价转手。刘某若在他人不知情的情况下，利用他人身份信息抢购囤积车票，其行为将同时触犯倒卖车票罪（且符合加重情节）和侵犯公民个人信息罪，但二项行为具有手段和目的的牵连关系，成立牵连犯，择一重论处。

该组同学还提出假设，若刘某在拿到买家身份信息后利用其购买的抢票软件购票出卖，则不构成倒卖车票罪，但将承担一定行政责任。

（4）不构成犯罪观点展示。

第五组同学：倒卖车船票罪的保护法益为车票管理秩序，具体定性应当根据抢票的两种模式分别进行分析。第一种刷余票的模式不构成犯罪，因为并未破坏车票管理秩序，未有转手形式，是为特定人购票，是市场经济自然产生的一种民事委托行为。第二种制造虚假订单的模式则具有投机性和对象的不特定性，是一种转手行为，且会有垄断性（机会垄断），构成倒卖车票罪。

第四组同学：倒卖车船票罪的保护法益是国家对车票船票的管理秩序。该罪的入罪标准应该放在行为人是否故意造成了车票紧俏的状态，也即行为人的行为是否对车票的供求关系造成严重的人为干扰。若行为并未先行人为地破坏供求关系的平衡，仅仅是利用抢票软件为特定人抢购车票，不宜认定为本罪。

同时第四组也提出了这样一个问题：行为出罪造成了一定的负面效果，在极端情况下，出现了购票人不加价雇用专业抢票人几乎无法获得车票，导致了车票不公平分配的问题，使得未购买抢票服务的乘车人获得车票的概率大大减少。这样是否具有刑事处罚性？

3. 总结点评

各组观点展示完毕后，陈劲阳老师进行总结点评。

陈老师：今天大家的表现非常好，对案情的研究非常深入。最后我提一个问题，供大家思考。倒卖车票罪在实名制的今天是否有存在的意义？这一罪名最开始来自投机倒把罪的拆解，按照过去的"倒入卖出"理解肯定不构罪，同学们从同案同判、售票系统干扰、取得竞争优势、国家资源稀缺的角度讨论了这一罪名存在的意义，而从传统的市场管理秩序角度来看，倒卖车票罪破坏了车票的市场管理秩序，现今从溢出效应来看，倒卖行为同样会波及其他人的权利，至于是直接影响还是间接影响，还可以进一步讨论。

回到本案，刘某是否对此付出了代价和时间？他每一张票存在一定的付出和劳动花费，如果我雇一个人买票，这种行为怎么评价？抢票市场客观存在，而且存在雇佣和被雇佣的关系，应该看作加价还是平等雇佣？当然刘某取得公民账号的手段有问题，应当构成侵犯公民个人信息罪，但不能用倒卖车票罪这种有问题的罪来定罪，因为在实名制下已经不是单方囤票。由此联想，现在的人脸识别信息如果泄漏，也会引发更大的问题。因此，对刘某可以考虑不定倒卖车票罪，但使用的方法有问题，应该定侵犯公民个人信息罪。

案例四：组织逃票获利行为的定性

1. 案情简介

某动物园票价高昂，甲在该动物园围墙的隐蔽处挖了一个洞，私自以每人50元的价格带游客通过偷挖的洞进入动物园游玩，最终获利4万余元。问：甲的行为应当如何定性？

2. 课堂展示

在小组展示环节，各组同学分别阐述了本组的讨论结果，围绕该行为是否构成犯罪展开了激烈讨论。

（1）构成犯罪观点展示。

第一组同学：本案应主要围绕盗窃罪的对象、数量以及是否构成共同犯罪三个角度进行讨论。针对盗窃罪的对象，行为人事实上已经完成了从虚拟的财产性利益到现实财产的转化，损失的是现金。就数额而言，逃票行为应类比有价支付凭证或演唱会门票计算，应按照动物园门票价格计算盗窃数额。针对游客是否构成共同犯罪的问题，虽然逃票游客与甲有逃票的共谋，但由于单个游客逃票数额未达到起刑点，故而不予处罚。

第二组、第三组和第七组的同学同样认为应当构成盗窃罪，但在盗窃罪的对象等具体问题上则有不同的看法。

第二组同学：本案中的对象应当是财产性利益，我们可以对盗窃罪的客体财产性利益进行理论延伸，论证财产性利益作为盗窃罪客体的正当性。

第三组同学：当财产性利益称为盗窃罪客体时，其应当具备三个特征，即可管理性、转移可能性和价值性。在本案当中，本罪盗窃对象，即所谓的门票债权，是否具有以上三个特征？

第五组同学则从扰乱公共秩序罪、聚众扰乱社会秩序罪、盗窃罪三个角度给出了相关处理意见。该组最终结论为由于逃票行为社会危害性较大，且符合盗窃罪的构成要件，应将该行为评价为盗窃罪。而是否构成扰乱社会秩序罪则引发较为激烈的讨论，老师将自己在美国访学期间的经历与该行为进行了类比，形象的类比让同学们对于扰乱社会秩序有了更加深刻的认识。

（2）不构成犯罪观点展示。

第六组同学与上述观点均不同，该组认为甲的行为无需通过刑法进行评价，可以通过行政法和民法的相关规定予以规制。

第二组同学驳斥盗窃罪的理由为财产性利益并没有转移占有，因为动物园实际上并没有丧失对游客的债权，且通过替换二维码案件进行类比。上述看法引发班内激烈讨论，尤其是针对何为占有的转移这一问题，双方各执一词并未达成统一的观点。

3. 总结点评

本次案件的焦点主要有三个方面：第一，若构成盗窃，则盗窃的对象为何？本案中动物园是否对游客享有财产性利益，该利益能否成为盗窃罪的对象；第二，如果构成盗窃，则盗窃的数额应当如何计算；第三，盗窃罪中的转移占有应当如何理解。陈老师首先指出虽然学者支持财产性利益可以成为盗窃罪的对象，但是在实践中认定有较大困难，如果将甲行为认定为盗窃，则在实践中将会引发较大争议。除此以外，老师提出了另一种观点，主要是对非法经营罪和破坏生产经营罪的理解，本案中甲行为存在破坏生产经营这一倾向，定义为扰乱单位秩序罪同样具有一定的合理性，上述观点也使得同学对本案有了进一步的认识。

案例五：虚拟货币平台合约交易定性

1. 案情简介

行为人甲是国外某虚拟币交易平台的代理商。客户购入虚拟币，并在该平台进行虚拟币合约交易（对虚拟币买涨或者买跌，买对则盈利，买错则损失）。另外，甲建有一网络群聊，经常在群里发布自己分析的国际虚拟币大盘的涨跌情况，并雇人假称其分析得很准，已经通过他的分析赚了很多钱。其后，甲停止代理该平台，并把客户的钱交还，也没有注销客户的账户。在甲代理该平台期间共牟利几十万。问：甲的行为如何定性？

2. 课堂展示

在本环节中，每组的代表同学都给出了不同的观点和相应的原因。同学们所持的观点各有不同，包括构成赌博罪、构成赌博罪和开设赌场罪想象竞合、构成非法经营罪、构成开设赌场罪、构成诈骗罪。

（1）赌博罪观点展示。

第四组同学认为构成赌博罪。

第四组同学从以下三个方面进行分析：

1）本案中甲的行为属于赌博，原因在于当事人的输赢取决于偶然因素，即客户的赚与赔，而非赚取佣金或提成。

2）客户的行为属于赌博，基于两个理由：一是盈利率明显高于正常投资；二是投资属于合法行为，投资的对象是一些有价值的合法经营商品或金融产品，赌博的对象往往没有价值。本案中，虚拟币是一种国家不主张且缺乏价值的东西，因此客户的行为应是赌博。

3）甲的行为构成赌博罪，原因是甲近几个月来一直以代理人身份获取盈利，可以认定为属于法条中"以赌博为业"的规定，且获利几十万元。

第六组同学也认同赌博罪的观点。第六组的王玉同学认为，甲组织客户进行虚拟币合约交易，构成聚众赌博，并且主观上有盈利目的，获利几十万，合约交易杠杆巨大，远超正常的金融交易，所以符合《刑法》第三百零三条规定的赌博罪。

（2）非法经营罪观点展示。

第四组的潘国瑞同学认为，该行为应当认定为非法经营罪。

潘国瑞同学：期货首先具备以下三个特征：①交易合约标准化；②有组织交易；③分为商品期货和金融期货。对比期货的特征，本案中对虚拟币的合约交易可类似于一种期货交易，在特定平台以一种固定标准进行交易。但是虚拟币这种商品种类并不在我国规定的可进行期货交易的种类内，因此当事人对于该期货交易的经营属于非法经营。并且类比于司法解释关于经营其他非法商品的规定，本案当事人犯罪所得数额为数十万元，应当属于情节严重，构成非法经营罪。

第二组的薛渝淞同学也认为构成非法经营罪，本案中的虚拟币的购销属于未经国家有关主管部门批准的非法期货业务。对此，第六组同学则提出了反对意见。

第六组同学：甲的行为并非《刑法》第二百二十五条规定的情形。比特币是新兴的产物，未有法律明文禁止，只有《中国人民银行、工业和信息化部、中国银行业监督管理委员会等关于防范比特币风险的通知》有相关的规定，所以不属于非法经营罪规定的范畴。

（3）诈骗罪观点展示。

另外，针对有同学提出的诈骗罪观点，各组同学纷纷发表了自己的意见。

第三组同学：不赞成构成诈骗罪，因为甲没有以隐瞒事实或虚构真相的方法骗取"客户"财物，客户对自己输赢的结果、金额等有明确的认知。实践中对于这类交易能构成诈骗罪的情形一般是为骗取投资者资金，故意"滑点"（如投资者交易操作时，交易突然无法正常进行或延迟成交，导致下注与操作时不一致）或修改后台数据，致使投资者亏损。

第四组同学：我们同样不认同诈骗罪的观点。其一，甲并未实施欺骗行为，欺骗行为的前提是甲知晓自己提供的信息是不真实的（隐瞒信息或虚构事实）。本案中，虚拟币涨跌本身有随机性，非甲的意志可以决定，其在群内提供的信息仅仅是自己的预测，雇托行为是为了增强客户对其的信任。客户听从了他的建议后，也并非没有盈利的可能，因此并不属于欺骗行为。其二，即便实施了欺骗行为，客户也不一定会因为当事人的宣传陷入错误认识。理性投资人能够知晓投资行为本身就具有风险，不论怎样的预测终究是一种可能性。这种类似预测行为在股票交易中也是普遍存在的。

第六组同学：我们也不赞成构成诈骗罪，原因是：①本案中，甲虽然雇人当托，但在群中发布的信息是自己分析的国际虚拟币大盘的涨跌情况，其依据是真实的，而非通过发布虚假信息或背后操控大盘涨跌实现诈骗（对比刷单行为，行为人以虚构交易、编造客户评价的方式进行虚假宣传，误导客户以扩大交易）；②被害人基于认识错误处分财产意味着将被害人的财产转移为行为人或第三人占有，而在本案中，客户在该平台进行虚拟币合约交易并不是将财物或财产性利益转移给甲占有；③成立诈骗罪既遂要求欺骗行为导致被害人遭受财产损失，而甲的大盘分析和雇托行为不必然导致客户的财产损失，客户甚至有取得财产收益的可能。

第七组同学：是否构成诈骗罪，关键在于胜负是否被控制。在本案中，行为人针对两项事实进行欺骗，第一，对行为人与客户利益相关这一事实的隐瞒；第二，雇人发布虚假信息。但是，诈骗罪的成立，需要行为人就事实进行欺骗。"事实"应当是客观事实。本案中，行为人的确具备信息优势，但在不可操纵的市场中未达到"胜负已定"的程度，不构成诈骗罪。

（4）赌博类犯罪观点展示。

第三组同学认为构成开设赌场罪，而第七组同学则认为构成赌博罪和开设赌场罪想象竞合。

第三组同学：本案需要区分虚拟币的购销行为和买卖虚拟币涨跌行为。虚拟币的购销行为不构罪,因为我国并未禁止比特币交易,购销行为不触犯现行法规定,自由参与,自担风险。就买卖虚拟币涨跌行为而言,甲接受公众对虚拟币涨跌情况进行投注交易额行为构成开设赌场罪。因为买卖虚拟涨跌行为是二元期权投资行为而不是合约交易行为,二元期权的突出特点在于投资者只需考虑标的资产的价格走向(看涨或看跌)、收益风险预先固定、与真实市场关系不紧密、一次性交易。综上,在客观上,行为人为赌博提供场所、设定赌博方式、提供赌具、筹码、资金等组织赌博;在主观上,其以营利为目的,故应认定为开设赌场罪。

第七组同学: 本案中杠杆高达百倍且不存在借款等加大杠杆的情形,可以认为远超合约交易所能达到的杠杆倍数。所以,不属于合约交易模式,而属于赌博模式。此外,甲的行为不符合聚众赌博中的轮流坐庄情形,但是符合《关于办理网络赌博犯罪案件适用法律若干问题的意见》第一条规定的"开设赌场"的情形。开设赌场罪不能涵盖赌博罪,且此案中只有一个行为,所以构成赌博罪和开设赌场罪想象竞合。

3. 总结点评

听完各组的发言后,陈劲阳老师对本次讨论进行了总结和点评。陈老师首先肯定了同学们对于材料和专业知识的挖掘和学习准备能力,认为同学们准备充足、讨论全面。随后,老师发表了自己对本案的观点,他认为第三组提出的二元期权的概念是非常有针对性的,直接指出了本案虚拟币交易平台的本质所在,完成了对虚拟币平台合约交易的定性,陈劲阳老师对这种定性表示赞同。针对同学们关于日常生活中的参与虚拟币平台合约交易的行为的定性进行讨论,陈老师认为客户的行为属于参赌行为,但是亦不能随意扩大打击面。

案例六:盗刷顾客会员卡行为定性

1. 案情简介

甲、乙、丙、丁、戊是某酒店前台接待人员,2016年5月,五人发现酒店部分会员存在办理会员卡后不设置密码,长时间不消费,并且会员卡临近到期即将作废的情况后,经过商量,决定当有客户现金消费时,盗刷他人会员卡,用以冲抵消费金额,所得现金五人瓜分。2016年6—12月间,五人盗刷客户会员卡20余次,获取并私分现金2万余元。问:五人的行为应该如何定性?

2. 课堂展示

本次课程的主持方为基地班第六组,六组同学在正式讨论开始前对案情进行了简单梳理,并结合陈劲阳老师的提示,总结了几个焦点问题:

会员卡的性质如何?

会员卡内充值资金的归属如何?

本案的受害人及涉案金额如何确定？

本案存在几个需要由刑法进行评价的行为？

盗刷行为应定性为诈骗罪、盗窃罪、职务侵占罪或其他？

之后各组针对以上焦点问题分别陈述了本组的讨论结果。

（1）实质一行为观点。

第五组同学认为案涉会员卡是一种商品证券、证权证券。

第五组同学： 案涉会员卡是一种特殊的债权凭证：基于履约的先后性，作为将来履行合同的诱因，通过给发卡主体和购卡人之间带来利益，将现实利益和将来利益两种不同时间维度的利益联系在一起。基于商业预付卡发行的初衷，商家将卡卖给消费者，那么他相应地就取得了合同的对价，即获得了预付资金。基于物权变动的原理，动产的所有权以交付为转移，而货币权利关系的占有和所有具有高度的统一性，占有即所有。商业预付卡的购卡方因交付货币让渡了其货币所有权，相应取得了对商家的商品或服务的债权请求权，而作为商家就相应取得了预付资金的所有权。倘若此时规定该笔预付资金的所有权人并非是商家，那么必然会违背设立商业预付卡的初衷。因此单用途预付卡的备付资金属于商家所有。

在罪名认定上，第五组同学认为甲等人并没有直接或者间接欺骗，也不存在基于认识错误处分财物的行为，判定诈骗罪不成立。在盗窃罪与职务侵占罪的区分判定上着重介绍了"双重控制说"。

第五组同学： 传统刑法学界认为对于他人遗忘在特定场所之物品，当对该物品所在场所具有支配控制权的人将其据为己有且拒不交出，在符合财产犯罪对数额规定的前提下，应认定相关行为人的行为构成侵占罪；若对该场所不具有支配控制权的人非法占有该物品，则构成对特定支配控制权人之控制状态即占有的侵犯，应对相关行为人以盗窃罪论处。

第三组同学的分析则主要集中在"会员卡定性、资金归属及罪名认定"之上。

第三组同学： 会员卡分为预付式和非预付式两种类型，本案所涉会员卡属于非预付式会员卡。对于预付式会员卡的法律性质，我们认为应当以预约和本约合同说来解释，即消费者购买预付式会员卡的法律性质为预约合同，消费者持卡消费时则与商家成立的是本约合同。据此，本案中行为人盗刷的会员卡中的余额，是客户和商家订立预约合同之后，尚未订立本约合同之前的阶段，此时，卡内余额为客户所有。对于罪名认定问题，第三组认为本案中甲某等人实施了盗刷行为取得他人财物，并具备占有的意思，符合盗窃罪的构成要件。由于客户没有对盗刷金额产生认识错误，故行为人不构成诈骗罪；且盗刷的会员卡内金额并不属于酒店即单位的财物，行为人也不构成职务侵占罪。

第七组同学围绕"会员卡定性、受害人分析、罪名认定"三个部分对本组观点进行了展示,并得出其结论——行为人对酒店构成盗窃罪。

第七组同学: 首先关于会员卡性质有"货币说"和"债权说"两种学说。会员卡及其记载在系统里的数额是债权凭证而非债权本身。会员将钱存入会员卡后,即获得了相应对价的债权,此债权是一种履行请求权,可以要求酒店为其提供服务。

在罪名认定方面,第七组同学认为本案中行为人没有欺骗行为。受害人没有错误认识和基于认识错误的处分行为,因此不构成诈骗罪。第七组同学重点展示了对盗窃罪与职务侵占罪的区分,介绍了"占有关系说"和"利用职务便利说"两种观点。

第七组: 本案中行为人作为酒店前台人员,其职务及行为最接近于利用"经手"的职务便利;但进一步分析判断,本案中,酒店前台人员对于财物只是简单看管和短暂持有,与单位财物之间还未形成紧密的占有关系,因此其仅仅是利用过手单位财物的便利而窃取单位财物,不属于利用"经手"便利;并且对酒店前台人员来说,其在收银过程中,有酒店的监控对其行为进行监控,可以看出酒店对前台人员并非有高度信赖关系,不符合职务侵占罪的背信性质。所以,本案中行为人对酒店构成盗窃罪。

第一组同学同样就"会员卡定性、受害人分析、罪名认定"进行了分析,却否定了第七组同学行为人对酒店构成盗窃罪的结论,最终得出了五位行为人应当构成职务侵占罪(无罪)的结论。

第一组同学: 会员卡在签发之前,消费者和经营者就预付费消费达成合意时,消费服务合同即已成立,会员卡只是证明双方存在消费服务合同关系的载体,而没有创设权利,因此,它是合同的表现形式,而非合同本身。根据商务部《会员卡管理试行办法》第二条规定,会员卡是指发行人和其会员之间以契约形式确定的会员消费权利的直接消费凭证。会员卡所表示的权利是消费者在一定期限内享有经营者为其提供约定的服务的权利,因此其是有价证券。

第一组同学认为被盗刷会员卡的会员可以依据酒店的管理过失以及 5 位前台接待人员与酒店的劳务关系向酒店索赔,所以本案中盗刷会员卡行为的损失是由酒店来承担的。故而,酒店是本案的被害人。对于罪名认定,第一组同学根据综合手段说认定符合职务侵占罪,但是其金额未达到定罪标准,故而无罪。

(2)分别二行为观点。

第二组同学以犯罪行为为起点,认为本案存在两个犯罪行为。行为一为收取客户的现金并瓜分现金,行为二为盗刷客户会员卡。行为一不成立职务侵占罪,行为二不构成盗窃罪,但构成故意损坏财物罪。针对行为一,第二组同学从《刑法》第二百七十一条法条本身入手,结合案情进行了分析。针对行为二,第二组同学首先对会员卡性质进行了讨论。

第二组同学：此处的会员卡属于酒店发行的、仅限于在本企业或本企业所属集团或同一品牌特许经营体系内兑付货物或服务的单用途商业预付卡。根据合同说，商家将卡卖给消费者，那么他相应就取得了合同的对价，即获得了预付资金，这也是商家发行预付卡的本意所在。同时基于物权变动的原理，动产的所有权以交付为转移，而货币权利关系的占有和所有具有高度的统一性，占有即所有。商业预付卡的购卡方因交付货币让渡了其货币所有权，相应取得了对商家的商品或服务的债权请求权，而作为商家就相应取得了预付资金的所有权。其次，关于行为二的法益侵害，行为二使得会员卡持卡人陷入丧失财产的严重危险。根据上述对预付卡法律性质的分析，持卡人享有的是对于酒店提供服务的债权请求权。行为人虽然盗刷他人会员卡，但是没有取得债权，也没有损害持卡人的债权，持卡人和酒店的债权债务关系仍然存在。但是，持卡人最终没有受到损失，不意味着持卡人没有损失。从实质违法性质来说，犯罪行为对客体的侵犯表现在对客体的侵害性与威胁性。就威胁性而言，当行为没有现实侵害危险时，也具有社会危害性。本案中，行为人盗刷会员卡后，会员卡持卡人就与正常消费的顾客一样，随即丧失了随时要求提供服务、正常消费的权利。即使持卡人没有发现，也已对其自身的财产性利益造成了现实的威胁甚至侵害。进行过前期的基础分析后，在罪名认定环节，第二组同学认为行为二行为不构成盗窃罪。理由为盗窃罪表现为行为人通过盗窃行为实现非法占有目的，但是本案中的行为人不可能通过盗刷会员卡的行为直接实现非法占有目的。本案行为人虽然盗刷他人会员卡，但是没有取得债权，持卡人和酒店之间原有的债权债务关系仍然存在，故行为二不构成盗窃罪。

对于行为二构成故意毁坏财物罪这一结论，第二组同学认为本案中行为人盗刷会员卡行为使得持卡人陷入丧失财产性利益的严重危险之中，达到了使得持卡人的债权不能顺利行使的严重程度，故行为二成立故意毁坏财物罪。

第四组同学：本案存在侵权行为和职务侵占行为两种行为。首先对会员卡消费的性质进行论证，认为本案中的会员卡应属于预付式消费模式，即以不具有提现和透支功能的预付卡为载体。根据发卡人与提供服务方是否同一，又可分为封闭模式和开放模式。本案中会员卡的发卡人和提供服务一方均为酒店，因此属于封闭模式。因此，预付卡从法律属性上看，其更接近于一种确权证券。

3. 总结点评

各组展示完毕后，陈劲阳老师向同学们介绍了部分学者的主张。有学者认为，本案存在两个行为，分别构成职务侵占罪与盗窃罪；也有学者认为，不能构成两个罪名，可以按照职务侵占罪与盗窃罪中的特殊罪名来处罚。

随后，在老师的特别提示下，同学们又围绕会员卡内资金的归属进行了讨论。

路鹏宇同学：货币占有即所有，因此他认为充值会员卡的金钱应属于酒店一方。

崔炜同学：会员卡的性质应区分界定。比如健身卡、游泳卡等年卡只是一种消费凭证，而商业预付卡是先充钱再刷卡消费，每次交易都从卡里扣出一定金额，只有在完成交易之后，对应的消费价款才属于商家所有。

陈老师：刷卡消费的依据是会员卡里的电磁记录，会员每次持卡消费都相当于与商家订立了一个本约合同。本案中违法犯罪是一个行为还是两个行为，受害人的损害是一笔钱还是两笔钱？

第 6 章 法学研究与实务方法专题

6.1 课程简介

1. 课程导论

"法学方法论"专题实训课程注重方法论的学习与实训。本课程共设置案例分析方法、法学研究方法、实务技能方法等六个专题课程,邀请相关领域的专家学者和法律实务工作者担任主讲嘉宾,充分发挥实验班小班授课的优势,以实训的方式提升学生法律适用与法学研究能力。

2. 课程导师

专题一:研究生生活的正确打开方式

侯学宾
吉林大学法学院/理论法学研究中心教授、博士生导师
国家"2011 计划"司法文明协同创新中心研究员
《法制与社会发展》副主编

专题二：请求权基础分析法实训

曹险峰

吉林大学法学院副院长、教授、博士生导师

兼任中国法学会婚姻法学研究会理事等

美国威斯康星州立大学访问学者

专题三：合同审查方法实训

王艳梅

吉林大学法学院院长助理、教授、博士生导师

应用型、复合型卓越法律人才实验班班主任

兼任中国法学会商法学研究会理事等

曼彻斯特大学法学院访问学者

6.2 课程实录

专题一：研究生生活的正确打开方式——读书与写作方法论

"研究生的日子应该怎么过？这确实是个问题。"

2019年11月19日，在吉林大学经信教学楼的卓越法律人才培养基地教室里，一群准研究生们有幸请到了法学院人气爆棚的咸鱼盟主大人——侯学宾老师，给大家打一剂研究生生活的预防针。以下是前方记者发回的报道。

引子

开始今天的交流之前，我们首先要解决三个问题。

问题1：为什么要读研究生？

相对于知道"为什么要如何"，不如先去行动，没有人能够准确知道自己的未来。对于未来有一个方向性的东西就可以了。很多具体东西是规划不出来的。

回首过去，会觉得年轻时的自己很幼稚，但又会以成熟的姿态审视生活。

保持理想主义的态度是好的。保持最初的梦想。

问题2：研究生生活应当如何全面规划？

盟主大人表示，据他观察，现存的大量研究生有一个致命的共同弱点：随波逐流。随波逐流类研究生又可分为两种：一种属于没有目标型，另一种则属于有目标但对待专业的态度过于随意型——也就是我们常见的"能有学上就行，啥专业无所谓"类型。

盟主认为，做科研读博士，选专业特别重要；做实务，学校则比专业更重要。过日子随大流总不是最优解，至少要有大概的方向才好奋斗。而方向又大致可分为两种：一是理论研究人才，二是法律实务人才。理论研究人才总体而言所占比例很低，这并不是说大家不爱学习，而是职业分工导致理论研究本身就是一件小众的事情。而法律实务人才，又面临目标的进一步具体化——想成为律师还是法官。这些问题都是准研究生和研究生们应当思考的。

问题3：研究生生活有什么共性和个性？

根据盟主的经验，研究生生活过得好的人常常有长得好看、社交能力强、多才多艺等诸多令人艳羡的闪光点。盟主大人表示以上属于个人素养，并不是学校能够改善的范畴。但是，确实存在着能让研究生生活达到及格线，而且无论是理论研究还是实务工作者都需要的四种共性的技能。

1. 阅读能力

阅读能力附带着信息搜集能力（阅读的前提就是搜集信息）。相对于阅读能力，信息搜集能力更加适合速成。原典精读课就是在培养阅读能力的一部分。

要学会筛选有用信息，剔除无用信息，最终成功吸入大量知识。

2. 分析能力

分析能力更强调知识的运用，是处理信息的能力，也是最考验人的一种能力。

分析要求做到能够把别人的变成自己的，也就是要会应用。应用是指整合和运用，而非单纯的背诵和输出。

3. 两种表达能力

通过表达，整合之后的阅读、分析结果才能够呈现给别人。这是法律人谋生的方法。两种表达能力是指书面表达和口头表达。书面表达和口头表达的侧重点是不同的。说得好的人，写得不会太差。总体而言，说比写要难。因为文字不是实时的，可以进行长时间的累积；而口头表达虽然也能够准备，却更多地含有即兴的成分，需要很强的知识调动能力。口头表达的成功建立在阅读、分析和既有的书面表达能力之上。

ATTENTION！口头表达是可以训练的

小技巧：试着让自己学会把一小时的内容浓缩到十分钟。

为什么要浓缩？因为要说重点。那么什么是说重点？又怎么把重点说出来？

请先掌握自己的语速（可以使用工具测出来）。

不要念，念是最低的表达形式。

口头表达是在把自己的思路讲出来。思路=心路历程+核心框架。那么核心框架要点如何表达呢？关键在于不能建立在听者当然理解的前提下进行输出。应当从听者角度出发，熟练地安排起承转合，使用关键句对内容进行串联。口头表达无需展示全部论证过程，仅仅需要展示自己的思路。而论证是文章本体部分要解决的问题，无需过多将论证加入口头表达当中。

总结：

一个完整的口头表达应当包括以下内容：问题是什么，角度是什么，核心讨论的问题是什么，以及具体各部分展开的方式。

总论：如何进行阅读与写作

关于写作的具体建议，盟主大人推荐阅读何海波老师的《法学论文写作》以及类似书籍。

因为研究生生活对写作能力的具体需求受到学科和导师的影响，更多地需要"因地制宜"和"因材施教"。各种 tips 将在阅读部分讲完之后与大家分享。

在"如何进行阅读和写作"这一问题上，盟主大人根据自身多年的研究与教学经验，提出了"一种境界，两个前提，三个认识，四个要素"理论。

一种境界

有明确的目标最好，至少要有大体的方向，切忌随波逐流。挣钱是生活第一要义，也算是一种方向。学校里有严加看管的老师，同样也有放养的老师。研究生管理相对比较宽松，没有目标的人很容易在校园里蹉跎时光。但无论老师如何，自己都要做好最坏的打算，规划好自己的生活。要记住，学习是一种生活方式，是一种"超越了个体、时空的修行方式"，而非某个特定时间段的任务。"法乎其上，得乎其中；法乎其中，得乎其下"，修行是永无止境的。

两个前提

前提一：兴趣

首先要向自己发问：我的专业是我的兴趣吗？或者，我的专业是最适合我的吗？理论上，"找到自己的兴趣"这一工作应当在本科阶段进行，但就算是现在也不晚。研究生虽然选了专业，但还可以补救：选民商法的同学也可以搞民法哲学进而偏向法理；选环境法的同学也可以搞公益诉讼进而偏向诉讼法。总之，要做自己真正感兴趣的东西，做自己没有兴趣的东西会很痛苦。

兴趣意味着为了它我可以燃烧生命，废寝忘食；而擅长则是对这个的理解比其他要快，事半功倍。如果真的没有兴趣，找到自己擅长的领域也未尝不可。

前提二：行动

其次，行动是一切的基础。想不明白"为什么"的时候先不要想，先去做，在做的过程中逐渐思考明白为什么。

三个认识

第一个认识：苦与乐

学习本身，有苦有乐。如今很多同学动辄"我要读博"，好像读博很轻松一样。但写博士论文超级痛苦，建议同学不要轻易尝试。

第二个认识：博与精

本科生宜追求广博，博览群书，开卷有益，广泛吸收信息，以发现自己的兴趣。本科读书能够雁过留痕即可，对于多数著作无需知道"是什么，为什么，怎么办"，但要知道它"存在"。而研究生要做到对自己专业的完全、透彻了解，因此，应当精深地阅读本专业的书籍，仅以博览群书作为辅助。

第三个认识：快与慢

学习是一场修行，宜先慢后快。不要因为总是有人走在前面就觉得自己落后了，要懂得有"后劲"。"慢"是指对所见所闻进行细致的理解和领会，构建起系统的知识体系，如此后期触类旁通自然就快了。而先期求快的本质就是不求甚解，知识很难融进脑海中，因此无法联系和应用，后期效果也就不好。

四个要素

读书做学问可以视为一场修仙之旅，而如何修仙，其关键无非"地侣法财"四个字而已。

地：洞天福地（也就是所在的学校）

学校确实是有高低层次的，这一点不能否认。等级的存在并不只是主观上的判断，也确实存在着客观因素的差别。学校的地理位置和地位能够给予学生的眼界和平台确实是不一样的。技术和网络改变了学校的平台和资源。境外很多高校出国的建设相对薄弱，这就是地缘和平台的限制导致的。上学要抛弃鄙视链，选择适合自己修炼的"地"。

侣：伙伴

一同学习的小伙伴对自己的影响是非常大的。寝室、班级的氛围也很重要。选择合适的伙伴一起快乐学习，可事半功倍。

法：方法

今天分享的全部内容都属于这一范畴。详情见后文分论部分。

财：钱

这是一个现实却重要的问题。尤其是读博的同学，一定要考虑钱的问题。博士培养的周期很长，而且博士生越读下去面临的社会压力越大，诸如催婚、父母退休等，这些都会造成不同程度的心理压力。同学们要确保自己有足够的心理承受能力面对这一切。

分论一：读书二三事

实务和学术都需要阅读。就此，盟主提出了"三步骤读书法"。

所谓"三步骤读书法"，是适用于研究生阶段精读的方法，有助于彻底搞明白所读的书观察世界的角度是怎样的。说在前头：这是读经典的方法，不适用于教材和其他。

（1）什么是经典？

经典是一家之言，是体系化的、能经受住时间的考验（40～50年以上），且被人们反复提起的著作。

（2）为什么要读经典？

人们容易在各种理论中迷失自己，经典提供了一个观察世界的理论坐标。要有自己的理论坐标，有自己看待世界的标准和体系，并明白自己为什么要选择它。与人争论时能够获得自己的出发点，别人问"你觉得呢"，自己能够给出自己的回答。即成为一个有理论立场的人。

理论坐标的选择并不会让自己变得狭隘，理论是共通的和变化的。理论在论战中调整和改善，但最开始应当有自己的支点和雏形。

实务中的很多事情归结到根源都是理论争议。诸如：交通事故死亡赔偿金户籍区分的认识——是赔偿死人的价值还是照顾活人的成本？前者是道义论占上风，后者则是功利主义占上风。可见，实务也需要理论，但更多时候人们只是懒得探讨。

学习的时间是很宝贵的，基础打牢以后才能顺利前进。工作之后的学习基本是龟速的或不可能的。因为上班实在是太累了。

（3）怎么读经典？——"正反合"三步读书法

第一步：脑残粉式读书法——读薄【正】

脑残粉式读书法的精髓在于，将作者视为自己的idol，坚信idol永远是对的。所以第一步是完全理解作者的过程。作者要说什么？他为何这样说？如何说的？其他学者批评他不妥的地方他如何回应的？重点在于梳理出作者的逻辑，补全作者存在跳跃的逻辑链条。用这种方法读教材也是科学的。毕竟教材有很强的逻辑性。

检验阅读成果的方法是给伙伴讲解。通过自己的讲授能够让人理解书中的内容，第一步才算完成。因此，第一步的阅读可能要读好多遍，非常耗费精力和时间（所以才要读经典，避免浪费时间在学术垃圾上）。此时最忌讳寻章摘句。第一步的读书重要的是语句背后的东西而非语句本身。

第二步：愤青式读书法——读厚【反】

愤青式读书法与第一步恰恰相反，要将自己的立场时刻站在作者的对立面。也就是说，第二步是假设作者的每一句话都有问题，需要读者进行批判。

难题：作者的水平比自己高，很难找到不妥之处。

解决：用一本书带动其他书。阅读作者对家的观点，来批判经典。读哈特时，若要批判哈特，就需要读德沃金等自然法学者的观点。

检验方法：做梳理性的笔记。整理其他学说批判的角度和方法（攻击了哪里？脖子？腿？眼睛？怎么攻击的？造成了什么伤害？）。

此时，最忌讳以只言片语攻击对家。虽然不需要阅读对家全部著作，但应当使用第一步的方法阅读自己想要试用的理论（相当于一个缩小版的第一步）。

第三步：上帝式读书法——【合】

第三步可以说是博士生必备技能，其核心是辩证思考，通过理解和批判，提出自己的解决路径，得到自己的新东西。自己的"新东西"又存在以下两种可能：

所得结果一：依然支持经典的立场，但认为经典需要吸收和进步（例如从哈特到拉兹）。这是"正"的结果，是第三步的常态。

所得结果二：发现自己支持对家，转而支持对家立场。这是"反"的结果。我们可能在阅读的过程中发现批判对家的理论更加合心意，从而发生立场变化。此时，应当停下来思考清楚自己真正的立场是什么，又为何选择这个立场。

分论二：写作二三事

说在前头：没有阅读的写作是没有意义的，就是原地踏步和交作业而已。正确的写作进程应当是在写作的过程中锻炼自己，而非单纯学习方法论。写作的训练和学习需要有人引领，对于研究生而言，这个人就是导师。但对导师而言，批改习作着实太过痛苦。导师的风格对于写作锻炼的进程也很重要。

（1）选题。

常见的选题可分为两大类：一是理论性问题；二是对策性/工程性问题。那么，在这两者中又应当如何选择呢？目前看来，法理学科侧重理论性问题，更强调为什么；而部门法则更侧重对策性问题，更强调怎么办。两者并无优劣，只是法学研究思维的划分存在差异。理论性问题与对策性问题的侧重点不同，实际上是不同思维方式的反映。

具体而言，理论性问题和对策性问题存在以下差别：对策性问题关注的是能否达到想要的效果、能否实行、实践效果如何能够达到。而理论性问题则更加侧重于寻找背后的机理、问题的根源和规律性的东西。

在此，盟主大人提示，写作选题时要注意把事实和问题区分开。事实是社会现象，而问题是背后建构的结果。例如，知假买假不只是社会现象，其背后隐藏着不同类别的问题：法教义学中的问题，即如何解释消费者；法社会学中的问题，即为何单独规定食品药品中知假买假者属于消费者。从同一个事实中能够发现完全不同的问题，进而生成不同的文章。

那么，问题来了：如何发现问题呢？盟主大人表示，要留心在生活之中发现异常之处。发现的问题也应当具体明确，拒绝大而空。同时，要做好文献梳理的工作，文献梳理工作能够让写作者看到别人在做什么，进而知道自己还能够做什么，这就是"新意"的来源。

（2）结构。

结构有很多种，总分总、总分分、分分总等，这些都是常见的结构。但无论采用怎样的结构，文章都是有逻辑的，而逻辑应当在提纲中得到体现，其具体体现方式是拟定标题。

标题能够为写作起到指示作用和约束作用。研究是有边界的，写作一篇论文，不能把想到的和看到的都放在自己的论文里，作者的取舍过程也是在将文章结构逐步清晰化的过程。

标题具备一定的形式要件。首先，标题应当是短语而非句子。一个好的标题必然是凝练、精准、简洁的。如可能，标题应当在十个字之内。如有需要，可以采取"形象+具体"的表达方式适当加长标题。

此处有一个常见问题：怎么让别人看到你的结构？

盟主大人表示，应当注意使用承上启下的句子和段落。忌无过渡无解释，直接在一级标题下紧跟二级标题。同时，段首句一定要使用中心句，因为开门见山的中心句是最能体现思路的一种结构安排。

（3）论证/表达。

这一部分实际上包括了论证和语言表达两部分。

首先，无论怎样的论文，都需要论证，而所有的材料、数据、引用都要和自己的文章内容建立直接的联系。观察英文文献我们可以发现，英文文献通常都是有中心句的。所有的论证都与中心句有直接的逻辑联系。因此，在论证中，与中心句无直接联系的内容不要用，这些无关内容会扰乱读者和作者的思维，混乱文章的结构。

同时，论证的逻辑要连贯，不连贯的地方用过渡句填补。

其次，语言表达也是影响论文质量的重要部分。

其一，要注意中文表达的规范。善用主被动语态，一段之中主语尽量不要更换。

其二，长短句运用要适当。长句中，不能省略主语宾语，否则将带来误解；而短句需注意关联词的使用和连贯。

其三，作为教材，反复说明和解释是可以的，但论文并不需要这样的内容。论文写作切忌车轱辘话来回说。

专题二：请求权分析法实训

1. 基础知识讲解

本课程由曹险峰老师主讲。课程伊始，曹老师介绍了王泽鉴教授的《法律思维与民法实例：请求权基础理论体系》、黄茂荣老师的《法学方法与现代民法》和卡尔拉伦茨先生的《法学方法论》等相关参考文献，方便同学们课后拓展学习。

请求权分析方法是以案例、纠纷解决为导向的，按照"谁可向谁依据什么主张什么"的思维，去解决给付之诉中原告的请求是否能被法院支持的一种方法。请求权分析法的基本逻辑顺序是：①请求是否成立；②是否有例外情形改变或消灭了该请求；③请求是否可以执行。众所周知，原告应依据法律规范向法院提出请求，运用请求权分析法首先要寻找可以支撑该请求权的法律规范基础，然后按照三段论（归入法）的方式，即将小前提的案件事实代入作为大前提的法律规范，看案件事实是否符合法律规范要件，从而得出法律规范规定的法律结果。因此，曹老师先分析了"第一部分 法律运行确定性的意义及途径"和"第二部分 法律规范的结构"，引导同学们以第三次审议稿为例区分完全性法条和非完全性法条，并强调只有完全性法条才可以作为请求权能够独立依据的法律规范，又在此基础上拓展了法律规范的适用规则。至于如何在具体案件事实中运用法律规范，曹老师介绍了"第三部分 归入法的基本逻辑（法律适用上的逻辑结构）"，引出了归入法。三段论的运用就是在上位规范与事实生活之间来回穿梭观察，其结构为：

-大前提

-小前提

-结论

·T（Tatbestand）——>R（Schlussfolgerung）

·S（特定案例事实，Sachverhalt）=T

·S——>R

扩展结构：T=M1+M2+M3…——>R

曹老师指出，现行法仍存有法律空白和法律漏洞，我们在运用归入法时应秉持"有法条用法条，没有法条用法理，用法理即有论证义务"的原则去解决法律空白状态下出现的现实纠纷。而处理法律漏洞，则应运用曹老师在"第四部分 法律解释方法及法律漏洞的填补"中介绍的几种常用法律解释方法。归入法作为一种工具，可以随时随地归入。请求权分析法是由无数个归入法构成的，因而在"第五部分 请求权基础分析法的基本逻辑"的讲解中，曹老师不再重复归入法的运用，而是着重强调了请求权基础的检索顺序、请求权的抗辩与请求权竞合的情况。曹老师按照王泽鉴教授的《法律思维与民法实例：请求权基础理论体系》，分别介绍了请求权的检索顺序、具体的请求权类型和请求权的抗辩如图 6-1～图 6-3 所示。

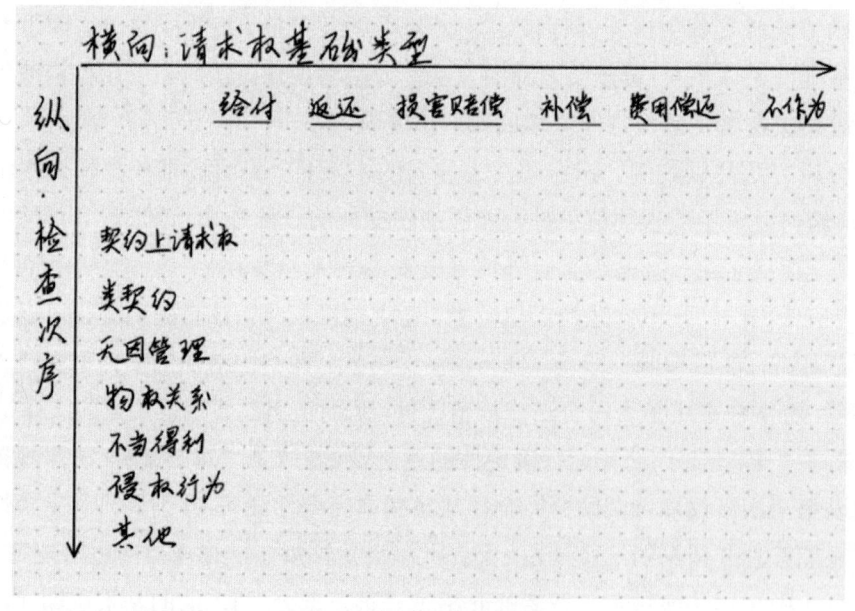

图 6-1　请求权的检索顺序

法学研究与实务方法专题 第 6 章

```
                    ┌ 契约上给付请求权（合135、136、159等）
                    │
                    │                  ┌ 所有物返还请求权
                    │    ┌ 物权返还请求权─ 占有物返还请求权
                    │    │             └ 盗赃、遗失物恢复请求权
                    │    │
         返还请求权 ──┤    │             ┌ 借用物返还请求权
                    │    │             │ 租赁消灭后租赁物返还请求权
                    │    └ 债权请求权 ──┤ 契约解除后给付物返还请求权
                    │                  └ 占有之不当得利返还请求权
                    │
                    └ 用益的返还（物243孳息）

                    ┌ 契约：违约损害赔偿请求权（合107）
                    │ 无权代理、缔约上过失、合同终了后的过失（合58）
                    │ 物权关系（物37、92、111）、占有（物245.1）
       损害赔偿请求权─┤ 无因管理（民总121）
                    │ 不当得利（民总122）
                    │ 侵权行为（侵6、7）
                    └ 身份关系（婚46）

                    ┌ 代偿请求权（给付不能情形，台民225）（物244）
                    │ 让与请求权
                    │ 不当得利的代偿请求权（民通意见131）
                    │ 连带债务人之求偿权（民总178.2/侵14.2）
                    │ 保证人之求偿权（担31）
       补偿及求偿请求权┤ 追偿权（侵37）
                    │ 相邻关系中的补偿请求权
                    │ 高空抛物情形的补偿请求权
                    │ 公平责任情形的分担请求权或补偿请求权
                    │ 见义勇为情形的补偿请求权
                    └ 紧急避险情形的补偿请求权

                    ┌ 委托合同中受托人的必要费用偿还请求权（合398）
                    │ 保管合同中保管人的必要费用偿还请求权
       支出费用偿还请求权┤ 债权人受领迟延情形
                    │ 无因管理人的支出费用偿还请求权
                    └ 善意占有人的必要费用偿还请求权

                    ┌ 债权性的不作为请求权
                    │ 排除妨害、消除危险
         不作为请求权─┤ 物权请求权
                    │ 占有保护请求权
                    └ 停止侵害
```

图 6-2 具体的请求权类型及对应的法律规范

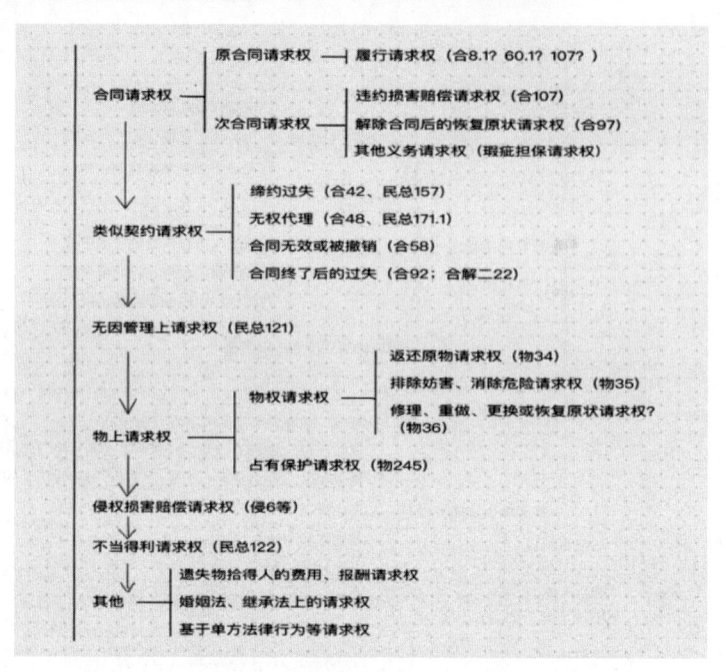

```
合同请求权 ┬ 原合同请求权 ── 履行请求权（合8.1？60.1？107？）
          └ 次合同请求权 ┬ 违约损害赔偿请求权（合107）
                        ├ 解除合同后的恢复原状请求权（合97）
                        └ 其他义务请求权（瑕疵担保请求权）

类似契约请求权 ┬ 缔约过失（合42、民总157）
              ├ 无权代理（合48、民总171.1）
              ├ 合同无效或被撤销（合58）
              └ 合同终了后的过失（合92；合解二22）

无因管理上请求权（民总121）

物上请求权 ┬ 物权请求权 ┬ 返还原物请求权（物34）
          │            ├ 排除妨害、消除危险请求权（物35）
          │            └ 修理、重做、更换或恢复原状请求权？（物36）
          └ 占有保护请求权（物245）

侵权损害赔偿请求权（侵6等）

不当得利请求权（民总122）

其他 ┬ 遗失物拾得人的费用、报酬请求权
    ├ 婚姻法、继承法上的请求权
    └ 基于单方法律行为等请求权
```

图 6-2 具体的请求权类型及对应的法律规范（续图）

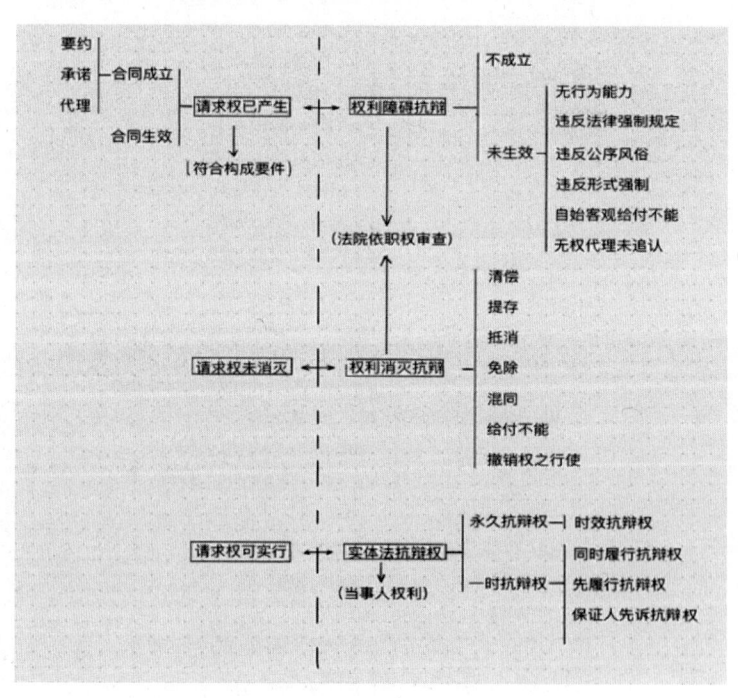

```
要约 ┐
承诺 ├ 合同成立 ─┐                     ┌ 不成立 ─ 无行为能力
代理 ┘           │                     │         违反法律强制规定
     合同生效    请求权已产生 ─ 权利障碍抗辩 ─ 未生效 ─ 违反公序良俗
                     ↓                           │         违反形式强制
                (符合构成要件)                    │         自始客观给付不能
                     ↓                           └         无权代理未追认
                (法院依职权审查)
                                          ┌ 清偿
                                          ├ 提存
                                          ├ 抵消
                请求权未消灭 ─ 权利消灭抗辩 ─ 免除
                                          ├ 混同
                                          ├ 给付不能
                                          └ 撤销权之行使

                                          ┌ 永久抗辩权 ─ 时效抗辩权
                请求权可实行 ─ 变体法抗辩权                ┌ 同时履行抗辩权
                              (当事人权利)  └ 一时抗辩权 ─ 先履行抗辩权
                                                        └ 保证人先诉抗辩权
```

图 6-3 请求权与抗辩权（证明责任分配）

请求权的竞合源于请求权基础的多元性,具体包括规范排斥竞合、择一竞合,而择一竞合可能是请求权聚合和请求权竞合。

课程结尾,曹老师要求同学们按小组以"武汉长江大桥坠桥案"为例,一一分析该案可能涉及的请求权类型,并在下一次课程中展示。

2. 案例分析

在请求权分析的第二次课上,在曹老师的指导下,各组同学通过请求权基础分析方法对徐某坠桥案进行了案例分析,深化发展了请求权基础分析方法的实践运用能力。

(1)案情简介。

2017年2月的一天晚上,徐某在汉口某酒吧饮酒后搭乘吴某驾驶的出租车,欲返回位于武昌的家中,当时徐某坐于出租车的后排座位。当车行至武汉长江大桥汉阳桥头上桥路段(距汉阳桥头堡80米)时,徐某称要呕吐,主动拉开车门想要下车,吴某即将车停在路边,徐某独自下车呕吐,吴某则在车上等待。不料等吴某再回头,没看到徐某,就下车寻找,结果发现徐某已从10多米高的桥面坠下死亡。

(2)分组展示。

第四组同学的主要思路是将请求权类型分为损害赔偿和补偿两类进行讨论,如图6-4所示。

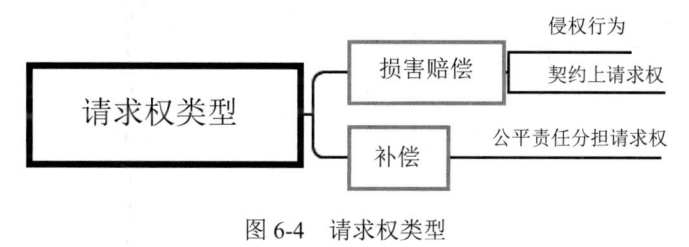

图6-4 请求权类型

损害赔偿请求权的具体展开如图6-5所示。

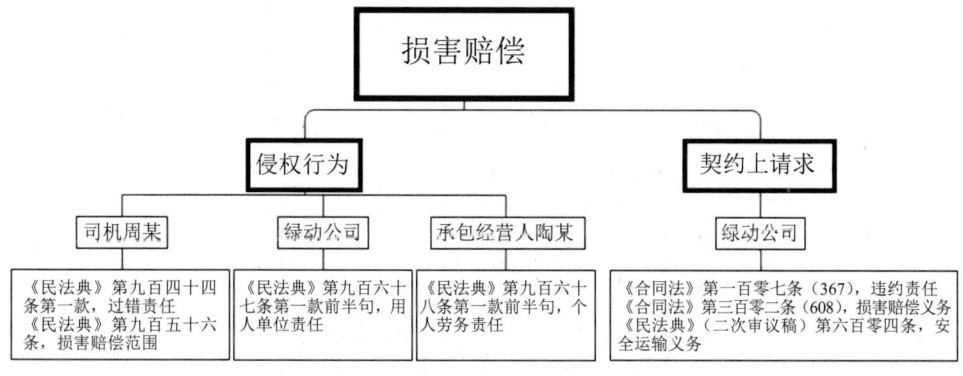

图6-5 损害赔偿请求权的具体展开

司机周某的停车行为与损害间并无侵权法意义上的因果关系，司机周某亦不存在不作为侵权，因此原告无法就第九百四十四条第一款向司机索赔。

如前述，周某不成立侵权责任，故其用人单位亦不成立侵权责任。同理，承包经营人陶某亦不成立侵权责任。

就契约上损害赔偿请求权而言，承运人为绿动公司，但由于受害人对死亡结果存在重大过失，阻断了司机违约与乘客死亡间的因果关系，故责任不成立。

补偿部分的展开如下：

公平责任下的分担请求权有如下使用条件：
- 行为人对损害没有过错。
- 受害人损害严重，需要救济，且无过错。
- 存在造成事件或者行为的"加害人"。
- 适用于财产损失，不适用精神损害。

本案当中，徐某存在着重大过失，对结果的发生存在过错，且为事故发生的主要原因，不可以适用第九百六十二条进行分担损失。

第六组同学的请求权基础分析分为以下三部分："乘客对司机的损害赔偿请求权""乘客对车长的损害赔偿请求权""乘客对出租车公司的损害赔偿请求权"。

1）乘客对司机的损害赔偿请求权展开如下：

首先，乘客依《合同法》第三百零二条第一款前句向司机主张损害赔偿的请求权在产生上无障碍，但依该款后句，本案中旅客存在重大过失，故请求权消灭。

其次，乘客依《民法典》（三审稿）第九百四十四条第一款向司机主张损害赔偿的请求权不产生。未产生原因为构成要件中因果关系的缺失，其理由为禁止停车的规定是基于维护道路交通安全的需要，而非防止行人坠落。同时停车处桥栏杆高1.2米，一般成年女性非攀爬不能越过，故停车与坠桥间无侵权法意义上的因果关系。

2）乘客对车长的损害赔偿请求权展开如下：

首先，由于司机周某是出租车现实经营者，案发时车长不具有实际支配地位，亦不具有现实的运行利益，因此不是运输合同的一方当事人。乘客与车长间无合同关系，因此乘客无权依据《合同法》第三百零二条第一款前句向车长主张赔偿。

其次，由于车长对乘客不存在加害的可能，故乘客亦无权依《民法典》（三审稿）第九百四十四条第一款向车长主张损害赔偿。

3）乘客对出租车公司的损害赔偿请求权展开如下：

因本案中不存在自然人侵权和雇佣关系，故乘客无权依据《民法典》（三审稿）第九百六十七条向出租车公司主张损害赔偿。

其具体理由如下：本案中，陶某和周某可根据与出租车公司之间承包合同的约定自行协商确定工作时间、方式等，并自主享有营运收益，车辆实际营运过程中盈亏风险由陶某和周某承担，其只需向出租车公司支付承包金，而剩余的营运收入均归其二人所有，出租车公司也不向其发放工资或其他报酬。出租车公司获取承包金是特许经营权收益的一种体现，双方并没有经济上的从属性，基于出租车辆营运的特殊性，在其所有的出租车的营运过程中必然需要对车辆的安全生产承担管理责任，如贯彻出租汽车行业相关的法律法规和规章政策，对车辆检测、维护、修理方面进行督促，对陶某、周某进行安全宣传工作等，但并不能等同于对他们实行劳动管理。因此，双方当事人之间签订承包经营合同并不违反法律、行政法规的强制性规定。双方当事人之间不存在劳动关系。同时，根据合同约定及实际履行情况看，陶某向出租车公司推荐司机周某作为车员与之共同营运车辆，司机周某与出租车公司之间无法律上的从属关系，不存在控制、支配、从属的雇佣关系，而属于承包经营关系。

第七组同学则选择分"梳理法律关系，确定关键人物""预选请求权基础规范""分解构成要件，处理事实问题""分析报告形式化"四个部分展示完整的小组讨论思路。其中，分析报告包括以下部分：①引子，请求权主体的明确；②死者家属对司机的请求权；③死者家属对车长的请求权；④死者家属对出租车公司的请求权；⑤死者家属对桥梁建设管理单位的请求权。分析结论与前文大同小异。在此，选出新观点分享如下：

首先，第七组认为，乘客本人已经死亡，因此依人损解释（侵权）或依民诉原告资格转移（契约）的原理，请求权主体由乘客本人转变为其近亲属。

其次，由于《民法典》（三审稿）第一千零二十九条规定的桥梁建设管理单位承担侵权责任仅限于桥梁等构筑物发生脱落、坠落和倒塌三种情况，不包括行人坠落，因此家属不得依据本条向管理局主张侵权损害赔偿。同时，无证据证明桥梁管理机构武汉市公路管理局有未尽安全保障义务的行为，故家属亦不得依据《民法典》（三审稿）第九百七十三条向管理局主张侵权损害赔偿。

3. 老师总结

在听过了同学们的案例分析报告后，曹险峰老师指出大家的分析和论证不够规范细致，请求权基础分析法的核心价值在于规范的体系思考可以尽量做到无遗漏。于是曹老师通过自由发问讨论环节，向同学们提出了两个问题。

问题一：客运合同的相对人到底是谁？

这个问题实际上是在问出租车、出租车司机与出租车公司之间的关系究竟是怎样的。上述关系存在以下几种可能：①雇佣；②承包经营－承揽；③挂靠－连带；④租赁－承揽。不同的关系模式都将影响后续分析的展开。针对同学们的诸多"诡辩"，老师表示：乘客乘车的意思表示是向车方发出的，只要有车乘客就会坐，其余各个要素在所不问。除非进入合同正文之中，动机并不影响合同。而车身喷涂是行业管理的必要，并不标志着合同相对方是何人。

问题二：车主司机与公司之间的合同如何影响了定性？

在绿动公司（甲方）与陶小青（乙方）签订的《电动车驾驶员经营合同》中约定：该车驾驶员两名，为车长和车员，负责共同营运，两名驾驶员为共同营运人，与绿动公司建立平等的民事合同关系，对本合同承担连带民事责任；乙方内部实行车长负责制，车长代表共同营运人的经营行为；乙方作为车长，可向甲方推荐共同营运本车辆的车员，在不侵害甲方权益和遵守甲方相关规定的前提下，与车员自行协商确定工作时间、工作方式、休息时间以及车辆保管、维护事项等。陶小青承包经营鄂Ａ×××××号出租车后，又聘请周望生为车员按照上述经营合同的规定共同经营，鄂Ａ×××××号出租车上的服务监督卡也登记周望生为该车驾驶员。

车主与公司这两个主体签订合同进行包车运营。该合同却涉及"二车主"（本案司机）的存在。那么在公司只与车主直接沟通的情况下，合同内容及其存在能否约束"二车主"？

对于这一问题，曹老师将其定性为类似承揽的责任，即假定合同主体是车主，二车主和车主之间是个人劳务雇佣关系，从而使讨论和分析能够继续进行。下课前，曹老师解析了请求权分析的关键——发问的技巧。发问要注意先后，前提务必在先发问，以避免重复发问造成分析上的混乱。在数人侵权的场合，由于其在因果关系上的特殊性，不能以单一侵权的逻辑发问。到底选择先单独发问还是合并发问是影响分析结果的重要技术。

最后，曹老师对请求权基础分析法的要点进行了总结，并指出："请求权的方法是受到法条逻辑关系的影响的，一步不能少，思考要非常严密，这也是请求权基础分析法的魅力所在。这一方法的训练仅两次课的时间远远不够，课下还需要大家结合授课内容，反复尝试撰写案例分析报告，长期坚持才能有所小成。"

专题三：合同审查方法实训

1. 课程目标

本课程的目的在于，通过对合同文本及其应用的实务训练，增强学生综合运用已学知识的能力以及将法律知识应用于实际交易中的能力，并使得学生对合同纠纷的解决思路有框架性的理解，为学生将来参加实务工作奠定基础。通过本课程的学习，选修课程的学生可以具备分析交易和草拟合同、为企业和法律服务机构管理合同履行过程，以及防范法律风险的能力，初步具备拟定解决纠纷策略并加以实现的实务操作能力。

2. 课程实录

合同审查实务课程由王艳梅老师指导与讲解。课程以一个地球物理调查和操作执行合同为审查样本。经过课前同学们细致认真的准备，课上七组同学分别委派代表对本组的研究成果进行了展示。

在同学们展示之前，老师首先针对合同审查的整体思路作出指导和说明。老师指出，合同审查应当按照合同文本顺序梳理检查。就本案的合同而言，审查者要在质量及其标准、违约责任及其承担，以及纠纷解决上给出明确的法律建议。

第一组

第一小组同学经过审查认为，本案的合同主要存在以下问题：

第一，部分条款约定内容不明确，合同中双方约定的指定时间以及故障导致损失的承担方均不明确；

第二，存在矛盾条款，8.4 与 8.5 之间存在矛盾，前者是客户应赔偿，后者是承包商应赔偿；

第三，部分条款排除承包方责任，合同中涉及承包商承担责任的情形、方式、限额等多有较大规模的限制；

第四，存在限制客户权利条款，合同部分条款对客户的所有权和知识产权等权利进行了不适当的限制；

第五，合同金额计算存在错误以及其他风险的提示，如本案的管辖法院、适用法律均对承包方有利。

第二组

第二小组主要从合同遗漏的条款与需要修改的条款两个角度分析了合同存在的主要问题。

第二小组同学经过审查认为，本案合同属于建设工程勘察设计合同。根据《合同法》第274条的规定，勘察设计合同的内容包括提交有关基础资料和文件（包括概预算）的期限、质量要求、费用以及其他协作条件等条款。结合合同标题、合同主体及住所、合同鉴于条款、合同标的条款、合同支付条款、权利义务条款、违约条款、争议解决条款、通知送达条款、其他条款等十大模块，本合同基本具备全部条款，但是目前缺乏合同解释条款、准据法条款、送达条款。因此，本次审查的合同主要有两个方面的修改建议：一是补充遗漏条款，二是修改必要条款。需要补充的合同条款包括合同解释条款、准据法条款、送达条款和损失确定条款这四类。需要修改的条款的主要问题包括部分字词含义模糊，用法不统一；承包风险与责任分配不清晰等。

同时，结合同学们的分析与汇报，王艳梅老师对合同审查实务技巧做了一定总结：合同审查应当着重审查以下几个方面：

第一，合法性审查。即合同内容是否违背法律、行政法规的强制性规定，合同内容是否存在违反国家相关行政许可和审批规定，以及国家、地方和行业标准等，这需要合同审查者对合同法之外的法律、法规以及行业标准有所了解。

第二，合同漏洞的检查。要填补缺漏，按照当事人需要补充相应条款。

第三，风险和陷阱审查提示。要逐一识别合同中的风险点，并对客户进行提示。

第四，合同内容的准确性和真实性审查。要对合同内容涉及的事实内容与客户进行沟通确认，保证合同内容的准确性和真实性。

第四组

第四组发言人曹星宇展示了第四组合同审查的思路。他们的汇报分为四个部分：合同背景情况、合同整体框架、整体审查概括与具体问题分析和解决方案。

首先，针对合同背景情况，第四组找到了该合同涉及的真实油田——俄罗斯万科尔油田，该油田是中俄合作开发，根据中俄能源合作协议，中石油获得俄罗斯万科尔油田10%的股权。并且对石油探测与地球物理探测法作出说明，石油勘探是指为了寻找和查明油气资源，而利用各种勘探手段了解地下的地质状况，认识生油、储油、油气聚集、保存等条件，找到储油气的圈闭，并探明油气田面积；而地球物理探测法包括地震勘探、重力勘探、磁力勘探、电法勘探，其中该合同涉及的地震勘探是根据地质学和物理学的原理，利用电子学和信息论等领域的新技术，采用人工方法引起地壳振动，如利用炸药爆炸产生人工地震，推断地下地质构造的特点，寻找可能的储油构造。该背景知识为了解合同中的专业术语奠定了基础。

其次，他们对该合同的基本框架进行了梳理，将合同分为合同主要内容、执行申请发布、交付和验收程序、双方权利义务、服务费用和支付程序、特殊条款、发现和发明、保证与陈述、当事人责任、灾难风险、保险、承包商设备的损失或损坏、不可抗力情况、地球物理作业过程中故障的排除、合同的修改和终止、保密条款、争议解决条款、其他条款、当事人的地址、银行资料和签名等部分。对合同整体框架进行分析可以捋顺各部分之间的结构，对于合同中的关联条款和逻辑关系作出正确判断。

第三部分是对合同审查的整体概括，总结出该合同的优点是合同基本框架无缺失；缺点是在合同具体部分中存在必要条款的缺失，部分条款过于模糊、表意不明，部分条款权利义务不对等，损害中方利益，部分条款在合同整体框架内不协调。该部分简明扼要地概括了该合同的主要问题，而这也正是合同审查的主旨所在。

最后是整个报告的核心和重点，即具体问题分析和解决方案。该部分按照合同条款顺序，对存有问题的合同条款先进行罗列，其次指出条款的问题。值得一提的是，他们针对存在的问题提出了修改意见，这正契合了合同审查的核心：合同审查并非仅仅是查缺，重点是补漏。

汇报结束后，老师对该组的观点和问题进行了总结，并对其成果进行了高度赞扬，虽然存在些微瑕疵，但其合同审查报告无论是整体思路还是具体细节都是十分清晰明了的，是一份合格的合同审查报告。

第五组

第五组将合同审查分为两步，一是审查合同整体条款框架以及补充必备的遗漏条款，二是修改对代理方（客户）不利的条款以及修改语句、标点。

第五组认为合同整体框架共由合同标题、合同主体及住所、合同鉴于条款、合同标的条款、支付条款、权利义务条款、违约条款、争议解决条款、通知送达条款、其他条款十部分组成。在本案中，合同的主体部分不够详细，应当明确法定代表人联系地址、联系电话、传真，并补充了合同签字时间以及合同编号部分。第五组认为在权利义务条款部分，应当细化增加关于工程验收（2.5.3）的有关条款；保险条款（10）部分，应当将约定的风险的范围从资产增加到人身安全，并且应当增加通知送达条款。

第五组认为对代理方（客户）不利的条款、存在错误的条款，有关申请流程、供货与接收的条款 2.3.8、2.4.5、2.4.7、2.5.4，双方权利义务条款 3.7，特殊条款 5.4，双方责任条款 8.8、8.10、8.11、8.13、8.16，巨灾风险条款 9.4，承包方设备的损失与损坏条款 11.3、11.4、11.6，争议解决条款 16.1、16.2，其他条款 17.12，应当进行修改。表述错误的条款，如 3.5、6.3 将 customer 写成了 contractor，应予以修正。

第六组

第六组将合同审查分为两步进行。一是将合同审查分为对合同生效与合同履行的审查两个部分，其中合同生效要件包括合同当事人具有相应的民事权利能力和民事行为能力，合同当事人意思表示真实，合同不违反法律或者社会公共利益，具备法律、行政法规规定的合同生效必须具备的形式要件；合同的履行分为合同标的数量与价款、报酬标的质量、履行期限及方式、结算期限及方式、验收方法、违约责任、争议解决方法等。二是对合同具体的条款按照上述要件进行审查。

第六组认为，合同共有 15 个部分需要修改，合同标题应当说明合同目的；合同当事人信息应当醒目、准确；补充合同的鉴于条款，明确合同目的、合同背景、描述合同标的物；在合同标的条款中应考虑到长期利益，并明确标的内容及其履行的流程；权利与义务的安排内容上不应绝对化，形式上条款应按客户——承包方、权利——义务的方式排列；在支付条款中，应当判断价款构成与合同标的是否吻合，并锁定支付平台、汇率；关于发现与发明条款，"搭便车"、送达时间的起算点需要进一步完善；保证与告知部分，则应补充违约救济条款；双方责任部分，8.3~8.6 责任分配不合理，8.8~8.9 罚金计算方式不合理，8.10 引致条款「3.4.7 缺失」，8.11 限额赔偿的风险性，8.13 客户建议权的剥夺，8.16 限额赔偿的风险性；巨灾风险部分，客户方责任过重，责任分配严重失衡；保险条款中，代位求偿权的放弃将增大救济的难度，并应明确双方具体投保义务；不可抗力条款中，对于非金融风险"货币汇兑的考量"未予约定；在地球物理操作过程中故障的消除条款，无法参照不可抗力相关条款适用；双方代表出席的公平性；对于合同的变更和终止条款，应当约定"书面形式+代表签字"；保密条款缺少有关违反保密义务后责任承担的规定，并应约定双方义务。

第七组

第七组采用的合同审查方式，与其他组略有不同，出于更便利客户阅读的考量，选择将合同全部译为中文，然后中英文对照逐条进行审查修改，并且对某些可能让客户难以理解的词句进行补充。

第七组将原合同中已然存在的部分翻译与合同英文部分进行比照，认为存在翻译不完全或者不准确以至于影响阅读的地方，分别是 3.1.2、3.6、3.9、4.2、5.1、11.11。此外，英文合同中本身也存在部分笔误和争议的表述，存在笔误的地方有 6.3、7.2、8.5、8.9、8.10、11.8；存在争议有待进一步明确、完善的条款有 3.1.4、6.2、6.4、6.5、7.14、8.1、8.7、8.13、10.1。合同中部分条款不存在需要修改的问题，但是由于语句过于复杂等原因，需要对词句进行解释以便客户快速阅读，该部分条款有 3.1.16、4.3.4、8.10、9.1。

除却上述细微之处的问题，合同的框架与主体内容也存在需要进行修改、补充的条款。一是重要内容约定不明确，条款有 2.3.7、12.4、13.2，例如 2.3.7 对合理期限无约定；二是存在矛盾条款，如 8.4 与 8.5 之间相互矛盾；三是存在排除承包方责任的条款，如 2.4.8、2.5.4、3.2.3、8.7、8.16、9.2、11.4；四是存在限制客户合理权利的条款，如合同条款 2.3.10、6.2、6.3、11.6；五是风险提示条款不完善，如合同条款的 1.3、1.5、16.2、17.11。

在此次课程的最后，老师对合同审查的方法，按照合同的作用、合同审查的步骤、合同审查的技巧的顺序进行讲授。

关于合同的作用，老师认为合同是《合同法》第十二条的具体体现，其应当符合第十二条的要件要求；其次，签订合同的目的在于促进合同履行，因此应当考虑到自己的目的、自己想要规避的风险、对方的请求与风险；最后，合同是为诉讼做准备的，是诉讼中的主要证据，因此，合同应当考虑到举证责任的分配问题。

合同的审查，有两种不同的审查步骤，应当结合。第一种是对合同的合法性、漏洞、风险和陷阱、事实问题进行审查。其中应当着重注意"质量与标准"的问题。这种审查步骤要求审查者对该行业相关的法律法规进行了解，能够将法言法语表述为日常用语。在发现合同存在的问题之后，应当对漏洞按需求增加条款，对风险进行提示，以及需要向客户咨询和协商。第二种方式，是按照合同的框架进行审查。合同的框架分为四个部分，第一部分为合同主体，应当明确名称、信息、有无对应的资质；第二部分为履约问题，即期日的计算标准、履行地点、风险负担、交货点与收货人；第三部分是责任问题；第四部分为付款方式，即通过什么样的方式付款，以及履行合同的标准，履行合同的标准则是关于验收与鉴定的标准；第五部分是争议解决，关于准据法的选择、裁判方式的选择、送达方式和送达地址的约定。

第 7 章　杂记：实验班二三事

杂记一：那些年我们一起读过的哈特

【主持人】观众朋友们大家好，欢迎来到卓越法学 TV 毕业季特别栏目。自 2012 年首届英特尔实验班创办以来，"原典精读"和"生活中的法理"这两门课程，便深深地影响着每一届实验班人的成长。这两门课程的前身最早可以追溯到十多年前，由著名法学家邓正来教授为硕士生和博士生开设的"原典精读"课和张文显教授发起的"生活中的法理"学术沙龙。那么，这两门课程究竟是如何演变传承至今的呢？它们在吉林大学（以下简称"吉大"）法学的培养体系中发挥了怎样的作用？在长达数年的授课过程中又发生过哪些故事？今天，我们非常荣幸地邀请到"法理三人行"组合——朱振老师、刘小平老师、张琪老师来到我们的节目！同时到场的还有《哈特眼中的法律》《罗尔斯正义之窗》《拉兹今天讲共同善了么》等知名媒体的记者代表。现在让我们用热烈的掌声欢迎老师们的到来！好了，我们已经听到了朱老师标志性的"振式冷笑"，小平老师已经端起了他的高端茶杯！话不多说，让我们随三位老师一起回到那段"激情燃烧的岁月"。

话筒准备，闪光灯准备。

Q1. "原典精读"和"生活中的法理"这两门课程被称为吉大法学院的"保留曲目"。能不能请老师们为大家介绍一下这两门课在我们学院历史上的"前世今生"？

刘小平："原典精读"这门课最初是邓正来老师 2004 年开始在法理硕士生、博士生当中开设的。它的精髓用邓老师的话来说，叫作"比慢"和"较真"。后来大约是 2012 年，法学院设立本科生英特尔实验班，蔡立东老师敏锐地意识到本科生的培养需要一门强调基础阅读和学术积淀的课程，于是就以哈特的《法律的概念》英文原著作为文本，在实验班本科生中开设了经典阅读课。一开始是蔡立东老师、朱振老师和张琪老师作为指导老师，我是属于旁听的，后来才加入到指导老师团队中来。

"生活中的法理"课程同样有着很长的历史，它的前身可以追溯到我们 2000 年读硕士生的时候举办的"学术沙龙"论坛。后来大约 2002 年左右，张文显老师倡议在博士生和硕士生当中举办"生活中的法理"论坛。论坛到今天为止已经有 160 余期了，早已经变成了吉大法理中心的一个传统品牌。给卓越法学本科生实验班开始"生活中的法理"课程是近几年的事情了。事实证明,我们吉大的本科生同样非常优秀,平时我们对资料的阅读、分析能力和讨论深度,一点也不逊色于硕士生、博士生!

这两门课有一个共同的特点,就是"教学相长",我们几位老师在上课的时候,收获一点也不比同学们少。可以说,这两门课程的讨论也在无形中形塑着我们的研究方向和学术风格。如果我们将来在理论上有一定创见的话,一定得益于这两门课的熏陶。

张琪:说到"原典精读"课的前世,没有任何卡顿,我会直接想到邓正来老师十多年前在吉大给还作为学生的我们三个人上课的情形。邓老师的课堂规矩很严,学生任何"差不多""大概其"的发言绝对无法蒙混过关,必定会招致 hostile or critical reaction(从内在观点出发看),既有身体的"制裁",如被噤声,失去发言资格,也有心理上的,如强烈的羞耻、悔恨和负罪感。跟前世一比,我们三个人在今生的"原典精读"课堂上绝对是慈母!

朱振:"原典精读"这四个字是邓正来老师提出来的,他为什么要用"原典"我也不清楚,一般我们都说"经典"。作为一门课程,"原典精读"始于2004年的春季学期。为什么要开这门课,还是有原因的。2003年秋季学期,邓老师刚进入体制,根本不了解体制内的学生都是什么基础,读过什么书,然后就进行了一次关于中国法学的无主题的讨论。事后很长一段时间,据他讲,他很震惊我们这些学生基础薄弱、视野狭隘、没有根基、讨论无章法,甚至没有任何想法也能哇啦哇啦讲一通。所以,他从下一年度的春季学期开始就开了两门课:一是"原典精读",读英文论文或著作中的某一章节;二是"小南湖读书小组",泛读各种非法律类的中文著作。前者意在精读原典,靠的是"比慢";后者旨在扩展知识面,靠的是范围的广博,从哈耶克、科学知识社会学到吉尔茨的"地方性知识"人类学理论,跨度很大,除了不读法律,几乎什么都读。那段时间,也许是吉大法学的教育历史上读书氛围最为浓厚的一段时期,在全国都有一定的影响,出了好几本书,很多人都知道吉大有个"小南湖读书小组"。但就"原典精读"来说,2004年春季读了几乎一个学期的 Pound 的 Jurisprudence 第二卷关于 Morals 的一部分。在课堂上,师生关于 Pound 的 Morals 和 Morality 之间的区分展开了激烈的争辩,十几年过去了,对争论的具体内容已不复记忆,但是争论的那些场景依然历历在目,印象深刻。从 Pound 开始,我们读过霍姆斯、卢埃林、Twinning,以及留下痛苦阅读体验的昂格尔等。

张琪对邓老师授课方式的解说很形象,有点"现教现卖"的嫌疑,居然还结合了《法律的概念》中的术语。虽然已经很形象,但不亲身经历,还是体验不到邓老师授课的敏锐与霸气。先不说霸气,被训哭的女同学恐怕每个学期都有;单就对每个人发言的敏锐感知、不同人对同一句话的翻译都有哪些不同、每个人都错在什么地方,他很快就能把握住,我们三个人加在一起也难望其项背。从2004年春季学期一直到2007年秋季学期邓老师调离吉大,我们三人基本上一直在跟着上"原典精读"课。现在回顾起来，邓老师的一些说法和做法给我们留下了深刻印象，甚至一直到现在也在影响着我们对所接续上的这门课的理解。

第一，"比慢"。大家读书一般都是比快，看谁读得快，似乎越快越博学。"原典精读"是比慢，看谁读得慢。显然，这是一个比喻的说法。"比慢"才能体现是精读，不是泛读。精读的好处在于能准确理解原文到底在说些什么，而不是大而化之。邓老师最反感谁说"大概其""差不多""我感觉"。"比慢"不是目的，而是一种态度，"慢慢来"才能实现"精读"的目的。

第二，一个字都不能放过。"一个字都不能放过"是邓老师在课堂上常说的话，也是我们对待原典的一种态度，我们只能假设经典著作没有一个字是多余的，作者写的每一个字都是有意义的。这其实也是一种学习与研究的精神，认真对待阅读对象，认真研究其中的每一个字的含义，尤其是那些核心概念、限定词所具有的意义。

第三，分析语法结构。分析语法结构似乎是普通英语学习所做的事，专业的学术阅读应当不需要再分析语法了。理论上也许是这样，但实际上我们不能假设同学们的英语语法都是过关的；尤其是大学普通英文考试并不考语法，语法是蕴涵在每一个考题之中的。很多同学凭语感考试，并没有专门学习语法。我们那时也是这样，翻译的时候不时会出现语法错误。这样邓老师要求每一位同学在读自己的翻译之前都要先分析一遍语法结构，他经常说的一句话就是，语法分析错了，就不可能翻译对；即使对了，也是蒙的。这看似是一个简单的事情，其实并不是很容易。有时候英语句子很长，分析起来颇费一番工夫。我们第一学期读庞德的书，就遇到过最长 11 行的句子。英语的语法结构是很严格的，几乎可以说，每一个字都有语法上的位置，分析清楚每一个字的语法位置是为了准确理解和翻译。

第四，出现多重理解如何处理。在经典文献阅读中，经常会遇到语法上产生多重理解的时候。根据有限的阅读体验，多重理解一般是由语法和/或指代产生的。有的句式在语法上可以做多种解释，这种情况是存在的；遇到这样的情况，就得在上文中选择一种比较合理的理解。有的代词指代不明，会出现前面有好几种可以指代的情况，这样就得根据语境选择一种合理的指代。

第五，代词的指代一定要清晰翻译。英语表达中经常会出现代词，"it""that""this""they""their""these"等。有时一个句子出现好几处，甚至有时在一个句子中同样的代词指代的还不是同一个对象，这就需要在翻译时把代词指代的对象准确翻译出来，在不产生中文阅读障碍的情况下，也可以翻译成代词本身的语义。

第六，术语的理解和翻译一定要准确。在上课的过程中，有一些容易犯的翻译错误记忆深刻，这里面既有一些很简单常见的词，也有某些具有重要思想史意义的词，有的还涉及中英文对译存在很大困难的词。比如，some 既可以指"某个"，也可以指"某些"，要看 some 后面修饰的是单数名词还是复数名词再决定不同的译法；develop 意为发展，但是英语阅读中经常出现发展了一种学说或理论这样的表达，这样翻译就比较怪异，好像以往有了，这里只是发扬光大，其实并非如此，邓老师提出了一种翻译方式"提出并详加阐述"；right 这个词做可数名词时可以理解为"权利"，做不可数名词用时指的是"正当"，一旦出现单数的 right，就得小心谨慎了，要结合上下文辨识到底是权利还是正当，两种翻译不仅是语词之别，而且涉及思想上从正当到权利的近代转换，权利是一个近代概念，正当和权利代表了两种不同的思维方式；reason 做不可数名词时，指的是理性，做可数名词时指的是理由，两者在涵义上的差距就更大了，理性指的是一般意义上的，涵义更广，既有理论理性也有实践理性，而理由指的是当代实践哲学的一种理解方式，理由和行动相关，是一种实践理性，拉兹有一本书 *Practical Reason and Norms*，就有不同的理解方式，有的翻译为《实践理性与规范》，有的翻译为《实践理由与规范》，因为这里的 Reason 用的是单数，翻译成什么也是各有道理的。

第七，要特别注意"限定"。英语学术表达的一大特色就是不断地用从句或其他句法结构来进行限定。正是从限定中，我们看到了作者在什么意义上、什么强度上作出了一个主张或结论。"在某种意义上（in a sense）""就这一点而言（in this regard）""也许（perhaps）""鉴于（given）"等都属于这一类限定用法。

第八，在理论脉络中理解概念的语义和意义。这也是读经典的一个基本要求，甚至是任何学术阅读都需要注意的一个基本方法。这包括两个方面：一是在我们所阅读的文本中，要在上下文的语境中、在作者的理论脉络中理解某个语词的含义；二是要在思想史的脉络中理解所遇到的概念的语义和意义。脉络化的理解不仅仅是寻求理解的准确，而且也是为了在一个更大的理论脉络中更好地理解作者的想法。比如，读拉兹的文章，既要考虑拉兹本人的理论脉络，又要注意到从法哲学的角度来说，拉兹是在比较严格的实证主义传统中写作的。

第九，"原典精读"的学术意义："追比圣贤"。我在"原典精读"课的"课程寄语"里面已经说了"原典精读"课在法学教育上可能具有的意义，即满足我们对深刻性的追求，并确保法学教育在大学教育中所具有的尊严和意义。如果谈到"原典精读"的学术意义或者说学术研究上的意义，那么这就会涉及对中国社会科学的性质及发展状况的理解。邓老师一再指出，中国社会科学具有典型的移植品格，在中国社会科学的学术传统还没有建立起来的情况下，在中国学者暂时还不能受到良好的学术训练的前提下，向经典学习，向大师学习，就构成了我们快速进入学术传统的必要途径。

第十，"原典精读"的阅读对象与学术抱负。阅读文本的选择不应是随意的，而是有特定目的的。我们三个人在做学生的时代，在邓老师指导下读书，一开始"原典精读"课选了很多庞德、法律现实主义的文献，一开始我们也很疑惑，不知道选这些东西干什么。因为庞德理论既不深刻，在现代英美法理学中也几乎销声匿迹了；法律现实主义虽然是美国法理学，尤其是司法理论的一个主流，但是现在流行的是以哈特、德沃金、拉兹为代表的分析法学，法律现实主义似乎成为一个陈旧的理论了。当时，邓老师正在翻译庞德《法理学》的五卷本，实际上这个五卷本在法理学的历史上也没有太大的影响力，不知道花费这么多时间和精力翻译一套并不经典的书干什么。后来在接触的过程中，我们才了解到，读或翻译这些文献，邓老师的用意在于了解庞德建构一种新的法理学流派（社会学法理学）的方式，也就是庞德在那个时代是怎么样从机械法理学、概念法理学、利益法理学等法学理论流派中开辟出了一个社会学法理学。邓老师当时正在致力于建构一种全球结构的法理学，希望能建立一种新的法理学方向——如果不说是流派的话。研读并翻译庞德和法律现实主义就是这个目的，我并不是说我们的"原典精读"课也应是奔着这个目标去的，但是最起码我们也应当考虑我们的阅读和翻译不应是盲目的，而应该有着比较明确的学术目标，是在从事一件有学术意义的事情。

接下来我再谈一下"生活中的法理"这门课。"生活中的法理"一开始是一个论坛，始于 2002 年年底。姚建宗老师还专门写了一篇关于这个论坛的宣言贴在校内的各个公告栏上，上面注明的日期是 2002 年 12 月 8 日，12 月 13 日晚举行了第一期论坛"变性人的权利及其保障"。参加者主要是法理中心的硕士生和博士生，也有部分本科生。后来才变成研究生的一门课和本科实验班的一门课。从第一期论坛到这个春季学期的特殊的上课和讨论方式，这门课（论坛）已走过十八年了。我们三个人可以说是这门课程的完整见证人，除了在外访学期间，我几乎参与了每一次的讨论。

我们对这两门课及其相互作用的认识也是不断深化的。在论坛阶段，我基本是一个形式的主持人和活动的组织者；有一段时间，主要的任务就是开门和关门，因为我拿着会议室的钥匙。一直到了课程阶段，不得不亲自找材料讨论的时候，才认真思考这门课应该怎么上，目的是什么。也几乎从那时开始，我和小平几乎承包了从本科生到博士生的经典阅读课程。结合我们自身研究方向的转换，我们觉得应该把"原典精读"和"生活中的法理"两门课结合起来，两门课程也各自承担不同的任务。前者主要是权利或其他经典文献的阅读，后者主要是理论的应用。德沃金经常用他的法哲学理论去讨论美国现实中的各种案例、社会事件，深度参与公共论辩。也许是受到了德沃金研究方式的影响，我们也尝试将经典阅读和生活中的法理的讨论结合起来，尝试用经典阅读学到的理论来分析具体的社会现实问题。这不仅仅是一种研究方式，也是一种有效的学习方式，有很强的教学上的意义。

Q2.请问三位老师合作为实验班开设课程多久了？能不能结合自己和这两门课程的渊源，聊一聊当初为什么会三人组团开设这门课程？

张琪：实验班的"原典精读"是从 2012 年开始的吧？之所以组团授课，在我看来至少部分原因是对在前世"原典精读"课上首次体验到的"众人读书之乐"的念念不忘,以及之后的乐此不疲。众人读书,乐在任何人的任何先入之见都要在多方的问答对话中接受批评与反思的考验。一人授课模式很难避免教师对于自己先入之见或既有学术观点的单向灌输,这种单向灌输与讨论课的理念不符。而组团授课则可以通过我们三人面红耳赤的争论带动学生一并参战,以师师之间的互动来促成师生之间的有效互动,以及生生之间更高层面的互动。

朱振:实验班第一次开"原典精读"的课是在2012年的春季学期,那个时候叫英特尔实验班,还没有教育部的这个卓越法律人才的培养计划。好像是孙学致老师从英特尔拉了一些赞助,才搞成了这个班。第一次上课在东荣三楼的会议室,一个大雪天,授课老师还有蔡立东老师和张琪老师。我记得第一次上课,我就讲了很长时间的奥斯丁的语言哲学理论及其与哈特的关系,发觉基本没人听明白。一开始我们三人还基本把全书都讲了,除了最后一章;后来的要求越来越低,把前几章讲完就行了。共同上了两三个学期之后,蔡老师由于担任学院领导工作,越来越忙,来上课的时候就少了,除了偶尔能过来,基本就剩了我和张琪,两个人上课压力也挺大,就动员小平加入。他也不怎么情愿,因为他不是研究分析法学的,而且对分析法学有偏见,觉得分析法学烦琐而无聊,也不讨论有意义的大问题。现在已经比较稳定了,我们三个人上课有分工,也各有风格,希望三人合作上课效果会更好。

刘小平:无论是"原典精读"还是"生活中的法理",都对老师提出了相当高的要求。在"原典精读"中,教师必须从传统的讲授者的角色转变为一个引导者和参与者的角色,"生活中的法理"的讨论也是如此。可以说,这两门课是一个真正的团队,而不是人数上的混搭。以"原典精读"课程为例,这门课程首先要求教师本身具有相当高的英语水平,英语水平不仅仅是一般意义上的听说读写的能力,更是在研究的意义上要求授课老师平时经常性地使用英语进行学术阅读和研究。其次,要求老师在研究领域和取向上与阅读文本所涉及的领域相近。朱振老师和张琪老师都是研究分析法学的,对哈特的文本非常熟悉。最后,这种团队教学主要体现在教师课前的团队研讨和准备上。我们在每次上课之前都得认真阅读英文原文,拟定并商讨相关问题,做好充分的准备。我想我们几个人搭在一起,实际上是想起到"三个臭皮匠"的效果。

Q3.老师们第一次读《法律的概念》是什么时候?那时候的阅读感受如何?当初为何选择这本书作为"原典精读"课程的教材?

张琪:比不上你们,我第一次读这本书绝对不早于大四。至于阅读感受,我可以负责任地告诉大家,如果说后来这本书之于我是"任它虐我千百遍,我仍待它如初恋",那么第一次读后绝对是"与其相濡以沫,不如相忘于江湖",读不懂,慢走不送,谢谢!之所以选这本书作为教材,直接原因应该是蔡立东教授的极力推荐,据说蔡立东教授很早就带自己的学生阅读讨论这本书了。

朱振： 我1996年来吉大读本科时，张文显老师的译本就出版了，但是本科时没有读过，只读过张老师的《法学基本范畴研究》。读硕士时也没有读懂，记得那时研究生有一个读书会，读过这本书，那时还是硕士生的颜艺毅老师做了一个读书报告，张老师和林喆老师也参加了，在南苑一舍靠北面的一个活动室里进行的。我清楚地记得颜师姐最后说，这本书很多方面她也没有读明白，比如"前言"里面提到的描述社会学是什么意思。后来再读这本书时已到读博士的阶段了，那时候开始研究分析法学的拉兹，哈特的这本书是必须要通读的。通过各种途径，复印到了许佳馨的译本，那时还没有简体字版，读的还是繁体竖排版的。那时我们有一个读书小组，大概七八个人，每周读一次，对照两个中译本读英文，读了整整一年。这次读书活动的成果是，我们读书组于2007年在《法制与社会发展》组了一期稿件，纪念哈特一百周年诞辰，总共有五篇。作者中除了陈景辉，有四位是我们读书组的。

这本书本来是哈特为牛津大学的学生所写的一本教材，他恐怕也没有想到一本专著性的教材会具有这样的世界性的影响力和学术上的经典地位。德沃金的持续批评以及实证主义阵营的回应，反复拉锯，直到现在还在进行中，尽管论战的主角都已去世。过多的讨论文献对这本书的微言大义进行了极度发挥，这导致对这本书的解读也不得不参考这些讨论文献；在某种程度上，这也制造了新的阅读和理解障碍。无论怎样，这本书本身的经典地位无可置疑；为了上课的需要，我也是反复阅读，几乎每读一次，都有新的收获。作为本科实验班的阅读材料，其实还是比较难的。一开始是蔡老师提议阅读这本书，是我提议读英文本；蔡老师还表示了担忧，担心本科生读不下去。后来发觉，我们的本科生完全可以接受，一样可以读得很好。

刘小平： 我个人一开始对《法律的概念》并不熟悉，研究取向上也并不侧重于分析法学。硕士生阶段最早读《法律的概念》也读不下去。所以我觉得你们在本科生阶段，就有机会精读《法律的概念》，已经超过我们当年了！《法律的概念》对于法科生来说，是正宗玄门心法，是必读的。每个学科都有那么几本打底性读物，你只有认真读过，才知道你这个学科讨论的是哪些基本问题，它们何以构成基本问题。我们为什么要读经典？我曾经说过，读经典其实是把握和进入问题最为经济便利的方式，别以为精读原典看起来慢腾腾的，其实当你慢慢把它磨完，你已经站在一个相当高的起点上了——很多人其实都没有认真读过几本原典。当你再去讨论问题的时候，你可能就不会再那么容易被人唬住了。

Q4. "原典精读"的结课考试被誉为吉林大学法学院本科期末考试难度的最巅峰，很多同学在"死亡八小时"当中绞尽脑汁也没搞懂哈特与AI围棋的关系，为了不使大家的本科生涯留有遗憾，能不能请张琪老师和朱振老师分别从阅卷人和命题人的角度简单地做一个官方解析？

张琪： 如何运用哈特的理论去解释AI围棋这一特定现象，请朱老师从出题人的角度给出他的说明，这涉及的是对具体知识的理解与掌握。而我在作为阅卷人时，在某种意义上更关注另一个问题：大家是否通过"原典精读"体会到了《法律的概念》所展示出的清晰思考与精准表达的能力、理论学说或观点的批判与建构技艺，并努力将这些技能运用到结课考试的论文写作中。

朱振：这个问题比较复杂，需要一篇论文进行详细的论证，没法在这里多说。但是，我大体看了一下同学们的试卷，可以负责任地说，几乎没有人明白试题在问什么问题，也几乎没有人围绕这些问题来回答；基本就是在复述哈特的说法，能稍微涉及一点与AI之关系的，就算是好的了。

Q5：三位老师合作授课这么久了，有没有什么印象深刻的小故事给大家爆料一下？比如同学们非常好奇小平老师对茶道是不是很有研究？老师平时都喝什么茶？

张琪：我好像没听过小平老师抱怨哪款茶不好喝，好像凡他喝的茶都被他自己赞赏了。我怀疑，小平老师会在每一次喝茶中都能发现或品出任意一款茶的妙处，因此这让他每一次喝茶都是愉悦的。这就是我悟出的小平老师的茶道。万物皆可赞！

朱振：同学们，不要被表面现象所迷惑。那不是什么高档茶具，是法学院70周年发的纪念品；质量实在不咋地，小平没用多久，茶杯就裂了，又从网上买了一套新的。以我的观察，小平对茶道基本没有研究，喝茶也是乱喝。

刘小平：哈哈，我们的授课风格应该是比较严肃的。像朱振老师做分析法学的，天然就不太注重生动、活泼和感染力。所以我估计你们上这两门课更多的是深受逻辑、分析、论据的折磨，除了"振式冷笑"和我的茶杯以外，很少有其他的花边了。喝茶我没那么多讲究，就是一整堂课下来，需要热茶补充一下水分和能量，让头脑更加清醒一些。

杂记二：公司法课堂上的十万个为什么

如果说"法学经典阅读"和"法理与生活"的课堂令人头大，那么"商事法集成研修与实训"的课堂则直接令人脱发。这种脱发一方面是由于复杂的商事实践，另一方面则是因为这门课拥有一位敬业勤劳、温文尔雅、博学多才、充满人文关怀、洋溢智慧光芒的主讲老师——亲爱的徐晓老师。

上课前

场景一：

老师：同学们！下面我给大家布置一些课前阅读资料，大家利用课余时间充分阅读。

同学们：好的老师！（一脸好学）

约翰·奇普曼·格雷：《法律的性质与渊源》

托马斯·皮凯蒂：《21世纪资本论》
马格努松：《重商主义经济学》
约翰·米克勒斯维特：《公司的历史》
拉什：《组织化资本主义的终结》
《治理在觉醒：中国公司治理进化史》
……
赵旭东、李建伟、施天涛公司法教科书
王军：《中国公司法》
朱锦清：《公司法学》
罗培新译：《公司法基础》
前田庸：《公司法入门》
高旭军：《我国公司人格否认制度适用研究》
……
同学们：……老师，咱不是后天就要上课了么？？？

场景二：
老师：同学们，我们学习商法，一定要时刻关注理论和实务前沿都在关注什么问题。
同学们：老师说的对（纷纷点头）。
老师：既然这样，那班长把近十年来十六大核心期刊的公司法论文都整理一下，请同学们课前课后好好阅读一下！

课堂上
徐晓老师在学生中有两个雅号，一个唤作"商法教研部的苏格拉底"，一个是"徐万个为什么"。徐晓老师教过的本科生都知道，他的课堂习惯以一连串的问题展开，其问题形式之多样，内涵之丰富，令人惊（脱）叹（发），包括疑问、反问、套问、夺命连环问等多种形式（就是没有设问）。这种授课方式虽然有容易造成短时间急剧脱发的副作用，但长此以往，对同学们问题意识和思考能力的锤炼效果显而易见。

在此列举徐晓老师小课堂之十万个为什么之一，请听第一个话题：
老师：我们来说第一个问题，"公司具有独立人格"这句话到底意味着什么？公司的独立人格来源于哪里？公司作为一种"人"，具备人的所有资格与权利吗？会被人的道德约束吗？家庭是不是民法的主体？个体经营户与农村承包经营户是不是主体？承担责任与主体有什么关系？自然人的权利能力与公司权利能力、行为能力的区别是什么？在这个问题上是否适用民法的逻辑？公司的责任更重还是自然人的责任更重？为什么自然人不能人格混同？夫妻之间是否是人格混同？公司在商事领域是更多地享有权利还是更多地享有义务？

……（三十分钟后）

老师：好同学们，下面我们来说第二个问题。

下课后

终于结束了一天令人脱发的课程。班长揉着发热的脑门，回到寝室，倒头就睡。然而，你以为今天就这么结束了么？

（手机震动声）（共计522个字，纯手敲！）

徐晓老师：

今天下午的课我感觉效果不是很好。可能因为大家对这些实践毫无了解，不具备有关背景知识，因此可能有些似懂非懂。不过，我还是坚持认为，了解这个领域最新的发展是非常有必要的，现在的学习，即使是教科书经典理论，也最好要和相对崭新的实践现状相对应，我们可以用简单的常识帮助我们了解理论。但是，基本的知识的最牛的应用，是解决复杂问题的，有时甚至需要用这些基本知识制造出复杂的问题，不要以了解了教科书的基本的知识为满足，还要能够把基本理论和最复杂和困惑的实践对应起来。

现在的公司法实践或者商法实践，已经体现出了无数的新交易、新结构、新概念、新权利、新问题，这些有些可能是昙花一现，但有些可能就是未来，不要求大家对最新的现象都钻研明白，但是希望大家至少要有一些了解，多少了解有关银行、证券、保险、信托等领域发生的一些事情。这些领域发生的很多事情，几乎代表着最高难、最复杂、最智慧的公司法实践，我不希望将来看到有人嘲笑咱们的学生"啥都不懂"。我的能力和知识也很有限，这次课的本意也是想鼓吹一下，激发大家对这些知识的学习兴趣。我想，淘汰发生在一切领域，包括知识。在商事领域，学习传统旧知识不是目的，是给能发现和尽快掌握新知识做铺垫的。希望大家苦读教科书，笑谈新实践。

师德师风，润物无声。

隔着屏幕，我们能感受到为人师者的敬业，

对待学生的用心和诚意。

这就是我们温和、细心、宽容的徐晓老师，

是我们心里闪着光的徐晓老师呀！

实验班的同学们，

一定不要忘记徐晓老师的教导：

苦读教科书，笑谈新实践！

杂记三：曹老师想去静静，孩子们在坑底躺平

曹老师是哪种老师呢？

——他是劝退工作先于教学工作展开的大佬！

"侵权法貌似很简单，这是一种错觉"；

现实很残酷，学不懂侵权法尤其残酷；

小提醒是曹老师的温柔。

——他是相声小品曲苑杂坛样样精通的情景设定大师！

"狗咬人和用狗丢人能一样吗？"

生活很搞笑，有的侵权案例尤其搞笑，还好老师的小拳拳一握就能让人惊醒法律学习不是玩笑。

——他视侵权法为自己毕生挚爱！

不管在讲啥五分钟之内都能无缝跳转到高空抛物。

讲着讲着突然瞥见孩子们迷茫的眼神，

瞬间醒悟后羞赧一笑："不好意思，讲过瘾了。"

然后脸色一整，高声喊道：

"来，重说，重说啊各位！"

——他是连轴旋转仿佛不疲劳的"钢铁侠"！

出差归来的上午还在三教跟本科生掰扯
到底是"足加足"还是"不足加不足",
下午就马不停蹄地从东荣赶到基地
"请求权基础分析方法不是一堂课就能掌握的"。
求学很艰难,教学又何尝不是呢,
曹老师真是铁人三项冠军。

——他是收获无数迷弟迷妹的曹帅!
在他黢黑的光学镜片后面有最犀利帅气的眼神。
是曹老师的才华使得学生们忍不住为他写诗吗?
不,主要还是帅气!
吉大法学院的孩子大概都不会忘记"坑深几米"的梗,曹老师想静静便去静静,孩子们都乖乖在坑底躺平。

杂记四:陈老师的安利小剧场

各位老师同学们,大家好!我是你们的好朋友"卓越佳琦"。欢迎大家来到我的"卓越法学直播间"。今天佳琦要向大家安利一款刑法老师,提及这一位,我只能用一个词来形容他,简直就是OMG!(超兴奋语气)

我们首先来看看大家对刑法老师的固有印象:不苟言笑、慨然正气、正义化身。

然而我们直播间所要安利的这款陈劲阳老师,绝对会打破你对传统刑法老师的固有印象,各位同学！这款陈老师！绝对值得了解！

　　首先让我们来看一下外在，陈老师能够满足我们对法律人形象的所有幻想，温文尔雅、清新俊逸，小清新中还带着一点每天早上出门上班天没亮的那种朦胧感（小声嘟囔，也可能因为照片有点糊）。

　　仅仅是长得帅气当然不够，一款优秀的刑法老师，怎么会缺少有趣的灵魂呢？

　　陈老师为2014级、2016级两届实验班开设的"刑法案例研修与实训"，一言以蔽之，那就是"颜值与内在并存，知识与趣味横飞"。

　　课堂研讨的对象选自实践中疑（稀）难（奇）复（古）杂（怪）的实务案例，让我们在刑法海洋中徜徉的同时，还能学习到"雇凶杀人也要防止中间商赚差价"的人生道理。

　　案情复杂冗长读不进去，理论晦涩难懂看不太懂，怎么办？陈老师将师门群的关于焦点问题的争论整理成对话体，直观地呈现案例分析的过程与魅力，让大家在角色扮演中渐入佳境。

　　相近罪名的行为模式难以区分？没关系！陈老师亲自下场指导大家实施"犯罪"，带领大家模拟还原案件现场，原来犯罪也要按照基本法来。

　　为了调动大家思考的积极性，陈老师将课堂的主导权交给大家，自己则一边居中引导、点评总结，将晦涩枯燥的学术理论融入一次次思维碰撞，一边暗搓搓地在一旁惦记大家好看的PPT。

　　他对待学术问题有着一股执拗，闲暇时间也不会停下思考的嗒嗒脚步。

　　他有着年轻教师的活力，也有过来人的智慧。课堂上总是活力四射，致辞中又总是蕴含着他对生活的思考。

　　这样兼具内在与外在的陈老师，可以让同学在经信通宵守候，只为拿下他毕业论文的首杀。

　　你确定不来了解一下吗？

总之就是OMG！安利他！安利他！安利他！

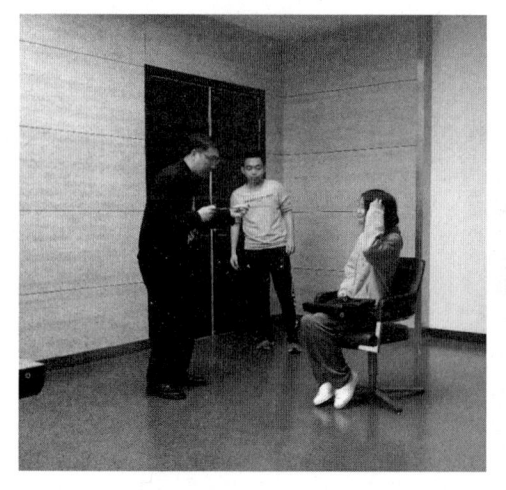

图集：实验班的快乐日常

课堂上的同学们

同学们在聆听汇报

老师们对学生汇报内容进行评议

同学们在进行课堂讨论

刚刚在鼎新图书馆结束课前讨论的同学们

附录

附录一 笃行致远，追求卓越

——2016级卓越法律人才基地班开班仪式实录

2019年3月22日晚6点，我院在卓越法律人才培养基地举办了2019年卓越法律人才基地班的开班仪式。吉林大学法学院院长蔡立东老师、涉外班班主任何志鹏老师、法学理论教研部刘小平老师、商法教研部徐晓老师，以及法学院教学办公室主任鲍旭炜老师共同出席了本次仪式。本次仪式由2016级涉外班的李敬宜同学主持。

实验班开班仪式 　　　　　　　　崔炜同学发言

常言道：读万卷书，不如行万里路；行万里路，不如阅人无数；阅人无数，不如高人指路。此次仪式，各位老师与同学们倾心对话，解答了同学们的疑惑，同时为同学们的进一步发展指明了方向。

首先，由商法教研部徐晓老师致辞。徐晓老师在致辞中提到了现阶段如何学习及学习的动力这两个问题。徐晓老师谈到，希望同学们做好个人定位，有目标有计划地学习，能够目光长远地去发掘学习的动力。关于接下来的课程，徐晓老师表示同学们应当从单纯的法条记忆过渡到法条与书本的相互结合，最终再回归到法条上来的学习方法。

法学理论教研部刘小平老师随后致辞。刘老师从卓越法律人才基地班的培养目的出发，结合本学期基地班的课程内容和特点，指出法律人应具有"法匠精神"，应将理论与实践相结合，做既知如何解决问题又知背后法理的全能人才。

徐晓副教授致辞 　　　　　　　　刘小平教授致辞

法学院教学办公室主任鲍旭炜老师则在随后的发言中既亲切又幽默地表达了对同学们长期以来的关注和爱护，欢迎同学们就学习过程中遇到的问题，与教学办公室多多沟通，多多交流。

"与自己竞争，与他人合作。"涉外班班主任何志鹏老师在致辞中对本届基地班的同学们寄予厚望。何老师指出，吉林大学法学院在卓越法律人才的培养道路上，已经走在了兄弟院校的前列，为同学们的发展提供了良好的平台。何老师以过来人的身份叮嘱同学们应当对自己有正确的认识，既不好高骛远，又不妄自菲薄，放平心态，踏实而不懈怠。

何志鹏教授致辞 　　　　　　　　蔡立东教授致辞

在授课老师们致辞之后，2016级应用班的崔炜同学作为本届基地班学生代表发言。崔炜同学在发言中以幽默的语言与同学们一起回顾了两年多来在吉林大学法学院有苦有甜的生活，

也表达了基地班同学们不负卓越之名,砥砺前行的决心,引起了基地班同学们的共鸣。

最后,由蔡立东院长进行总结致辞。蔡院长在致辞中与大家一道分享了他对何为卓越、如何卓越,以及卓越法律人才培养等问题的看法。蔡院长指出,正如昂格尔所言,法律隐藏着每个民族最深层次的奥秘。作为卓越法律人才基地班的同学们所要面临的,是这个社会最复杂的一门学问。蔡院长建议同学们,想要成长为卓越法律人才,一方面应当训练自身坚韧的能力,目光长远;另一方面要注重写作和思考等能力的训练。蔡院长以高屋建瓴的视角为同学们指出了卓越法律人才的进阶之路,同学们纷纷表示受益匪浅。

在本次仪式的整个过程中,老师们的发言风趣幽默,寓意深远。师生们在轻松的气氛之中与充满深度的思想碰撞之下拉近了距离。开班仪式在大家热烈的掌声中圆满结束。作为卓越人才基地班的学子,同学们定将既富有锐气,又不失宽厚;既心怀梦想,又脚踏实地;既求真,亦求善。戒骄戒躁,扬帆起航!

2016级卓越法律人才实验班成员开班合影

附录二 实验班期末试题

"商事法集成研修与实训"结课考试(2019年春季学期)

泰和公司持有苏锦公司100%股权,苏锦公司持有恒东公司100%股权。茂业公司持有衡悦公司88%的股权。

2018年1月1日,苏锦公司打算将其持有恒东公司的20%股权转让给衡悦公司,价款为

200万元。经磋商，泰和公司、苏锦公司、衡悦公司签署了三方协议。由于泰和公司向苏锦公司提供借款200万元，借款期限2年，到期日为2019年7月1日尽管尚未到期，但是苏锦公司同意提前支付，并由衡悦公司向泰和公司直接支付股权转让款200万元，作为苏锦公司向泰和公司的还款。2018年1月20日，衡悦公司向泰和公司支付了200万元。苏锦公司将其对恒东公司持股的其中20%股权变更登记为衡悦公司。

2018年4月，苏锦公司将其持有恒东公司的80%股权变更登记至联展公司名下。随后，泰和公司将苏锦公司注销。

2019年5月1日，衡悦公司股东李甲（持股12%）认为衡悦公司从苏锦公司受让的对恒东公司的20%的股权未经评估审计，未经股东会决议，也未向其告知相关信息，李甲认为价格存在虚高，严重损害衡悦公司利益，李甲打算起诉至法院要求撤销该交易，并要求泰和公司返还转让款，以及赔偿自己的损失。李甲还打算起诉要求衡悦公司回购其股权。

法院在审理中查明，恒东公司注册资本1000万元，自成立时一直处于亏损状态，目前已经停业。茂业公司和泰和公司于2018年12月20日共同成立了世恒公司，注册资本1000万元，其中，茂业公司以其对衡悦公司97%的股权出资到世恒公司，该97%的股权评估价值200万元，茂业公司和泰和公司约定，对于公司盈利分配，茂业公司享有40%的分红权，泰和公司出资800万元，享有60%的分红权。

请你代股东李甲拟定起诉状。

注意：

1. 按你自己的判断，可拟定一个或分别拟定多个诉状。
2. 诉状中要求说明法律依据或理由。

"法学经典阅读"结课考试（2019年春季学期）

阅读下面的材料，参考所列出的思考问题，自拟题目，运用从哈特《法律的概念》所学的知识写作一篇学术论文。

要求：①论题集中，讨论一个自己认为最重要的问题；②不要对下面所列问题逐一回答，问题只是提示思考的方向；③要参考学术界已有的相关研究成果；④论述和引证要规范；⑤4000字以上；⑥严禁抄袭，每一处不是自己所说的话就要注明来源；⑦考试时间16小时。

阿尔法围棋（AlphaGo）是第一个击败人类职业围棋选手、第一个战胜围棋世界冠军的人工智能机器人，由谷歌（Google）旗下DeepMind公司戴密斯·哈萨比斯领衔的团队开发。其主要工作原理是"深度学习"，"深度学习"是指多层的人工神经网络和训练它的方法。一层神经网络会把大量矩阵数字作为输入，通过非线性激活方法取权重，再产生另一个数据集合作为输出。阿尔法围棋用到了很多新技术，如神经网络、深度学习、蒙特卡洛树搜索法等，使其实力有了实质性飞跃。新版AlphaGoZero的能力则在这个基础上有了质的提升，最大的区别是，它不再需要人类数据。也就是说，它一开始就没有接触过人类棋谱。研发团队只是让它自由随意地在棋盘上下棋，然后进行自我博弈。

2016年1月27日，国际顶尖期刊《自然》封面文章报道，谷歌研究者开发的名为"阿尔法围棋"（AlphaGo）的人工智能机器人，在没有任何让子的情况下，以5∶0完胜欧洲围棋冠军、职业二段选手樊麾。在围棋人工智能领域，实现了一次史无前例的突破。计算机程序能在不让子的情况下，在完整的围棋竞技中击败专业选手，这是第一次。

2016年3月9日到15日，由阿尔法围棋程序挑战世界围棋冠军李世石的围棋人机大战五番棋在韩国首尔举行。比赛采用中国围棋规则，最终阿尔法围棋以4∶1的总比分取得了胜利。

2016年12月29日晚到2017年1月4日晚，阿尔法围棋在弈城围棋网和野狐围棋网以Master为注册名，依次对战数十位人类顶尖围棋高手，取得60胜0负的辉煌战绩。

2017年5月23日到27日，在中国乌镇围棋峰会上，阿尔法围棋以3∶0的总比分战胜排名世界第一的世界围棋冠军柯洁。在这次围棋峰会期间的2017年5月26日，阿尔法围棋还战胜了由陈耀烨、唐韦星、周睿羊、时越、芈昱廷五位世界冠军组成的围棋团队。

请思考一个一般性的问题：游戏的参与方式发生了根本的改变，这将会对类比于游戏的规则理论产生怎样的影响？以及与此紧密相关的如下具体问题：

游戏AI依赖演算法独自与人类棋手对弈，对棋局进行观察和演算，那么游戏AI会对围棋本身持有什么观点？内在观点、外在观点，还是无所谓什么观点？

游戏AI不会自行下围棋，需要一个人类棋手坐在棋盘前代为落子，那么这个人会对围棋游戏持有什么观点？

由游戏AI和人类棋手一起参与的围棋活动，还是不是一种依赖社会规则的、带有目的性事业的活动？

如果两种不同的围棋游戏AI（比如AlphaGo和AlphaGoZero）对弈，那么上一个问题将如何回答？

"法理与生活"结课考试（2019年春季学期）

背景资料：

案例一： 马某和张某两人是夫妻关系，共育有子女五人，大儿子马二、二女儿马三、三女儿马四、四儿子马一，五儿子马六（1975年死亡）。马某在1974年去世，张某就一直和女儿马三一起生活。张某去世后，火化、丧葬等事宜由马二、马三和马四办理，并未通知马一参加。事后马一以侵犯知情权和祭奠权起诉三位被告,要求被告给原告赔礼道歉并赔偿精神损失费1万元。被告提出张某有自书遗嘱授权马二全权处理后事,并且认为马一没有尽赡养义务,不享有祭奠权益。法院驳回了马一的诉讼请求,未予支持。(北京市石景山区人民法院民事判决书〔2016〕京0107民初6351号)

案例二:被告常春的生父常凤鸣生于1936年。常凤鸣与被告生母孙淑香于1997年9月经法院调解离婚。1999年12月29日,原告张彦琴(女)与被告生父常凤鸣登记结婚,双方在西安市未央区共同生活。2016年7月17日,常凤鸣去世。之后,原告花费1600元购置了骨灰盒,常凤鸣遗体火化后其骨灰存放于西安市殡仪馆。2016年9月3日,被告未经原告同意将常凤鸣骨灰拿走,将常凤鸣的骨灰与其生母孙淑香合葬。原告以侵犯祭奠权为由将被告起诉到法院,要求被告将骨灰送回到殡仪馆。一审和二审法院支持了原告的诉求。(陕西省宝鸡市中级人民法院民事判决书〔2017〕陕03民终7号)

案例三:曾某与黄某甲是夫妻关系,生育一子黄某乙;黄某乙与叶某为夫妻关系,黄某乙与叶某生育三子即黄志强、黄志文、黄志成。1959年,黄某乙到香港谋生,后定居香港;曾某于1982年12月13日获批定居香港;1995年8月15日,黄某乙在香港去世。曾某在去香港定居前,是独自一人生活,但第三人黄运明的父亲黄某丙对曾某多有照顾,且黄某丙与曾某以母子相称;曾某去香港居住没多久,即回深圳居住,仍由黄某丙及其家人照顾,且后期与黄瑞生、黄运明一家人共同生活在一起;2009年10月6日,黄瑞生去世,黄瑞生去世后,曾某由黄运明照顾,直至老人去世。2010年4月24日,曾某在深圳市龙岗区去世。曾某去世后,丧事办理由黄运明操持,骨灰寄存在沙湾殡仪馆,由黄运明办理的寄存手续;现曾某的骨灰寄存手续保留在黄运明的手中。被告深圳市殡葬管理所根据当地村委和公安部门出具的亲属关系证明和死亡证明书,给曾某办理了火化手续,并与第三人黄运明签订了《骨灰寄存服务协议》。2014年,原告黄志强、黄志文、黄志成认为被告侵犯了其祭奠权利向法院起诉,提出将曾某女士的骨灰交由原告保存,并赔偿原告精神损失抚慰金1元。一审和二审法院的判决结论截然相反。(广东省深圳市中级人民法院民事判决书〔2014〕深中法民终字第3288号)

……

在世界上,围绕死亡产生不同的观念和制度,其中的祭奠问题独具中国特色,自然也引发了生者、死者以及两者之间的诸多难题。从2006年到2019年,进入法院的祭奠纠纷一直处于上升趋势,关于祭奠纠纷的裁判依据也是各有不同,那么,是否需要一种新兴的祭奠权是一个值得讨论的问题?围绕这个问题也可以开放出关于祭奠权性质、内容和保护的各种衍生性问题。

请根据以上材料围绕核心问题进行分析,要求:
1. 问题明确、思路清晰、论证充分。
2. 注意格式规范,引注请标明出处;严禁抄袭。
3. 不低于 4000 字,请在 Word 文档中注明姓名及教学号。
4. 考试时间:早 8:00—晚 12:00;由班长回收汇总,统一发给各位老师。

附录三 学有小成

期末优秀答卷选登

"祭奠权"作为新兴权利的权利证成——基于利益论的分析

2016 级应用型、复合型实验班 汪婷

摘要:近年来,各地祭奠权纠纷案件或类似案件时有发生,而且似乎渐呈上升趋势,人们纷纷诉求所谓"祭奠权",或曰"吊唁权""悼念权""尽孝权"等,显示出公众在现代西方法律理念的浸染下,权利意识的觉醒。但问题在于:祭奠是否足以被称为一种法定权利?本文结合三个典型案例的判决书,以祭奠权的证立为出发点,采取"利益论"的证成路径,得出结论:祭奠权可以被证成为一种权利,其性质为人格权,其指涉内容是有限的,并非所有行为都构成对祭奠权的侵犯。

关键词:祭奠权 一般人格权 利益论 共同善

引言 2001 年北京市民史广清以其兄史广全在父亲死后没有通知自己就埋葬了父亲,使他丧失了对父亲进行悼念的权利为由,将其兄长诉上法庭。受理此案的北京市宣武区法院最后驳回了原告诉讼请求。自此"悼念权"首案后,各地祭奠权纠纷案件或类似案件时有发生,而且似乎渐呈上升趋势——湖北武汉首例祭奠权纠纷案、甘肃首例祭奠权纠纷案、河南省新乡市于云鹏诉于海滨等人祭奠方式纠纷案……人们纷纷诉求所谓"祭奠权"或曰"吊唁权""悼念权""尽孝权"等,显示出公众在现代西方法律理念的浸染下,权利意识的觉醒。但问题在于:祭奠作为一种风俗习惯、一种中国传统礼法文化的特色,其是否足以被称为一种法定权利?所谓的祭奠权存在吗?它是什么性质?它所指涉的内容是什么?以上种种疑问都值得我们深思。本文不旨在回答以上所有问题,而只是以祭奠权的证立为出发点,去探讨相关问题,并澄清部

分疑问。

对三个典例的判决分析

司法裁判视角下"祭奠权"的迷思

在案例二中，一审法院的判决写道，"骨灰系逝者尸体火化后的遗留物，承载着逝者亲属的感情和哀思，具有特定的人格象征意义。逝者的近亲属享有对逝者骨灰的管理权及祭奠权。骨灰的安葬首先应遵从死者的意愿……原告的长期陪伴与关怀几乎伴随了死者晚年生活的全部，其作为妻子对亡夫的感情应当得到理解和尊重。被告作为死者常凤鸣老人的儿子，安葬其父亲固然属天道伦理，人之常情……其安葬骨灰未经原告同意且拒绝告知原告安葬地点，造成原告作为配偶无从祭奠，侵害了原告的祭奠权，故对原告要求恢复死者常凤鸣骨灰至殡仪馆的主张本院予以支持，之后如何安葬双方应妥善协商解决……依照《中华人民共和国民法通则》第五条，《中华人民共和国侵权责任法》第二条、第三条之规定，判决被告常春于本判决生效之日起十五日内将常凤鸣骨灰送回西安市殡仪馆存放（存放期间费用由原告张彦琴承担）。"二审判决再次重申了一审法院的观点："骨灰是具有人格象征意义的特定念物，是逝者对亲人寄托哀思、表达敬仰的重要载体，承载着人格象征意义和近亲属安葬、祭奠等权利。对已经去世的亲属进行祭奠，符合社会基本的伦理观念，一方近亲属应尊重另一方近亲属对逝者进行祭奠的权利。"

分析该判决可以发现，法院在处理该案件时，适用了《中华人民共和国侵权责任法》第二条、第三条关于一般人格权的规定，将祭奠权认定为一般人格权并且判定祭奠权由死者近亲属所享有，某一死者近亲属权利的行使：第一，应遵从死者的意愿，第二，不得损害其他人的祭奠权。

在案例三中，二审法院在判决书中指出"骨灰作为一种具有社会伦理意义的特殊物，其相关权利的行使应受习惯或公序良俗的限制。而从人们的一般观念上骨灰无法割断其与生者的伦理与情感联系，因此民间殡葬习俗通常是由其近亲属享有安葬死者、保管骨灰的权利和义务。本案中，如前所述，曾某老人生前多年来一直由同村的黄运明及其父亲黄某丙照顾，同村村民都已将双方当作祖孙看待，但黄运明父亲黄某丙与曾某毕竟没有血缘关系，只是黄某丙、黄运明父子多年来一直照顾曾某老人，双方具有深厚的感情。而上诉人黄志强等三人则系曾某老人的孙子，虽然一直在香港生活，较少能够回来探望、照顾曾某老人，但其作为曾某老人的直系亲属身份毋庸置疑。黄运明父子对老人生前的照顾、扶助，是中华民族应当提倡的美德，但由曾某老人的直系亲属上诉人黄志强等三人保管老人的骨灰更符合民间殡葬习俗，更符合社会人伦情理"。二审法院首先认定骨灰是一种具有社会伦理意义的特殊物；其次，判定骨灰之上所承载的保管权和祭奠权都应由近亲属享有；接着，法院认定，因黄运明与死者无血缘关系，而上诉人黄志强为死者孙子，系死者的直系亲属，由后者来保管骨灰更符合人伦情理。二审判决的论证逻辑令人困惑之处在于，其并未言明骨灰之上承载的权利究竟是何种权利，就得出即使黄运明一直赡养曾某老人，但因与死者无血缘关系而无法享有权利的结论（似乎更倾向于将"祭奠权"定义为一种身份权），笔者对此观点并不赞同。

解开迷思：将"祭奠权"上升为一种法定权利

上文所举出的案例于司法裁判中诸多祭奠权纠纷而言，只是沧海一粟，但不妨碍我们管中窥豹——在司法裁判中，祭奠权似乎还是个似是而非的概念，对其性质界定、指涉内容等都尚未澄明，故导致司法裁判结果呈现出混乱的样态。许多学者由此呼唤，应将"祭奠权"上升为一种法定权利。进一步说来，在祭奠权纠纷案件中，"祭奠权""悼念权"等不仅作为一种权利主张被当事人提出，而且作为一种规范术语被法院裁判文书所使用。但是，由于现行立法并未对此予以专门的观照，加之各地风俗习惯差异，致使有关祭奠权纠纷的司法裁判呈现出一片乱象：法院在祭奠权性质判断、权利主体范围的划定、权利行使顺位的确定，以及裁判依据的选择上出现了较大分歧。上述分歧直接导致了实践中的同案异判。虽受立法缺位和风俗习惯差异的影响，同案异判并不意味着错误，但却在客观上破坏了法的确定性和司法裁判整合价值分歧凝聚司法共识的功能，也不利于裁判规律的发现与裁判规则的形成。

更为重要的是，在民法典编纂的背景之下，祭奠权是一般人格权范畴之内的人格利益（如前文所述，笔者不赞成将其定义为一种身份利益，更赞成将其视为一种人格利益），若认可并确定其权利属性，将其纳入人格权范围并写入《侵权责任法》加以保护，首先解决了其法律属性难题，为司法裁判提供了确定的标准，可以确保法的确定性和司法裁判整合价值分歧凝聚司法共识这一功能的实现。其次，祭奠权只是诸多新型权利的一种，还有许多诸如"接吻权""相思权"等新型权利，"祭奠权"的有益尝试可以为其他新型或新兴权利的保护提供可行性参考和借鉴，这既是法律应时而动、顺势而为的需要，也是法律确权和保护功能的要求使然。但以上仅仅是较为表面的、外围的理由，若仅以上述原因而将祭奠权上升为一种权利，在新型权利层出不穷的今天，恐怕将导致"权利泛化"。我们尚须找到从根本上证成"祭奠权"作为法定权利正当性的理由与路径。

祭奠权的权利证成：基于利益论的分析

1. 利益论作为证成权利的内在理由

之前，笔者先对利益论予以阐明，利益论是与意志论相对的概念，该理论主张权利的要旨在于保护和促进权利享有者的利益或其中的某些利益,强调权利人作为施加于其他人之保护性和支持性义务上的被动受益人的地位。利益论可以被表述为:假定 X 负有一项做 φ 的义务。只有在这一条件下,即 Y 处于一种从 X 做 φ 当中受益的被认可的地位时,Y 才拥有一项要求 X 做 φ 的请求权。根据利益论,权利人享有一项权利,并非因为他基于自由意志而具有选择能力,而是因为拥有权利能够使权利持有者变得更好。受约人拥有一项权利,是因为受约人在承诺的履行或是在能够使他人负有自愿的契约义务中享有某些利益。利益论者认为,权利是你所拥有的那些对你有利的"霍菲尔德情形"。利益论也使"X 的义务是对 Y 负有的"这一陈述变得易于理解,并且因此使得下面的陈述易于理解,即正是 Y 持有指向 X 的相应请求权,也就是说,这一义务是为了 Y 的利益。由此,权利的利益论之功能,在于促进权利拥有者的利益。在利益论看来,若要确认谁享有权利,最关键的就是确认谁具有利益,严格地说,即谁处于一项"从 X 做 φ 当中受益的被认可的地位"。

2. 利益论之"存在"

祭奠权之上,牵系的是亲人寄托哀思、表达敬仰等人格利益。人格利益包括两大问题,即"存在"和"强度"。就"存在"而言,以案例二为例,其所牵涉的各方主体是死者、死者之有血缘关系的近亲属、死者之有收养关系的赡养者。而这几方主体代表着不同的人格利益,包括被告常春和原告张彦琴的个人利益,基于这种利益,常春和张彦琴都主张其有权保管常凤鸣的骨灰、寄托哀思、进行丧葬;他人利益,这种利益体现为死者有权在生前以意思表示安排好死后的丧葬、按照自己意愿进行安葬;最后一种利益是共同善,共同善是拉兹对其所坚持的权利的利益论中"利益"所做的解读:权利人的利益加上其他人的利益,即普遍利益或公共利益。在祭奠权的语境下,这种共同善可以诠释为社会共识的丧葬和伦理观念。进一步说来,祭奠权所关乎的共同善,还与中国礼法传统和孝道文化有关。在古代,祭奠作为法定义务始终被纳入法律框架中,《唐律疏议》中便有"诸闻父母若夫之丧,匿不举哀者,流二千里"的条文;后随着清末修律,沈家本等人在起草《大清新刑律》时,采纳西方近现代刑法原则,将包括不孝在内的"十恶"制度,从法典中剔除了,祭奠不再作为法定义务,但其所蕴含的礼法传统仍然被继承下来。直到今天,祭奠仍具有重大的意义,无论是寄托哀思还是表达孝道。从这一层面上讲,祭奠权的证立也具有必要性。

3. 利益论之"强度"

而寄托哀思的个人利益、死者按照自己意愿进行安葬的他人利益,以及社会所共识的丧葬和伦理观念,这三者存在形式的平衡决定了权利保护的强度。

首先,就寄托哀思的个人利益而言,其增强了利益保护的强度。尽管"寄托哀思"这种需求只是个人诸多构成利益的需求中的一种，但它无疑是重要的、基础的，"国之大事，在祀与戎"不再适用，但生与死仍然是每个人无法逃脱的命题。而祭奠的利益就关乎"死"这一命题。亲人的老去与"死亡"无法改变，但起码祭奠还为我们保留了寄托哀思的途径。在这一层面上，祭奠所关乎的个人利益，无疑是值得保护的"基础利益"。因为要保护死者近亲属寄托哀思的利益，所以要将祭奠权法定化，使其成为一种有明确法律依据的权利，并且对其行使权利的次序予以规定，使各权利人在不侵犯他人权利的前提下，不冲突地行使自己的祭奠权。以案例二为例，若有关于祭奠权行使次序的法律规定，张彦琴和常春之间行使祭奠权就有了明确依据，其都可在自己范围内行使权利而互不侵害。

其次，死者按照自己意愿进行安葬的利益也值得被考虑，但其存在形式有可能消解利益保护的强度（死者意愿是对祭奠权行使的限制）。以案例一为例，在该案中，张某在生前以自书遗嘱形式授权女儿马二全权处理后事，这就导致马一的权利主张失去正当性，即使其也同样享有祭奠利益。但这种冲突可以通过立法手段来消解，即赋予死者近亲属以祭奠权，但近亲属的权利行使应以尊重死者意愿为原则；这种冲突并不构成内在理由上的冲突。

最后，就共同善而言，依据拉兹理论，"共同善"权利保护主要是因为权利是比权利人利益更强的理由，权利不仅反映了权利人的利益，而且权利在规范性上所具有的强度还有其他独立的因素的支持，即"共同善"。基于拉兹"共同善"理论，基于我国历史文化中的礼法和孝道传统，同时也基于中华法系将祭奠纳入法定范畴的传统，笔者认为将祭奠权法定化具有正当性。综上所述，从"利益论"的"存在"和"强度"两个维度出发，笔者认为"祭奠权"应被上升为法定权利。在完成祭奠权的权利论证之后，我们应进一步简要探讨祭奠权的性质与内容。上文在论述"祭奠权"的权利证成时，考虑的是利益，这种利益本质上应是基于人格的利益，故祭奠权应被界定为人格权。这也意味着，在民法典编纂的背景下，可将其纳入人格权立法的范畴之中，对其行使、法律保护等方面予以保护。而就祭奠权所指涉的权能而言，其应是有限的，以案例一为例，若仅仅是因客观原因未通知其参加火化、丧葬仪式，应不构成权利的侵犯。但具体而言，应在立法和司法实践中逐渐摸索完善。

结 语

近年来，随着公众权利意识的觉醒，诸如"祭奠权"之类的新兴权利层出不穷，但此类新型权利是否足以被称为一种法定权利？这一问题值得深思。新型权利话语引发了一个一般性的权利理论问题，即具体利益诉求的权利认定。在此语境下，"利益论"凸显出其实用性。故笔者认为，面对诸如"祭奠权"之类的新兴权利，应充分重视并运用"利益论"，并且应对"利益论"中所涉及的权利认定的利益衡量做更深入、更细致的研究，不断完善这一权利证成的理论模型，在更为基础的层面上思考和解决新兴权利的标准问题。

附录四　雁过留声

——往届实验班毕业生寄语

　　古希腊德尔斐神庙的墙壁上镌刻着一句神谕"认识你自己"，历代以来被认为是求索智慧者的至高目标。千年之后，法国哲学家福柯生命的最后时光里，在法兰西学院授课时提出"照管你自己"的哲学命题。实验班的经历让我们开始逐渐认识自己，学会照管自己。烧脑的原典精读让每一代实验班学子叫苦不迭，但我相信，每一位认真读过原典的同学都会感受到浴火重生的幸福。幸福源自自发思考到自觉思考的转变，一旦自觉思考成为习惯，外界的表象不再"乱花渐欲迷人眼"，自我的本质逐渐"雄鸡一唱天下白"。自觉思考同时也是独立思考，不再轻信任何灌输的东西，思想和灵魂逐渐被自己慎重地塑造和保护，这意味着我们开始学会鉴别对思想的滋养和腐蚀，学会照管自己的思想和灵魂，而不是将其交由他人摆布。作为已经毕业的师哥，我真诚地祝愿师弟师妹们能学会认识自己、照管自己，正如福柯所希望的那样，把自己的生命活成一件闪耀的艺术品。

2019届应用型、复合型实验班毕业生
清华大学法学院2019级硕士研究生　王童

　　回首实验班的学习生活，感慨万千。独行而无友，则孤陋而寡闻。进入实验班我们有了固定的教室、固定的同桌，同窗情于我们而言有着更深刻的体会。实验班，变的是一届又一届的新面孔，不变的是法学院血浓于水、一脉相承的校园情。我们之间的关系是学院生命的呼吸和延续，更是学院精神的继受和传承。实验班人应当将"明德养正，至公天下"的院训内化于心，外化于行，嵌入大脑之内，融于血液之中。值此毕业之际，我衷心祝愿各位师弟师妹大展宏图，更衷心祝愿实验班能发展得更好，我们的学院能始终保持着最高荣誉。

2019届应用型、复合型实验班班长
吉林大学法学院2019级硕士研究生　苗新遥

编后记：自有清风待后来

新冠肺炎疫情肆虐，使今年的毕业季注定不同往常，原本丰富多彩的毕业季因疫情而简化甚至取消，这对 2020 届毕业生而言，无疑意味着人生的一大遗憾。但距离上的遥远和程序上的简化，并不能淡化我们大学四年来的美好回忆，也并不妨碍"毕业"这件事本身对于我们每个人的重要意义。越是在这样一种特殊的时点，在传统的毕业纪念形式几无可能的情况下，我们更需要寻找一种新的方式，来寄托毕业季中浓郁的情感，为"毕业"这一人生的重要时刻留下一些实体的纪念。

从 2018 年 11 月份完成选拔，到 2019 年 12 月 10 日结课，来自各个自然班的 40 余名同学，在实验班共度了一年的学习时光。相较于大学四年，短短一年似乎不值一提。与成建制的自然班相比，一个临时成立的班级或许显得不够凝聚，但在我看来，这一年的时光仍有被记录下来的意义。无论是如"充钱玩家"第六组那般展现出的专注与坚持的价值，还是如第四组那般在与"哈特"奋战的日日夜夜中缔结的"惊天动地"的友谊，抑或是朱振老师的"冷笑"，刘小平老师的茶杯，徐晓老师的十万个为什么，都将与好久不见的英特尔教室一道，成为我们回忆的珍藏。

于是，为了纪念，构成了完成这本实录的初步理由。而更进一步的理由，则是为了延续和回馈。

经过多年积淀，吉大法学院拥有着悠久的学术和教学传统，而这种传统深深地影响着实验班的教学内容，例如"法学经典阅读"和"法理与生活"这两门课程，便是源自"原典精读"和"生活中的法理"这两门由邓正来教授和张文显教授最早为硕士生、博士生开设的课程，堪称吉大法学院的"保留曲目"。尽管本科生水平有限，课堂成果并无多少学术创见，甚至对理论的解读和认识尚有错讹，但至少从教学意义上来说，这种为本科学生传授经典阅读能力，展现理论分析过程的课堂，多少也是对这种传统的延续和坚守。因此，我们希望通过这种不完整，甚至不完全正确的记录，来反映实验班的师生在传统延续上的共同努力，也算是本届实验班留给学院的毕业礼物。

正是基于以上信念，我们才在有限时间内完成了这一堪称浩大的工程，我想没有什么能比这种课堂实录的方式，更能原貌呈现我们在实验班共同度过的时光，清晰而真实地还原吉大法学院的课堂。

在我个人看来，实验班最大的意义并不在于知识的传授，更重要的是一种"精英意识"的唤醒。所谓"精英"，并无任何自视过高或职业歧视的含义。事实上，绝大部分的法学生初入行业，都要从最基层的岗位和最基础的工作开始干起，并要经历漫长的技能训练和经验习得。本科阶段的课程最基本的目标，就是交给我们一种谋生的手段。事实上大多数吉大法学院的本科生，凭借一份不错的成绩单和履历，确实也大多能谋得一份体面的职业，那读书期间好好听课、背背课件就足够了，阅读经典和关注实践留给走上学术研究或法律实务岗位后再说不也行吗？或者说，来实验班到底有什么意义呢？显而易见的是，短短一学期显然不可能透彻地领悟哈特深邃的思想，徐晓老师大概也从未寄希望于我们能逐一解决商事实践中纷繁复杂的问题。从期末考试的结果上看，努力和划水似乎也并无什么显著区别：并没有谁能准确地阐述人工智能与规则理论的关系，也很少有人透彻地分析了泰和、苏锦和恒东公司之间的纠葛。但实际上，在这一年来，是看到哈特就头皮发麻不知所云，还是费心费力地通读一遍后建立起一个自以为通畅但实际上谬误百出的理解；是盯着商法课件上的一个个问号昏昏欲睡，还是查阅法条案例后仍然是一知半解。这前后两者存在着本质的差异：前者意味着你终将止步于此，后者则可能就此开启了一丝门缝。概言之，实验班的课程很大程度上并非确定性的知识传授，而是发挥一种介绍、启发和引导的功效，实验班向我们呈现出一种经典的阅读方法，展现一个理论分析的过程，传扬"苦读教科书，笑谈新实践"的重要性。在整个积累和学习的阶段，关注实践、关注时事、关注经典的意义在于努力去拓展自己的广度和深度，进而可以拓展自己未来的可能性。在这样的基础上，将来要选择什么样的职业或生活状态，再交给家庭、性格、职业志趣等因素去决定，但决不可让这一阶段的懈怠，使自己一眼就望到未来的尽头。如此，我们方有可能不负"卓越之名"，方有机会不负蔡立东教授"铸成大我"的谆谆教诲，何志鹏教授"时代之纪念"的赞许与鼓励，以及王艳梅教授"兼济天下"的殷殷嘱托。

新冠肺炎疫情期间，大家被迫居家数月，客观上为整理工作的开展创造了条件。2012年，首届英特尔实验班到如今，在历届实验班师生的共同努力下，逐渐形成了相对完备的课程体系，为本次整理工作奠定了良好的基础。动笔之前，也多曾犹豫，深恐力有不逮，弄巧成拙。所幸各位同学鼎力支持，多加配合，集全班之力方得以成书。本书从2020年3月9日开始策划，至2020年6月成稿，前后历时三个月，共得近28万字。全书共分为7章，第1~6章为实验班八门课程的实录，相对完整地呈现了实验班两个学期的课程原貌，展示了实验班严谨科学的课程体系和兼具广度与深度的授课内容，是各位授课老师和实验班同学们集体智慧的结晶；而在第7章杂记中以图文形式呈现了实验班师生的一些轶事，记录了那段繁忙时光中的快乐点滴。附录中则收录了实验班的期末试题和优秀作业等素材，可以从中窥见同学们在实验班期间的成长与收获。本书的完成，无论是创意策划，还是文字整理，都绝非一人之力能够完成。在此，向实验班每一位愿意付出时间与精力，参与完成这项工作的同学致以诚挚的感谢。除此之外，还要特别感谢班主任王艳梅教授，是她毫无保留的信任与支持才使我们的各种创意与设想得以落实。蔡校长、何院长以及诸位任课老师在百忙之中，为同学们撰写寄语，为这段回忆增添了许多深刻性的内容，在此谨向各位老师表示敬意！谭韶芸、路鹏宇、王嘉汐、程雪莹、孙昊月、刘泓池、张婧等同学，在具体负责各章的整理排版工作中付出甚多，"法学经典阅读"课程的博士助教王娅师姐为第 1 章提供了课程记录，在此一并致谢！

去年夏天，我曾在基地书架的角落觅得一本 2006 年版的《生活中的法理》，泛黄的书页上，同样以实录的形式还原了当时论坛上学术论辩的场景。近二十年过去了，当年论坛上的诸位老师，早已成名家巨擘，而踊跃发言的讲师博士们，也已接过前辈教鞭，在吉大法学院的讲台上执鞭任教，接续吉大法学院的学术与教学传统。2016 级实验班已经临近毕业，2017 级实验班又开始了新一轮与哈特的斗智斗勇。传统就这样在代际传承中得以延续。恰如吉大法学院 2020 年新年致辞开篇所说的那样："莫言美事俱长往，自有清风待后来。"这一幕幕的接续与循环，相信会在吉大法学院的舞台上持续上演。

最后，我想引用张希校长在他就职演讲中的一段描绘："在我心中，美好的大学是充满着一批诲人不倦、热爱研究学问的先生们，再有一群满怀理想、勤奋好学的学生们。"如果这本实录能够让人从中些许感受到，在吉大法学院，恰恰就有这样一批先生和这样一群学生，在教与学的互相成就中延续着我们吉大法学院的传统，那将是对我们三个月来的工作最大的肯定。

谨以此书，向诸位老师致敬，并祝愿同学们毕业快乐。

法学院 2016 级应用型、复合型
卓越法律人才实验班班长　崔炜
2020 年 6 月